처음 만나는
라틴아메리카 이야기 41

Latin America

처음 만나는 라틴아메리카 이야기 41

경이로운 자연과 찬란한 문명을 간직한 매혹의 대륙

이강혁 지음

지식프레임

Prologue
프롤로그

"중남미 가보셨죠?"

"네, 좀 가봤어요."

"여행하려면 스페인어를 꼭 할 줄 알아야 하나요?"

"잘하면 좋지만, 못해도 괜찮아요. 이젠 그곳에도 영어를 하는 사람들이 많아졌거든요."

"대중교통은 편리한가요?"

"지역에 따라 다르지만 여행하는 데 전혀 문제없어요. 특히 페루, 칠레, 아르헨티나의 장거리 버스는 굉장히 럭셔리해요. 여행할 만해요."

"그럼, 혼자서도 갈 수 있나요?"

"그럼요. 저도 혼자 많이 다녔는걸요."

"위험하지 않으셨어요?"

"물론, 위험하죠. 그런데 전 세계 어디에 위험하지 않은 나라가 있나요? 너무 겁내지 마세요. 일단 티켓을 끊으세요, 비행기 티켓을. 그게 제일 먼저예요."

라틴아메리카 여행을 계획하는 지인과의 대화였다. 그에게 라틴아메리카는 '거리가 멀다'보다 '위험하다'는 인식이 더 컸다. 이처럼 '라틴아메리카'라고 하면 사람들은 마약이나 살인, 가난 등 나쁜 이미지를 먼저 떠올린다. 라틴아메리카에 대한 자료들 역시 이런 생각을 뒷받침한다. 멕시코의 한 비정부기구가 2018년 기준으로 선정한 세계에서 가장 위험한 도시 50개 중에서 43개가 바로 라틴아메리카의 도시들이었고, Top10 안에 드는 도시 역시 모두 라틴아메리카에 있었다. 이런 이유로 라틴아메리카는 많은 사람이 가고 싶어 하는 곳이기도 하지만, 선뜻 갈 수 없는 곳이기도 하다. 그러나 내키지 않아도 꼭 가봐야 할 곳이 바로 라틴아메리카다. 갈 곳도, 볼 것도 많아서 그만큼 감동도 크기 때문이다.

라틴아메리카에 대해 내게 자문을 구했던 지인은 한 달간의 라틴아메리카 여행, 정확히 말하면 콜롬비아, 에콰도르, 페루 여행을 '무사히' 마쳤다. 큰 감명을 받은 그는 또 떠날 채비를 하고 있다. 이번에는 페루, 볼리비아, 칠레, 아르헨티나로 두 달간의 여행을 계획 중이다. 라틴아메리카는 그런 곳이다.

1492년, 크리스토퍼 콜럼버스는 신대륙에 '도착'했다. 그곳에는 이미 사람들이 살고 있었기 때문에 '발견'이 아닌 '도착'이란 말을 사용해야 한다. 이들은 아무것도 모르는, 벌거벗은 미개인이 아니었다. 아즈텍, 마야, 잉카와 같은 뛰어난 문명을 가지고 있었다. 아즈텍 제국을 멸망시킨 스페인의 침략자 에르난 코르테스는 "물 위에 세워진 도시와 마을 전체, 대지 위에 건설된 다른 대도시, 그리고 테노치티틀란(지금의 멕시코시티)으로 통하는 평평하고 고른 제방길을 보았을 때, 우리는 깜짝 놀랐다. 물 위에 우뚝 솟은 이 위대한 도시와 사원, 그리고 건물은 모두 석조 건축물이었다…."라고 아즈텍 제국의 수도에 대한 찬사를 아끼지 않았다.

그러나 이 문명들은 황금에 눈먼 유럽의 침략자들에게 더없이 좋은 먹잇감이었다. 이들은 라틴아메리카로 들이닥쳤다. 전면에는 가톨릭 신앙 전파를 내세웠지만, 실제 목표는 황금이었다. 이 과정에서 수많은 원주민이 죽어 나갔다. 이후 라틴아메리카에서는 스페인어와 포르투갈어가 사용되었고, 도시마다 거대한 성당이 들어섰다. 사람들의 피부색이 바뀌고, 그에 따라 사람들의 삶도 달라졌다. 300년의 식민 지배로 인해 라틴아메리카는 천지개벽에 가까운 변화를 겪게 되었다.

《처음 만나는 스페인 이야기 37》 작업이 끝나자마자 이런 라틴아메리카의 모습, 즉 1492년 이전의 '사람이 살고 있었던' 라틴아메리카와 그 이후의 '망가진' 라틴아메리카를 이야기하고 싶었다. 은연중에 형성되어 있는 그들에 대한 우리의 우쭐함과 편협함이 얼마나 알량한지, 우리의 외눈박이 무지가 얼마나 위험한지를 깨닫게 하고 싶었다. 라틴아메리카의 모든 것은 부패해 있고, 그곳은 마약과 살인이 난무하는 위험한 곳이라는 고정관념에서 벗어나게 하고 싶었다. 라틴아메리카는 여전히 과거에 머물러 있고 외국인들의 이국적 취향만을 만족시키는 화석화된 곳이 아님을 알리고 싶었다. 라틴아메리카를 진정으로 이해시킬 수 있는 장으로 독자들을 초대하고 싶었다.

본문에 소개되는 키워드는 "독자들이 라틴아메리카에 대해서 가장 궁금해하는 것은 무엇일까?"에 초점을 맞춰 선정했다. 나라가 크다고 해서 키워드의 개수를 의도적으로 안배하진 않았다. 라틴아메리카를 진정으로 알고 싶어 하는 독자들의 열망만을 염두에 두었다. 지식을 전달할 뿐만 아니라 '울림'을 줄 수 있는 키워드들을 중심으로 고르고 또 골랐다.

크게는 지리와 도시, 사회와 문화, 건축과 예술, 역사와 정치 등 모두 네 개의 파트로 구성했다. 라틴아메리카에는 수많은 나라가 있고, 그곳에 사는 사람들 또한 다양해서 처음에는 이들을 좀 더 세분화시키려 했다. 그러나 다시 한 번 독자들을 생각했다. '신대륙을 발견한 사람은 콜럼버스, 아르헨티나의 수도는 부에노스아이레스' 정도의 지식을 가진 사람들이 대부분일 텐데, 자칫 더 깊게 들어가거나 어려운 이야기들을 풀자면 독자들에게 그 울림을 빼앗는 것과 다를 바 없다는 생각이 들었다. 다시 기본으로 돌아와 눈높이를 최대한 낮추었다. 그래서 '처음 만나는 라틴아메리카'지만, 이 책을 다 읽은 독자들에게 "아! 가고 싶다.", "이런 곳이었구나.", "그동안 알고 있었던 것은 도대체 뭐였지?" 등의 반응을 이끌어 낼 수 있길 기대한다.

나는 오늘도 라틴아메리카 지도를 펼친다. 이번엔 어딜 갈까?

이 책 역시 가족의 열화와 같은 성원이 있었기에 출간될 수 있었다. 또한 라틴아메리카로의 여행을 꿈꾸고 있지만 선뜻 결행하지 못하고 있는 김소연 선생님과 정승진 선생님, 스승의 부족함을 예리한 지적으로 채워준 제자 곽은미, 필요한 사진을 흔쾌히 제공해 주신 이강웅 님과 제자 오인혜, 언제나 객관적인 시각을 잃지 않게 해주시는 이강욱 님 등 많은 분들이 책의 완성도를 높이는 데 도움을 주셨다. 그리고 좋은 기획으로 라틴아메리카의 참모습을 알릴 수 있는 장을 마련해 주신 지식프레임의 윤을식 대표님과 많은 내용을 꼼꼼하게 살펴주고 다듬어주신 에디터 박민진 님께도 진심으로 감사드린다.

2020년 8월
대전에서
이강혁

Contents

프롤로그 005

Intro 015

Part 1 풍요와 빈곤의 역설적 공존 _ 지리와 도시

01 안데스산맥 _ 남아메리카를 세로지르는 세상에서 가장 긴 산맥 029

02 아마존강 _ 꺼져가는 생명의 땅 036

03 카리브해 _ 해적의 바다, 지상 낙원이 되다 045

04 이스터섬과 갈라파고스 제도 _ 거대한 석상과 다양한 동물들의 섬 052

05 파타고니아 _ 세상의 끝을 만나다 062

06 아타카마 사막과 우유니 소금 평원, 그리고 팜파스 _ 모래, 소금, 풀을 담고 있는 끝 모를 평원 072

07 이구아수 폭포와 앙헬 폭포 _ 악마의 목구멍과 천사 폭포 080

08 페루 리마 _ 세 개의 얼굴을 가진 남미의 팔색조 088

09 아르헨티나 부에노스아이레스 _ 매혹적인 불협화음 096

10 쿠바 아바나 _ 헤밍웨이가 사랑한 도시 106

11 브라질 리우데자네이루 _ 예수님의 품은 어디를 향하고 있는가 116

12 볼리비아 라파스 _ 항아리 속에 자리 잡은 평화의 도시 126

Part 2 문화의 혼합이 만든 풍부한 유산 _사회와 문화

13 축구 _가장 세속적인 종교 137

14 음식 문화 _전통 음식부터 대중 음식까지 150

15 전통 음료 _커피와 잉카콜라, 그리고 마테차 161

16 전통 술 _와인과 테킬라, 그리고 피스코 사워 171

17 라틴아메리카의 사람들 _갈등에서 포용으로 181

18 가톨릭 _갈색 피부의 성모 마리아 196

19 콜럼버스의 교환 _모두에게 도움을 준 불평등한 거래 208

20 축제 _빈부 격차와 사회 불평등이 사라지는 날 218

21 미국 내 히스패닉 _히스패닉이 없으면 패닉이 된다 229

Part 3 자연과 문명, 문화가 만든 걸작 _ 건축과 예술

22 피라미드 _ 고대 문명이 품은 천공의 꿈 241

23 적도탑 _ 지구의 중심 249

24 마추픽추 _ 하늘과 맞닿은 공중도시 257

25 파나마 운하 _ 아메리카와 유럽의 징검다리 269

26 오페라 극장 _ 아메리카, 유럽의 예술을 향유하다 275

27 박물관 _ 찬란한 문명의 발자취 284

28 라틴 음악 _ 혼합된 문화가 만든 흥겨운 리듬 292

29 탱고 _ 육체로 쓰는 영혼의 시 298

30 미술 _ 현실에 맞선 의지 309

31 문학 _ 사랑하고 노래하고 투쟁하라 320

Part 4 찬란한 문명을 간직한 빛나는 가능성의 나라 _ 역사와 정치

32 아즈텍 문명 _ 신에게 바치는 살아 있는 심장 333

33 마야 문명 _ 시간을 지배하는 자의 두 개의 달력 339

34 잉카 문명 _ 태양의 후손이 세운 신비의 문명 346

35 스페인의 라틴아메리카 정복 _ 고대 제국의 멸망 353

36 엘도라도 _ 빛바랜 황금의 땅 363

37 혁명 _ 꿈틀거리는 민중의 항거 375

38 국경을 바꾼 전쟁 _ 영토와 자원을 둘러싼 욕망 389

39 에비타 _ "나를 위해 울지 말아요, 아르헨티나여!" 401

40 경제 _ 라틴아메리카는 도대체 왜 가난할까? 411

41 라틴아메리카와 우리나라의 관계 _ 애니깽에서 신공항 건설까지 423

캐나다
미국
멕시코
쿠바
도미니카공화국
자메이카
아이티
푸에르토리코
온두라스
과테말라
엘살바도르
니카라과
코스타리카
파나마
베네수엘라
기아나
수리남
가이아나(프랑스령)
콜롬비아
에콰도르
브라질
페루
볼리비아
파라과이
우루과이
칠레
아르헨티나

Intro

보통 '중남미'라고 하면, 미국 아래 멕시코부터 중앙아메리카, 카리브해, 남아메리카를 모두 포함하는 지역을 생각한다. 그런데 중남미에는 멕시코가 포함되지 않는다. 멕시코는 캐나다, 미국과 함께 지리적으로 북아메리카에 속하기 때문이다. 그럼에도 불구하고 '중남미'라는 말은 여러 분야에서 사용되고 있다. 외교부의 중남미국이나 대한무역투자진흥공사(KOTRA)의 중남미 지역 본부 등 관공서뿐만 아니라 한중남미협회, 스페인 · 중남미학과와 같은 민간 영역에서도 '중남미'라는 명칭이 많이 사용된다.

중남미의 또 다른 이름으로는 '라틴아메리카'가 있다. 라틴아메리카는 '앵글로아메리카'에 대응되는 의미, 즉 라틴어 계통(프랑스어, 스페인어, 포르투갈어)의 언어를 사용하는 라틴아메리카와 게르만어 계통(영어)의 언어를 사용하는 앵글로아메리카(캐나다와 미국)를 서로 대비시키는 의미로 사용되기도 한다. 라틴아메리카의 지식인들은 앵글로 색슨계가 아닌 스페인, 포르투갈, 프랑스의 식민 지배를 받았던 아메리카를 하나로 묶을 용어가 필요했다. 그래서 고안한 것이 바로 '라틴'이라는 용어였다. 자신들은 모두 라틴어에 뿌리를 둔 언어를 사용하는 라틴 문화권에 속하기 때문이었다. 이 '라틴아메리카'란 용어는

19세기 중반에 국제 사회에서 말발이 섰던 프랑스의 의지가 반영되어 전 세계적으로 통용되기 시작했다.

그런데 UN 등 국제기구에서는 이 '라틴아메리카'를 공식적으로 '라틴아메리카 · 카리브 국가 공동체(Community of Latin American and the Caribbean States, CELAC)'라고 부른다. 카리브해에는 라틴어권 국가가 아닌 트리니다드토바고나 수리남과 같이 영국이나 네덜란드의 지배를 받았던 나라도 있기 때문이다. 그러나 전 세계적으로 '라틴아메리카'란 용어가 멕시코, 중앙아메리카, 카리브해, 남아메리카를 모두 아우르는 명칭으로 통용되고 있기에 이 책에서도 '중남미' 대신 '라틴아메리카'를 사용하고자 한다.

라틴아메리카의 자연과 인종

'대척점(對蹠點)'이라는 말이 있다. 국어사전은 이 용어를 "지구 위의 한 지점에 대하여, 지구의 반대쪽에 있는 지점. 이 두 지점은 기후가 정반대이고 12시간의 시차가 난다."라고 정의한다. 한반도의 대척점은 '남미 우루과이 앞바다'이다. 쉽게 말해서, 우리나라에서 일직선으로 땅을 뚫고 나가면 우루과이 앞바다가 나온다는 얘기다. 그래서 남미를 가려면 북미나 유럽, 어디를 거쳐 가든지 비행시간만 약 24시간 이상이 된다. 환승 시간까지 포함하면 30시간이 훌쩍 넘는다. 그만큼 라틴아메리카는 우리에게 먼 곳이다.

라틴아메리카는 미국 아래 멕시코부터 아르헨티나의 남쪽 끝까지 이어진 대륙이다. 남북 길이가 약 13,000킬로미터이니 한반도의 열 배가 넘는 거리며, 면적 역시 한반도의 93.5배에 달한다. 언젠가 아르헨티나 부에노스아이레스에서 브라질 국경의 이구아수 폭포까지 버스로 18시간, 부에노스아이레스에서 남쪽 끝 우수아이아까지 역시 버스로 36시간을 여행한 적이 있다. 여행 기간 내내 용서와 사랑을 생각할 수밖에 없었다. 자신을 돌아보고 반성할 시간이 그만큼 많았기 때문이다. '버스로 하는 순례길'이었다.

라틴아메리카 대륙의 기후는 열대 기후부터 건조 기후, 온대 기후, 냉대 기후, 한대 기후까지 다양하다. 일 년 내내 비가 거의 내리지 않는 칠레의 아타카마 사막이 있는 반면, '바람의 땅'인 파타고니아 지방의 빙하지대도 있다. 적도가 지나는 브라질의 아마존 지역은 열대 우림지역으로 비가 많이 내리고 덥고 습하다. 그러나 같은 적도 선상에 있는 에콰도르의 수도 키토 같은 곳은 해발 2,850미터의 높이에 위치하기 때문에 연평균 기온이 섭씨 14도에 불과하다.

라틴아메리카에는 다양한 자연환경만큼이나 다양한 인종이 살고 있다. 2018년 세계은행이 발표한 라틴아메리카 인구는 약 6억 4천만 명이다. 전 세계 인구의 8.7%다. 백인, 원주민, 혼혈인 메스티소(mestizo), 흑인, 아시아인 등 다양한 인종이 살고 있다.

이들이 사용하는 언어 또한 다양하다. 1492년에 콜럼버스가 라틴아메리카에 도착한 이후, 라틴아메리카에서 유럽의 언어들이 사용되기 시작했다. 스페인어는 멕시코를 비롯한 18개국(칠레, 아르헨티나, 페루, 콜롬비아, 베네수엘라, 볼리비아, 우루과이, 파라과이, 쿠바, 과테말라, 니카라과, 파나마, 온두라스, 엘살바도르, 에콰도르, 도미니카 공화국, 푸에르토리코, 코스타리카)에서, 포르투갈어는 브라질에서 사용되고 있다. 그 밖에 영어는 벨리즈, 자메이카, 가이아나에서, 프랑스어는 아이티와 프랑스령 기아나에서, 네덜란드어는 수리남에서 각각 사용된다.

그러나 유럽인들이 들어오기 이전부터 라틴아메리카에서 살고 있던 원주민들은 이미 자신의 언어를 사용하고 있었다. 일부 언어들은 지금도 엄연히 공용어로서 그 역할을 하고 있다. 페루에서는 케추아어와 아이마라어, 파라과이에서는 과라니어, 에콰도르에서는 끼추아어와 슈아르어, 볼리비아에서는 케추아어와 아이마라어 등이 스페인어와 함께 공용어로 사용되고 있다. 또한 멕시코의 유카탄반도, 과테말라를 포함한 중미 일부 지역에서는 공용어는 아니지만 여전히 마야어가 쓰이고 있다.

라틴아메리카의 역사

1492년에 콜럼버스는 스페인의 정복자들을 이끌고 라틴아메리카에 왔다. 그런데 그 당시에 이미 그곳에는 원주민이 살고 있었다. 그렇다면 이들은 어디에서 왔을까?

아메리카 원주민의 기원에 대해서는 다양한 설이 있다. 그중에서 "아시아의 몽골 인종이 지금의 러시아와 알래스카 사이에 있는 베링해협을 건너 북미대륙과 파나마를 거쳐 남미 대륙에 정착했다."가 일반적으로 받아들여지는 정설이다. 이들은 수렵, 채집, 어업 등으로 살아가다가 한곳에 정착하면서 농사를 짓기 시작했고, 시간이 지나면서 자신들만의 문명을 꽃피웠다. 우리가 익히 알고 있는 아즈텍, 마야, 잉카 문명이 바로 그것이다.

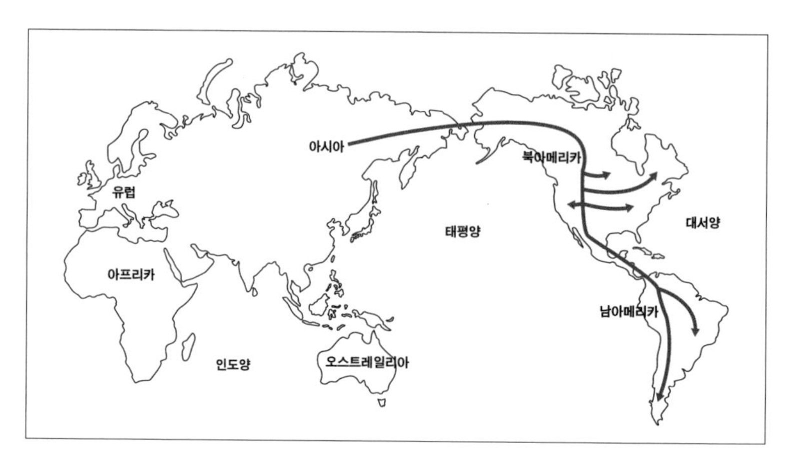

라틴아메리카 원주민의 이동 경로

그러나 콜럼버스가 신대륙에 오면서 원주민의 삶은 파괴되었다. 에르난 코르테스(Hernán Cortés)가 아즈텍 제국을, 프란시스코 피사로(Francisco Pizarro)가 잉카 제국을 멸망시키면서 라틴아메리카는 온전히 스페인의 지배하에 들어갔다. 원주민들은 유럽의 침략자로부터 가혹한 노동에 시달렸고, 그들이 퍼뜨린 천연두와 같은 역병으로 죽어나갔다. 노동력이 부족해지자 아프리카로부터 흑인들을 들여왔는데, 그 수는 19세기 말까지 약 1,200만 명에 이르렀다고 한다.

스페인 제국은 식민 통치 기간 동안 막대한 양의 재화를 유럽으로 가져갔다. 카를로 M. 치폴라는 《스페인 은의 세계사》에서 "스페인은 라틴아메리카 식민지에서 16세기에는 16,000톤 이상, 17세기에는 26,000톤 이상, 18세기에는 39,000톤 이상의 은을 가져갔다."고 말했다. 그는 이어 "은의 행렬이 처음에는 스페인을, 다음에는 이웃 나라를 휘감아 흘렀고 그 결과는 아주 특별했다. 국제 시장에 막대한 유동성이 창출되었고 이로 인해 대륙 간 무역의 장대한 발전이 촉진되었다."라고도 썼다.

그러나 영원할 것만 같았던 스페인 식민지는 점차 균열되기 시작했다. 나폴레옹의 스페인 침공에 따른 스페인 왕권의 약화, 미국의 독립 및 프랑스 대혁명, 식민지에서 태어난 스페인인 크리오요(criollo)들에 대한 차별과 불평등으로 인한 저항 등이 그 원인이었다. 그 결과, 1810년에서 1825년 사이에 스페인의 식민지들은 대부분 스페인으로부터 독립했다.

라틴아메리카 독립에서 가장 중요한 인물은 시몬 볼리바르(Simón Bolívar)와 산 마르틴(José de San Martín)이다. 시몬 볼리바르는 콜롬비아, 베네수엘라, 에콰도르, 페루, 볼리비아 등 5개국을, 산 마르틴은 아르헨티나, 파라과이, 칠레 등 남미의 남부 지역을 해방시켰다. 멕시코에서는 미겔 이달고(Miguel Hidalgo y Costilla) 신부가 독립에 큰 공헌을 했다.

독립 이후 초창기에 라틴아메리카의 경제는 침체에서 벗어나지 못했다. 지역 간의 교역이 없었을 뿐만 아니라 각국의 정치 상황이 매우 혼란스러웠기 때문이다. 독립 이후 19세기 후반까지 많은 라틴아메리카 국가에서는 자유주의자와 보수주의자 간의 대립이 극심했다. 자유주의자들은 지방의 지주, 수공업자, 법률가와 같은 전문직업인 등 기

라틴아메리카의 독립에 앞장선 시몬 볼리바르, 산 마르틴, 미겔 이달고 신부

존 질서에 반감을 가진 사람들이었다. 이들은 개인의 권리를 보장하고 성직자나 군인의 특권을 폐지할 것을 주장했다. 반면 보수주의자들은 고위 성직자, 고위 장교, 고급 관료, 대지주, 독점 상인들로 식민 시대에 가졌던 사회적 특권들을 고수하려 했다. 초기에는 강력한 중앙집권 정부를 선호한 보수주의자들이 중앙아메리카 연방을 제외하고는 거의 모든 국가에서 우세했지만, 시간이 흐르면서 일부 국가를 제외하고는 연방제를 주장한 자유주의자들의 세력이 더 커졌다.

19세기 후반 들어 라틴아메리카에 유럽의 자본이 들어왔다. 이는 라틴아메리카의 생산과 무역이 확대되고 근대화에 필요한 시설을 갖출 수 있는 '실탄'이 확보되었다는 말이다. 이에 따라 라틴아메리카의 정치와 경제도 급격히 변화했다. 20세기에 들어서는 그동안 라틴아메리카에서 주인 행세를 했던 스페인과 포르투갈이 물러나고 세계적인 강대국으로 떠오른 영국과 미국이 그 자리를 차지했다.

이러한 현상은 쿠바에서부터 나타났다. 1898년에 스페인의 마지막 식민지였던 쿠바는 독립 후에도 1902년까지 미국의 영향력 아래 있었다. 스페인이 물러가고 그 자리를 미국이 차지했기 때문에 완전한 독립이라고 할 수 없었다. 쿠바뿐만 아니라 라틴아메리카 대부분의 국가에서도 미국의 사주를 받은 꼭두각시 정부들이 권력을 장악했다. '스무 마리의 쥐와 한 마리의 고양이'는 바로 이러한 라틴아메리카의 슬픈 역사를 고스란히 나타내는 자조 섞인 표현이다. 라틴아메리카 민중들은 멕시코 혁명, 쿠바 혁명, 니카라과 혁명 등을 통해서 이러한 또 다른 압제에서 벗어나려 했으나 쿠바를 제외한 대부분의 나라는 여전히 미국의 덫에서 벗어나지 못했다.

특히 1970~80년대에는 아르헨티나와 칠레에 잔혹한 독재정권이 들어섰다. 이들 정권의 뒷배경에는 역시 미국이 있었다. 이들은 많은 사람들에게 추방, 고문, 살해 등 갖은 형태의 고통을 가했다. 대부분의 국가들은 이러한 독재 정치의 악순환을 벗어나지 못했다. 경제 역시 망가질 대로 망가졌다. 부족한 산업 기반, 1차 산업 위주의 경제 구조, 과도한 외채 등은 라틴아메리카를 상징하는 말이 되었다. 브라질은 영원히 날지 못하는 '치킨의 비행'으로 비유되기도 하고, 아르헨티나는 10년 주기의 외환위기를 표현하는 '잃어버린 10년의 나라'로 낙인 찍혔다. "예수님은 십자가에 단 한 번 못 박혀 돌아가셨고, 그다음에 하늘로 올라가셨다. 그러나 라틴아메리카 사람들은 매년 십자가에 못 박히고도 계속해서 살아난다. 아픈 몸이지만 어떻게든 살아나서 이자를 갚아야 하기 때문이다."라는 말이 있을 정도로 라틴아메리카의 외채 위기는 심각했다. 라틴아메리카는 이처럼 외채는 늘어나고 그에 따라 원리금 상환액도 증가되는 경제적인 악순환에서 벗어나지 못했다.

이후 20세기 말부터 21세기 초까지, 라틴아메리카에는 선거를 통해 미국에 대해서 '할 말은 하는' 좌파 또는 중도좌파 정부가 들어섰다. 그러나 2017~2019년 대선에서는 과거 20년과는 크게 다른 양상을 보였다. 브라질, 콜롬비아, 칠레에서는 우파 정권이, 아르헨티나, 멕시코, 베네수엘라에서는 좌파 정권이 들어선 것이다. 이러한 변화에는 이데올로기적인 가치보다는 부정부패, 정경유착 등 구조적이고 고질적인 권력 비리에 염증을 느낀 국민들의 변화에 대한 기대 심리가 반영되었다는 분석이 지배적이다.

2020년에 들어서도 라틴아메리카는 여전히 정치의 부정부패, 경제의 불안정, 사회의 불평등으로 '불확실한 대륙'으로 인식되고 있다. 그러나 라틴아메리카는 여전히 무한한 '먹을거리'로 전 세계의 '주목을 받고 있는 대륙'이기도 하다.

경이로운 자연과 찬란한 문명을 간직한 매혹의 대륙

Latin America

Part 1

풍요와 빈곤의 역설적 공존
지리와 도시

01

안데스산맥

남아메리카를 세로지르는 세상에서 가장 긴 산맥

● 한반도에 백두대간이 있다면, 남아메리카에는 안데스산맥이 있다. 해발 고도가 평균 4천 미터에 이르는 안데스산맥은 남아메리카의 서쪽 해안을 병풍처럼 둘러싸고 있다. 평생 라틴아메리카 연구에 매진했던 이성형 박사는 《배를 타고 아바나를 떠나며》에서 안데스산맥을 '수직적 군도'라고 표현했다. 군도(群島)의 사전적 의미는 '바다 위에 수평적으로 무리 지어 있는 섬들'인데, 여기서의 의미는 바다가 아닌 '땅에서 수직적으로 무리 지어 있는 산들'로 풀이할 수 있다.

그는 이 수직적 군도를 '저주스런 공간'이라 불렀다. 7천 킬로미터나 되는 길이와 험한 산세로 인해서 사람들 간의 소통이나 물자의 운송이 매우 어려웠기 때문이다. 또한 그는 이곳을 '축복의 공간'이라고도 했다. 높이에 따라 생산하는 작물이 달라서 상호 보완체계를 이루고 있기 때문이다. 즉 3~4천 미터 고지대의 목초지에서는 야마(라마)나 알파카를 기르고, 그 바로 아래 지대에서는 감자를 비롯한 구근 식물들을, 2천 미터 아래에서는 옥수수나 콩과식물들을, 셀바(selvas, 아마존강 중류 유역에 발달한 열대 우림) 저지대에서는 코카 잎을 재배한다. 이렇게 저주와 축복이 공존하는 안데스산맥을 직접 오르는 것은 어렵지만, 그 근처에만 가도 안데스가 주는 축복이 느껴지는 산들을 만날 수 있다.

험준하지만 아름다운 산과 살아 움직이는 빙하를 만날 수 있는 안데스산맥

세상에서 제일 높은 산은 에베레스트가 아니다

안데스를 대표하는 산들 중에서 제일 먼저 꼽을 수 있는 산은 에콰도르의 침보라소(Chimborazo)산이다. 6,268미터 높이의 이 산은 에콰도르의 수도 키토(Quito)에서 남쪽으로 약 150킬로미터 떨어져 있으며, 서기 550년의 분출을 끝으로 더 이상 활동을 하지 않는 휴화산이다. 원주민어로 '뜨겁고 눈 덮인'이란 의미의 침보라소산은 일본의 후지산처럼 머리에 하얀 눈을 이고 있다. 일부 학자들은 이 산이 지구상에서 가장 높은 산이라 주장하기도 한다. 이 주장에 대부분의 사람들은 고개를 갸우뚱거릴 것이다. 세계에서 가장 높은 산은 네팔에 있는 8,848미터의 에베레스트산으로 알려져 있기 때문이다. 물론 에베레스트산은 세계에서 가장 높은 산이다. 그러나 이는 '해발 고도'의 관점에서 볼 때다. 해발 고도가 아닌 '지구 중심부로부터의 거리'의 관점에서 보면, 가장 높은 산은 에베레스트산이 아닌 침보라소산이 된다. 그 이유는 다음과 같다.

지구 중심에서 침보라소산이 있는 남위 1도까지의 거리는 약 21킬로미터인 반면에 지구 중심에서 에베레스트산이 있는 북위 28도까지의 거리는 21킬로미터에 못 미친다. 이는 지구가 완전한 구형이 아니라 타원형이기 때문이다. 영국의 일간지 〈디 인디펜던트(The Independent)〉는 과학자들의 이러한 논리를 인용하여 "이 기준을 적용하면, 침보라소산이 세계에서 가장 높고, 에베레스트산의 높이는 세계 20위권 밖으로 밀려난다."고 전했다.

세계에서 가장 아름다운 봉우리로 뽑힌 알파마요 산

다음은 페루의 고산 도시인 와라스(Huaraz)에 있는 '시에라 블랑카(Sierra Blanca, 하얀 산맥)'다. 와라스는 수도 리마(Lima)에서 북쪽으로 약 400킬로미터 떨어진 소도시로 도시 주변에 5~6천 미터급 봉우리들이 즐비하기 때문에 해마다 수많은 트레커들이 몰려오는 곳이다. 이 산맥의 대표적인 산으로는 페루에서 가장 높은 와스카란 산을 비롯해 세계적 미봉으로 꼽히는 알파마요 산 등이 있다.

특히 알파마요(Alpamayo) 산은 1966년, 독일에서 열린 세계 10대 미봉을 뽑는 사진전에서 엄선된 총 46개의 산 중에서 당당히 1위를 차지했다. 그 뒤를 K2, 마터호른, 몽블랑, 그랑드 조라스, 마차푸차레, 아마다블람이 이었다. 할리우드의 영화사 파라마운트는 이 빼어난 미모를 지닌 알파마요 산을 자사의 로고로 사용했다. 알파마요 산을 조망하며 걷는 약 45킬로미터의 산타크루즈 트레킹은 세계에서 가장 인기 있는 트레킹 코스 중 하나다.

이들 두 산보다 더 높은 산이 아르헨티나의 아콩카구아(Aconcagua) 산이다. 높이가 6,960미터로 안데스산맥에서뿐만 아니라 남반구에서 가장 높은 산이다. '아콩카구아'는 '하얀 수호신', '하얀 협곡', '돌로 된 파수꾼' 등의 의미를 지닌 원주민 말이다. 특히 '하얀 바람'으로 알려진 돌풍이 유명하다. 태평양에서 발생한 바람이 안데스산맥과 충돌하면서 정상부로 솟구쳐 오른 후 생기는 하얀 바람이다. 이는 바람이 불 때 수증기가 응축되면서 깃털같이 가볍고 하얀 구름이 정상 부근에 형성되어서 붙여진 이름이다. 아콩카구아 산은 특별한 등산 기술 없이도 걸어서 올라갈 수 있는 산 중에서 세계에서 가장 높은 산이다. 그렇지만 정상 부근에 덮여 있는 만년설과 빙하, 수시로 변하는 고산의 날씨와 바람 등으로 인해서 등정 성공률이 60%를 넘지 못하는 것으로 알려져 있다.

안데스의 눈물

안데스산맥의 남쪽 끝자락에는 '페리토 모레노(Perrito Moreno)'라는 빙하가 있다. 아르헨티나의 국립공원에 있는 360여 개의 빙하 중에서 가장 아름답다고 알려진 곳이다. 이 빙하는 특히 가까운 거리까지 접근해서 볼 수 있기 때문에 관광객들에게 인기가 많다. 빙하의 길이는 30킬로미터, 폭은 5킬로미터, 높이는 60~80미터에 이른다. 아파트 30~40층 높이다. 이 빙하는 하루에 2미터씩 빙하 앞의 호수 방향으로 전진하고 있다. 이 과정에서 거대한 얼음덩어리들이 무너져 내리는데, 이 장관을 보려고 사람들은 배를 타고 빙하에 최대한 가까이 접근한다. 아이젠을 착용하고 이 빙하 위를 걸으면서 빙하를 온몸으로 느끼는 트레킹 프로그램도 있다. 이 트레킹은 청록색의 빙하 얼음을 깨서 위스키에 넣고 마시는 세리머니로 마무리된다.

그런데 이 안데스산맥의 빙하가 녹고 있다. 인간의 그칠 줄 모르는 욕망 때문에 눈물을 흘리고 있는 것이다. 지구 온난화 때문에 반세기 후에는 안데스 남부 파타고니아 지역의 빙하들이 모두 사라질 것이라는 예측도 있다. 국제 환경단체들은 "안데스산맥의 빙하가 급속히 녹아 콜롬비아와 페루, 칠레, 베네수엘라, 에콰도르, 아르헨티나 및 볼리비아의 대도시 주민들이 물 공급을 받지 못하고 식량난을 겪게 될 것"이라고 경고했다.

과학자들은 예상보다 훨씬 빠른 속도로 진행되는 이런 현상에 큰 우려를 표시했다. 빙하가 급속도로 녹으면 농경지가 점점 더 고지대

움직이는 빙하로 유명한 페리토 모레노

로 올라가게 되고 이는 삼림 파괴로 이어지며, 삼림 파괴는 수원지를 망가뜨려 토양 침식을 일으키는 악순환이 반복된다는 주장이다. 빙하가 녹으면서 흘러내리는 물소리에 인간에게 닥칠 끔찍한 재앙이 숨어 있음을 안데스산맥은 온몸으로 말해 주고 있다.

02

아마존강

꺼져가는 생명의 땅

● "A부터 Z까지 이어지는 스마일 화살표가 상징인 회사는?"

"아마존이요!"

상식이 풍부하기로 정평이 난 여학생이 단번에 정답을 맞힌다.

"그렇다면 왜 회사 이름을 아마존으로 했을까?"

"……."

"브래드 스톤이라는 사람이 쓴 《아마존, 세상의 모든 것을 팝니다》에는 그 이유를 다음과 같이 말하고 있단다. 아마존의 창업주 제프 베조스가 사전에서 A부터 살펴보다가 '아마존(Amazon)'이라는 단어를 보았을 때 강렬한 느낌을 받았다고 해. 아마도 아마존이 세계에서 가장 큰 강이고, 자신의 회사가 세계에서 가장 큰 전자상거래 업체가 되길 바라는 마음이 아니었을까? 베조스는 다음 날 동료들에게 새 회사명을 '아마존'으로 지었다고 통보했단다. 다른 동료들의 의견을 들어 보고 싶지도 않을 정도였다니 그야말로 '아마존'에 필이 딱 꽂혔다고 해야겠지? "아마존은 그냥 세계에서 가장 큰 게 아닙니다. 두 번째로 가장 큰 강보다 몇 배나 더 큽니다. 다른 강들과는 비교 대상이 아닙니다."라고 했던 베조스의 말대로 아마존강은 '그저 그런 강'은 아니란다."

베조스의 말대로 아마존강은 세계에서 두 번째로 큰 강보다 몇 배나 더 크다. 물론 길이 면에서는 나일강이 아마존강보다 더 길다. 그러나 '나일강은 가장 길고, 아마존강은 가장 세다'는 말이 있는 것처럼 아마존강은 규모가 크고 수량도 풍부하다. 면적은 한반도의 약 31

세상에서 가장 센 강인 아마존강

'지구의 허파'라고 불리는 아마존강과 열대 우림

배에 달하며, 남아메리카의 브라질, 페루, 에콰도르, 콜롬비아, 볼리비아, 베네수엘라, 가이아나, 프랑스령 기아나, 그리고 수리남 등 모두 9개의 나라에 걸쳐 있다.

안데스의 선물

'아마존'이란 이름의 유래는 16세기 중반으로 거슬러 올라간다. 스페인의 침략자들이 이 강을 탐험하면서 원주민들의 공격을 받았는데 이 원주민들은 남녀 구분 없이 모두가 똑같이 전투에 참여했다. 이를 본 스페인의 정복자들은 그리스 전설 속의 여성 전사들로 이루어진 아마조네스 부족을 떠올렸다. '아마존'이란 이름은 이렇게 탄생되었다.

안데스산맥이 남북으로 7,000킬로미터 뻗어 있다면, 아마존강은 동서로 7,000킬로미터를 굽이굽이 흐른다. 아마존강은 원래 대서양이 아닌 태평양으로 흐르는 강이었다. 그런데 그 옛날 안데스산맥이 생기면서 대서양 쪽으로 그 방향이 바뀐 것이다. 넓은 저지대에 물이 고이고 수위가 높아지는 과정에서 지금의 늪지대와 정글이 만들어졌다. 아마존강을 '안데스의 선물'이자 '안데스의 자식'이라 말하는 이유다.

아마존강은 그 시작과 끝을 가늠하기 어렵다. 강폭은 가장 수위가 낮을 때에는 1.6킬로미터에서 10킬로미터 사이다. 우기에는 강폭이 48킬로미터 이상으로 늘어나고, 대서양과 맞닿아 있는 지역은 그 폭이 서울에서 대구 간 거리인 240킬로미터까지 넓어진다. 세계 담수의 20%를 차지할 만큼 거대한 규모로 인해 '바다의 강(Río Mar)'으로 불리기도 한다. 이 아마존강을 품고 있는 열대 우림은 '지구의 허파'라 할 정도로 전 세계에서 필요로 하는 산소의 약 20~30%를 공급하며, 전 세계의 모든 식물과 동물 종의 10%가 서식할 정도로 생물 다양성이 가장 풍부한 지역이다. 이처럼 야성(野性)을 지닌 아마존 원시림은 인간의 접근을 쉽게 허락하지 않기 때문에 사람들은 아마존을 '녹색의 지옥'이라고 부르기도 한다.

아마존강과 네그루강의 합류 지점

아마존강에서 볼 수 있는 신기한 현상이 한 가지 있다. 아마존강 하구에서 1,700킬로미터 지점의 마나우스(Manaus) 인근에서 일어나는 현상이다. 지류인 검은색 물빛의 네그루(Negro)강과 본류인 황토색 물빛의 아마존강이 만나는 지점에서부터 서로 색깔이 다른 강물이 섞이지 않고 경계를 이루며 흘러간다. 침엽수의 잎이 녹아서 퇴적된 검은색 강물인 네그루강은 섭씨 28도를 유지한 채 시속 2킬로미터로 흐르는 반면, 활엽수림을 품고 흐르면서 황토색 강물이 된 아마존강은 섭씨 22도를 유지한 채 시속 4~6킬로미터로 흐르기 때문이다. 이러한 장관은 장장 6킬로미터에 걸쳐 연출된다.

자연을 파괴하는 인간의 탐욕을 고발했던 칠레 출신의 소설가 루이스 세풀베다는《파타고니아 특급열차》에서 이런 아마존을 '여인의 속살'이라 표현했다.

"아마존은 아무것도 원하지 않는데, 우리 인간은 그 속에 들어가면 자신이 원하는 모든 것을 취하려 하니 말이오. (중략) 내가 당신에게 이곳으로 또 오라는 말을 할 필요가 없다는 것을 잘 알고 있소. 아마존에 한번 발을 들여놓은 이상, 아마존 없이 살아갈 수 없을 테니 말이오."

아마존의 매력을 이보다 더 고혹적으로 표현할 수 있을까?

안타깝게도 루이스 세풀베다는 전 세계를 패닉에 빠지게 한 '코로나 19(코로나바이러스감염증-19)'를 피하지 못했다. 그는 2020년 4월 16일, 스페인에서 50일간의 투병 끝에 세상을 떠났다.

아마존의 눈물

아마존은 유럽인이 들어온 이후 '눈물의 땅'이 되었다. 17세기, 포르투갈 사람들이 처음으로 원주민 노예와 황금을 찾아 아마존으로 몰려들었다. 아마존의 비극이 시작된 것이다. 아마존에 들어온 유럽인들은, 원주민들이 고무나무 수액을 다양한 용도로 사용하는 것을 보며 고무의 가치를 알게 되었다. 19세기 말부터 미국과 유럽에서 고무의 수요가 급증하면서 고무는 브라질의 가장 중요한 수출품이 되었고, 브라질은 전 세계의 고무 무역을 거의 독점하다시피 했다.

그러나 1960년부터 천연고무를 대체할 합성고무가 등장하자 천연고무 가격이 폭락했다. 이에 고무나무 농장주들은 축산업으로 눈을 돌렸다. 이들은 가축을 위한 초지나 사료용 콩을 재배할 농경지 확보를 위해 아마존 지역에서 대규모의 벌목을 시작했다. 특히 대형 곡물 메이저(대형곡물상사. 국제유통에서 지배력이 강한 카길, 컨티넨털 그레인,

드레퓨스, 붕게를 4대 메이저라 부른다.)들은 거대 자본을 앞세워 열대 우림을 파괴하고 대규모로 콩을 재배했다. 콩 재배지가 확대되면서 아마존 삼림의 훼손 정도는 더 심해졌다. 여기에 수확된 콩을 운반하기 위한 도로가 불법적으로 건설되면서 1분마다 축구 경기장 크기의 숲이 하나씩 사라질 정도로 지구의 허파는 빠른 속도로 훼손되기 시작했다.

광산 개발과 불법 방화 역시 아마존 열대 우림 파괴의 주범이다. 2003년부터 2007년까지 5년 동안 사라진 아마존의 삼림 면적은 서울시 면적의 백 배가 넘는다는 통계가 있을 정도다. 또한 브라질 정부는 아마존 지역에 수력발전을 위한 댐 공사를 잇달아 승인하여 아마존 파괴를 가속화시키고 있다.

2019년도 말까지 아마존 열대 우림은 화재로 몸살을 앓고 있다. 브라질 국립우주연구소(INPE)는 이 화재로 서울 면적의 약 12배에 달하는 삼림 및 초원이 피해를 입은 것으로 추정하고 있다. 화재의 원인은 무분별한 농지 개발이라는 분석이 우세하다. 아마존 개발을 공약으로 내세워 집권한 자이르 보우소나루 브라질 대통령은 아마존 난개발을 주도하며 공공의 적으로 떠올랐다. 그린피스 연구원인 호물로 바티스타는 “아마존의 열대 우림 파괴는 목축 산업 확대가 주된 원인”이라며 “현재까지 파괴된 지역의 65% 이상이 소 방목장이 됐다.”고 설명했다. 1997년부터 2016년까지 브라질의 소고기 수출이 10배가량 증가된 사실은 이를 입증한다. 여기에 기후 변화로 인해 여름 강수량이 줄고 역대 가장 더운 여름으로 기록되면서 2019년의 화재를 더욱 키웠다는 분석이다.

이렇게 아마존은 눈물을 흘리고 있다. 이 눈물은 언젠가 끝 모를 욕망에 사로잡혀 있는 우리 인간에게 큰 해악이 될 것이다. "지구가 인간에 속해 있는 것이 아니라, 인간이 지구에 속해 있다."고 한 칠레 원주민들의 말을 한 번쯤은 곱씹어 볼 때다.

쉬쿠 멘지스 상

쉬쿠 멘지스의 초상화를 들고 아마존 개발 반대 시위를 벌이는 환경운동단체

합성고무의 등장으로 고무나무의 효용 가치가 떨어지면서 외지의 자본가들은 고무나무를 베고 대규모 목장을 조성했다. 이때 고무나무를 끌어안고 '나무를 베지 말라'고 울부짖은 한 남자가 있었다. 바로 쉬쿠 멘지스(Chico Mendes)다.

그는 9살 때부터 제대로 된 교육도 받지 못하고 아버지와 함께 고무나무 수액 채취 일을 시작했다. 이후 노동자의 차별 대우와 사회의 불의에 눈을 떠서 노동조합을 조직했으며, 노동조합의 지도자가 된 후에는 아마존 열대 우림을 개발하여 막대한 이익을 얻은 기업과 자본, 그리고 이에 영합한 국가 권력에 맞서 싸웠을 뿐만 아니라 원주민의 인권을 위해서 투쟁했다. 그는 "처음에는 고무나무와 밀림을 위해 싸웠지만, 지금은 인간성을 위해 싸운다."고 일갈했다.

지속적인 살해 위협을 받았던 그는 결국 1988년 12월에 자신의 집에서 살해당했다. '아마존의 순교자', '열대 우림의 구원자' 등으로 불렸던 쉬쿠 멘지스의 죽음으로 브라질 정부는 여론에 밀려 고무 채취 노동자들의 권리를 인정하고 땅 주인이 함부로 고무나무를 베지 못하게 하는 등의 조치를 취했다. 그러나 거기까지였다. 여전히 아마존에는 고속도로와 농장이 마구잡이로 건설되고 있으며, 아마존은 쉬쿠 멘지스의 죽음과 무관하게 생명의 땅이 아닌 죽음의 땅이 되어가고 있다.

쉬쿠 멘지스의 삶을 그린 《연애소설을 읽는 노인》을 쓴 루이스 세풀베다는 "아마존에는 법이 존재하지 않는다. 그곳의 법은 지주들이다."라고 아마존의 무법 상태를 비판했다. 미국 환경 단체인 시에라 클럽은 그의 희생을 기려 1989년 쉬쿠 멘지스 상을 제정했다. 환경 보호를 위해서 세계적으로 특별한 용기와 리더십을 발휘한 개인 또는 비영리 조직에게 주는 상이다. 우리에게 잘 알려진 수상자로는 '침팬지의 친구'로 유명한 제인 구달이 있다. 2013년에는 우리나라의 최열 환경재단 전 대표가 이 상의 수상자로 선정되었다. 한국 정부의 4대강 사업 저지 운동에 앞장서고 이로 인해 수감된 것을 정부의 탄압으로 인정한 것이다. 그러나 최열 대표의 수상은 개인에게는 영광일 수 있지만, 국가적으로는 수치일 수도 있다. 환경 파괴에 앞장선 국가가 수상의 구실을 제공했기 때문이다.

03

카리브해

해적의 바다, 지상 낙원이 되다

● 2015년 12월 6일 자 국내 일간지에 300여 년 전 카리브해에서 침몰한 스페인 범선 '산호세 호(號)'의 발견에 관한 소식이 일제히 실렸다. 군인과 선원 등 600여 명이 타고 있던 산호세 호에는 금화와 은화, 보석 등이 가득 실려 있었다. 신대륙에서 약탈한 보물을 가득 싣고 스페인으로 가던 이 배는 영국 전함의 공격을 받아 1708년에 콜롬비아 북부 카르타헤나 인근에서 침몰한 것으로 알려졌다. 고고학계는 이 배가 지난 수백 년간 카리브해에서 침몰한 1천여 척 가운데 가장 규모가 크고 가치도 높은 것으로 평가했다. 기사는 보물선의 가치가 20~170억 달러(약 2조 3천억~19조 7천억 원)에 달한다고 전했다. 그러나 이 보물선 인양을 둘러싼 콜롬비아 정부와 미국 인양기업 간의 갈등이 격화되면서 인양 작업은 2020년 현재 중단된 상태다.

보물선의 길목

침몰한 산호세 호처럼 당시 멕시코나 중앙아메리카, 페루나 볼리비아 등지에서 채굴한 귀금속을 실은 배들은 모두 카리브해를 거쳐 스페인으로 향했다. 이 보물선들이 지나는 길목인 카리브해에는 '파리' 들이 들끓기 시작했다. 16세기의 카리브해는 해적들의 천국이었다. 해적들은 보물선이 지나는 길목을 지켰다가 보물선이 나타나면 온갖 약탈을 일삼았다.

가장 뛰어난 활약을 펼친 나라는 '뛰어난' 해적을 보유한 영국이었다. 영국은, 비록 비공식적이었지만 해적질을 아예 국가적인 사업으로 생각했다. 영국의 엘리자베스 여왕은 카리브해에서 스페인 선박을 대상으로 해적질을 일삼았던 프랜시스 드레이크에게 귀족 작위를 수여하기까지 했다. 이 해적질로 인한 수입이 영국의 일 년 조세 수입보다 많을 정도였다고 한다. 이처럼 해적은 영국에는 소중한 존재였지만, 스페인에는 가장 큰 골칫거리였다. 이들 해적의 침입을 막기 위해서 스페인은 카리브해 연안의 도시에 견고한 요새를 건설했는데, 지금도 쿠바의 아바나나 콜롬비아의 카르타헤나에 가면 이 요새들을 볼 수 있다. 이 해적들을 소재로 한 영화

콜롬비아 카르타헤나의 요새

가 바로 〈캐리비안의 해적〉 시리즈다. 제목에서 알 수 있듯이 이 영화의 무대 역시 카리브해다.

혼종 문화와 미국의 정치 실험장

카리브해는 미국, 멕시코, 벨리스, 과테말라, 온두라스, 니카라과, 코스타리카, 파나마, 콜롬비아, 베네수엘라 등으로 둘러싸여 있는 바다이다. 이 바다에는 쿠바, 아이티, 도미니카 공화국, 자메이카, 트리니다드토바고 등의 섬나라와 미국, 프랑스, 네덜란드, 영국 등의 지배를 받는 크고 작은 섬들이 있다.

'카리브'라는 이름은 남미 북부의 베네수엘라 해안과 인근 섬들에 살고 있던 원주민인 '카리브족'에서 유래했다. 카리브해는 서인도 제도라 부르기도 하는데, 이는 콜럼버스가 이곳을 인도라고 착각한 데서 붙여진 이름이다. 카리브해에는 대(大)앤틸리스 제도와 소(小)앤틸리스 제도가 있다. 카리브해의 북쪽에 있는 대(大)앤틸리스 제도는 쿠바, 푸에르토리코, 도미니카 공화국 등 비교적 큰 섬들로 이루어진 지역을, 대앤틸리스 제도의 동남쪽에 있는 소(小)앤틸리스 제도는 바베이도스, 세인트루시아와 같은 작은 섬들로 이루어진 지역을 가리킨다.

카리브해는 콜럼버스가 1492년에 처음으로 도착한 곳이다. 이후 세계적으로 주목받는 '핫'한 곳이 되었다. 신대륙과 구대륙을 왕래하기 위한 출발점이자 도착점이었기 때문이다. 이곳을 들락거리던 유럽인들은 이곳에 살고 있던 원주민을 가혹하게 착취하고 이들에게 전염병을 '선사'했다. 이들의 등장은 원주민에게는 재앙이었다. 원주민의 시체가 카리브해를 덮을 정도로 원주민의 수가 급감했으며, 이로 인해서 부족해진 노동력을 보충하기 위해 유럽인들은 아프리카에서 흑인 노예를 들여왔다. 이후 19세기 말에는 중국인, 필리핀인, 말레이인들이, 20세기 초에는 한국인이 쿠바로 들어왔다. 이렇게 해서 카리브해에는 원주민, 흑인, 백인, 동양인, 그리고 혼혈인까지 다양한 인종들이 살게 되었다. 이들은 각자 자신의 문화를 카리브해에 심고 가꾸었다. 이처럼 카리브해에는 유럽, 아프리카, 아시아, 원주민의 문화가 혼재되어 있어서 카리브해 문화를 '혼종 문화'로 부르기도 한다.

카리브해 지역은 1810~1820년대에 독립한 라틴아메리카 대부분의 지역과는 달리 1820년 이후에도 식민 통치에서 벗어나지 못했다. 카리브해의 제일 큰 섬나라인 쿠바는 1898년이 되어서야 스페인으로부터 독립했고, 자메이카는 1962년에 영국으로부터 독립했다. 푸에르토리코, 버진 군도, 마르티니크, 아루바 등은 아직도 각각 미국, 영국, 프랑스, 네덜란드의 보호령이다.

20세기 들어 미국은 이곳에서 세력을 확장하기 시작했다. 당시 미국은 카리브해를 '아메리카의 호수'로 생각해서 쿠바, 니카라과, 파나마, 과테말라, 엘살바도르, 그라나다 등 카리브해 연안국들에게 지도자 암살, 경제 봉쇄, 반군에 대한 무기 지원 등 자신의 입맛에 맞는 정권 수립을 위해서 온갖 술책을 획책해 왔다.

카리브해는 전 세계인들에게 뜨거운 태양 아래 선탠을 하면서 코발트 빛 바다에서 수영을 즐기는 곳으로 알려져 있지만, 한편으로는 미국의 정치 실험장이자 다양한 정치적 복합성이 존재하는 곳이기도 하다.

크루즈 여행의 메카

과거에 해적들이 활동한 무대였던 카리브해는 지금은 전 세계 여행자들이 동경하는 여행지, 특히 크루즈 여행의 메카가 되었다. 카리브해를 운항하는 크루즈는 보통 코끼리 2만 마리를 실을 수 있는 규모라는 8만 톤급 중형 선박이다. 선내에서는 식사, 공연, 기타 부대 시설 이용 등 모든 서비스가 제공된다. 크루즈 여행 중에는 카리브해의 명소에 기항하면서 쇼핑, 해수욕, 열대 우림 탐험, 카약킹, 스노클링, 스쿠버다이빙 등 다양한 종류의 액티비티를 즐길 수 있다.

가장 대표적인 기항지는 바하마(Bahamas) 군도로 미국 플로리다에서 동남쪽으로 약 90킬로미터 떨어져 있다. '바하마'라는 이름에 대해서 여러 가지 설이 있지만, 스페인어로 '썰물'을 의미하는 '바하마르(bajamar)'에서 왔다는 설이 대표적이다. 그만큼 조수간만의 차가 크고, 바다의 수심이 얕으며, 연평균 26도에 습도가 거의 없어서 쾌적한 기후를 자랑하는 곳이다. 또한 풍부한 해산물과 카리브해의 에메랄드

빛 바다를 즐길 수 있어서 '낙원의 섬'이라고 불리며 매년 천만 명 이상의 관광객이 찾아오는 카리브해 최고의 관광지다.

이곳에서 과연 시간은 흐르는 걸까? 과거에는 존재하지 않았던 시간이 과연 '지금 이곳'에서 우리에게 어떤 의미를 주는 걸까? 카리브해에만 가면 '시간'에 대한 근원적인 의문들을 갖게 된다. 그만큼 카리브해는 시간에 대한 우리의 고정관념을 잠시 내려놓게 하는 곳이다.

카리브해에 기항한 호화로운 크루즈

선원과 해적들을 위한 술, 럼주

1980년대 초, '애꾸눈 해적'이 그려진 '캡틴Q'라는 술이 인기를 끌었다. 캡틴Q가 비록 정통 럼주의 맛을 흉내 낸 짝퉁이긴 했지만, 당시 젊은층에게는 매우 인기가 높았다. 아마도 카리브해에 대한 막연한 동경과 새로운 외국 문화에 대한 호기심 때문이었을 것이다.

럼주에 콜라를 섞어 만든 쿠바 리브레

럼주(rum酒)는 설탕을 제조하고 남은 사탕수수 줄기를 다시 끓여 당밀을 만들고, 이를 다시 발효시킨 후에 증류해서 만든 술이다. 17세기 카리브해의 사탕수수 농장에서 일하던 노예들이 만들기 시작한 럼주는 이후 해적이나 선원들이 마시는 술이 되었다. 바다에서 오래 생활하는 선원이나 해적들에게는 알코올 도수가 낮은 맥주나 와인은 적합하지 않았고, 브랜디나 위스키는 보관하기에 용이했지만 값이 비쌌다. 이에 비해 럼주는 장기간 보관이 가능할 뿐만 아니라 저렴하기까지 해서 긴 항해의 지루함을 극복하는 데 최적이었다. 이것이 럼주가 선원이나 해적의 상징이 된 이유다. 이 럼주에 콜라를 섞으면 '자유로운 쿠바'를 뜻하는 '쿠바 리브레(Cuba Libre)'가 되고, 레몬과 민트를 넣으면 '모히토(mojito)'가 된다.

04

이스터섬과 갈라파고스 제도

거대한 석상과 다양한 동물들의 섬

영화 〈라파누이〉를 통해서 이스터섬을 처음 만났다. 신규 교사 시절에는 지금과 달리 비디오테이프 영화가 유일한 '문화 수업 매체'였다. 스페인어권 문화와 관련된 영화를 찾던 중에 내게 덜컥 걸린 게 바로 〈라파누이〉였다. 그런데 막상 하고자 했던 수업 내용과는 전혀 상관없는 영화였다. 그나마 이스터섬이 스페인어를 쓰는 칠레 땅이라는 게 불행 중 다행이었다. 이 영화를 왜 선택했는지, 이스터섬과 스페인어권 문화와는 어떤 관계가 있는지 등을 약간은 억지스럽게 엮어서 '일장 연설'을 한 후에 교실의 불을 껐다.

영화를 보는 아이들의 눈빛은 평소 수업 시간과는 차원이 달랐다. 몰입도가 그야말로 장난이 아니었다. 영화에는 새사람(鳥人), 큰 귀 부족과 작은 귀 부족 등 신세대 아이들에게는 다소 생뚱맞은 소재들이 등장했다. 그러나 귀족과 평민 간의 사랑과 우정, 모아이 석상의 제작,

모아이 운반을 위해서 무참하게 잘려 나가는 나무들, 바다 한가운데 떠 있는 조그만 바위섬에서 그해 갈매기가 낳은 첫 번째 알을 가져오는 일종의 철인 경기 등 사랑, 환경 파괴, 스포츠맨십과 같은 테마가 적절히 섞여 있어서 영화 〈라파누이〉의 선택은 그런대로 성공적이었다.

부활절의 섬

칠레 땅인 이스터(Easter)섬은 면적이 제주도의 10분의 1에 불과하다. 반경 2천 킬로미터 안에 사람 사는 섬이 하나도 없을 만큼 태평양 한가운데 떠 있는 외딴 섬이다. 칠레의 수도 산티아고에서 이스터섬까지 비행기로 5시간 이상 걸릴 만큼 칠레 본토와도 멀리 떨어져 있다. 이 섬이 '부활절'이란 뜻을 지닌 이스터섬이 된 까닭은 1722년에 네덜란드의 한 탐험가가 이 섬에 도착한 날이 바로 부활절이기 때문이었다. 그러나 원주민들은 이 섬을 '이스터섬'이 아닌 '라파누이'라 부른다.

태평양에 위치한 이스터섬과 갈라파고스 제도

이 섬이 알려진 이후 이곳은 남미에서 태평양으로 항해하는 배들의 기항지가 되었다. 1863년에는 페루의 노예 상인들이 이 섬의 원주민 수천 명을 노예로 잡아갔다. 1877년에는 섬에 상륙한 유럽인들이 결핵이나 천연두 같은 질병을 퍼트려 원주민의 수가 100여 명으로 급감하기도 했다. 그러나 이후 인구가 점차 늘어 2017년 기준으로 7,750명이 거주하고 있다.

성스러운 영혼이 머무는 석상, 모아이

이스터섬 하면 사람들은 무엇보다도 모아이(Moai) 석상을 떠올릴 것이다. 모아이 석상은 이스터섬의 관광 아이콘이다. 이 섬에는 약 900여 개의 모아이와 이 모아이들을 만들기 위해서 돌을 캐고 깎았던 채석장이 남아 있다. 이곳에는 등이 바위에 붙어 있는 석상, 땅바닥에 드러누운 석상, 허리까지 묻힌 석상 등 약 300여 개의 모아이가 여전히 미완성인 채로 남아 있다. 마치 식사 시간이 되어 일꾼 모두가 연장을 놓고 간 뒤의 작업장을 연상케 한다.

이 모아이들은 1250년부터 1500년 사이에 제작되었다고 추정한다. 고고학자들은 모아이가 원주민들의 종교적이고 정치적인 권위와 권력의 상징을 넘어 성스러운 영혼이 머무는 곳이라 추측한다. 원주민들은 모아이의 키가 크면 클수록 더 많은 영혼을 갖고 있다고 생각했기 때문에 가장 커다란 모아이를 만들려고 서로 경쟁했다. 이러한 각 부족 간의 경쟁 심리는 보통 키 3.5~10미터, 무게 30~90톤 정도의 다

세계 7대 불가사의 중 하나로 꼽히는 거대한 모아이 석상

양한 크기의 모아이에서 알 수 있다.

이런 거대한 모아이는 과연 어떻게 만들어졌고 어떤 방식으로 섬의 각 지역으로 운반되었을까? 먼저 바위산의 한 부분을 골라 석상의 앞면을 조각한 후, 등 부분을 파내고 석상을 분리시킨다. 그리고 목에 밧줄을 묶고 경사면을 이용해 아래로 서서히 내려보내는데, 석상은 아래에 미리 파놓은 구멍 속으로 들어가게 한다. 이어서 약 50~150명의 원주민들이 나무 롤러 등을 이용해서 모아이를 이동시켰다. 이 운반 방식이 그동안 정설로 받아들여졌지만, 최근의 연구에는 모아이

양쪽에 밧줄을 묶고 양쪽에서 엇갈려 당기면서 모아이를 기우뚱거리면서 걷게 하는 방식으로 이동시켰다는 주장도 있다.

모아이들은 주로 바다를 등진 채, 육지를 향하고 있다. 마치 사무엘 베케트의 《고도를 기다리며》에 나오는 에스트라공과 블라디미르처럼 하나같이 무엇을 기다리고 있는 듯하다. 모아이들은 이 두 방랑자처럼 서로 대화하고 있지도, 앙상한 나무 한 그루만 서 있는 시골길에 있지도 않지만 모아이들을 보고 있노라면 마치 현세의 고난을 참고 또 참으면서 새 하늘과 새 땅이 오기를 기다리고 있는 것 같다는 생각이 든다.

찰스 다윈과 갈라파고스 제도

갈라파고스 제도는 에콰도르 해안에서 973킬로미터 떨어져 있는 태평양 위의 섬들이다. 20여 개의 섬과 100여 개의 암초로 이루어진 '갈라파고스(Galápagos)'는 '바다거북들'이란 의미인데 이곳에서 많은 수의 바다거북들이 발견되어 붙여진 이름이다. 1535년에 스페인 출신의 주교에 의해서 발견된 이 섬은 16세기 후반부터 19세기 초까지 해적들의 근거지였다가 1832년에 에콰도르 땅이 되었다.

갈라파고스 제도를 세계적으로 유명하게 만든 사람은 바로 찰스 다윈이다. 그는 1835년 9월 15일, 피츠로이 함장이 이끈 영국 해군의 측량선 비글호를 타고 갈라파고스 제도에 도착했다.

이후 5주 동안 갈라파고스에 머물면서 이 지역의 식물과 동물들을 조사했다. 그는 특히 핀치새의 부리 모양이 섬마다 조금씩 다르다는 것을 알게 되었다. 이후 바다거북들도 핀치새와 마찬가지로 섬마다 그 모양이 다르다는 것을 발견했다. 비글호에서 관찰한 기록을 토대로 쓴《비글호 항해기》에서도 그가 관찰했던 내용이 기록되어 있다.

"(중략) 각 섬마다 어느 정도 다른 생물들이 산다는 사실이다. 내가 그 사실에 처음으로 관심을 갖게 된 것은, 바로 부총독인 로슨 씨가 거북이가 섬에 따라 달라서 모양만 보고도 어느 섬에서 왔는지 알 수 있다는 말을 하고 난 뒤였다. (중략) 주민들은, 거북이가 어느 섬에서 왔는지 쉽게 구별할 줄 안다. 크기뿐만 아니라 그 외의 특징들도 다르기 때문이다."

사실 갈라파고스는 오랜 기간 동식물들만 살던 섬이어서 다른 섬에 사는 동물과는 왕래가 없었다. 오랫동안 떨어져 살다 보니 같은 동물이라도 어느 섬에 사느냐에 따라 모습이 서로 달라진 것이다. 산악지대에 사는 거북이의 발은 코끼리 발처럼 큰 반면, 해안가에 사는 거북이들의 발은 헤엄치기에 유리한 지느러미 형태였다. 다윈은 여기서 생물들은 자기가 사는 환경에 따라 진화해 가는 것일지도 모른다는 생각을 갖게 되었다. 영국으로 돌아온 다윈은 이러한 생각을 토대로 치열한 연구를 한 끝에《종의 기원》을 발표했다.

갈라파고스 제도에서는 다양한 해양 생물들을 만날 수 있다.

갈라파고스에서는 갈라파고스 법을 따르자!

갈라파고스 제도의 전체 면적은 제주도의 약 4배 정도로 그중 70%가 국립공원이다. 갈라파고스에 가면 자연 보호를 위해서 갈라파고스의 법을 따라야 한다. 관광객은 반드시 갈라파고스 국립공원 공인 가이드와 동반해야 하고, 동물과 적어도 2미터 이상의 거리를 둬야 한다. 동물들을 만지거나 그들에게 먹이를 주는 것도 금지되어 있고, 당연히 쓰레기를 버리면 안 된다. 섬의 고유 동식물 군과 생태계를 보호하기 위해 애완동물, 식물, 곤충 등을 들여와서도 안 된다. 포장된 과자 등을 제외한 음식물의 반입은 금지되어 있다. 또한 산호나 조개껍데기, 바다사자 이빨, 거북이 등껍질, 화산석, 갈라파고스 고유종 나무 등은 반출할 수 없다.

갈라파고스 관광에는 보통 크루즈 관광과 개인 투어, 두 가지 방법이 있다. 먼저 크루즈 관광은 비싸지만 알차다. 갈라파고스는 여러 섬으로 이루어져 있어서 이동 거리가 만만치 않을뿐더러 이동 수단의 이용도 자유롭지 못하다. 크루즈 관광은 밤에만 각 섬 간의 이동이 이루어진다. 따라서 배에서 숙식하면서 갈라파고스의 섬들을 둘러볼 수 있어서 매우 효율적이다. 반면 개인 투어는 비교적 저렴하다. 마을에 머물면서 투어를 즐기는 방식이다. 가이드 없이는 마을을 벗어나서 다닐 수 없기 때문에 일일 투어를 통해서 섬들을 둘러보거나 스노클링을 즐길 수 있다. 비용은 크루즈보다 저렴하지만 먼 거리의 섬에 갈 때 이동 시간이 많이 걸리는 단점이 있다.

"파라다이스의 사전적 정의를 묻는다면 '갈라파고스'라고 대답할 것이다."

"라틴아메리카에서 보낸 가장 행복한 시간을 묻는다면 망설임 없이 '갈라파고스에서 보낸 날들'을 꼽을 것이다."

이는 갈라파고스를 여행했던 여행자들의 말이다. 그만큼 갈라파고스는 세계의 여행자들을 설레게 하는 곳이다.

Tip

갈라파고스 이야기

무인 우체통과 우표 없는 편지

갈라파고스 제도에 속한 플로레아나섬에는 무인 우체통이 있다. 우표를 붙이지 않고 편지를 넣어도 배달되는 우체통이다. 그 유래는 다음과 같다. 이 섬은 원래 배들이 잠시 정박하던 곳이었다. 선원들은 이 섬에 나무통을 비치해서 그 위에 고향으로 보낼 편지를 놓았다. 그러면 집으로 돌아가는 선원이 주인 대신에 편지를 직접 전해 주었다. 이 전통은 지금도 이어져 이곳을 방문한 관광객들이 나무통 위에 있는 엽서나 편지들 중에서 자신의 집과 가까운 곳으로 배달되어야 하는 편지들을 골라 직접 배달하거나 우표를 붙여 수신인에게 보내준다. 이곳에 있는 바다 이름이 '우체국 만(Post Office Bay)'이 된 이유이기도 하다.

갈라파고스의 무인 우체통

'외로운 조지'의 후손들

'외로운 조지(Lonesome George)'는 1910년에 태어나 2012년에 세상을 떠났다. '조지'는 사람이 아니라 지구상에 단 한 마리 남았던 자이언트 거북이다. 그래서 더욱더 세계의 주목을 받았다. 이 거북이는 1971년, 갈라파고스 제도의 한 섬인 핀타 섬에서 처음 발견되었고, 종의 보호를 위해서 곧바로 갈라파고스 제도의 또 다른 섬인 산타크루스섬에 있는 찰스다윈센터로 옮겨졌다.

이 종은 몸집이 큰 데다 1년 동안 굶어도 버틸 만큼 생명력이 강해서, 옛날부터 긴 항해에 나서는 선원이나 해적들의 비상식량이었다. 하지만 1950년대, 이 섬에 방목된 염소들이 엄청난 먹성과 번식력으로 거북이의 주식인 풀을 먹어 치웠고, 조지는 이 변화된 서식 환경에 적응하지 못했다. 갈라파고스의 또 다른 섬에서 조지와 같은 종의 거북이를 찾으려 노력했지만 불행하게도 발견하지 못했다. 짝짓기를 통해 종의 유지를 시도했으나 그마저도 실패했다.

결국 '외로운 조지'는 그 어떤 후손도 남기지 못하고 사망했다. 조지는 박제되어 미국 뉴욕의 자연사 박물관에 전시되었다가, 2017년 2월에 갈라파고스 제도의 찰스다윈센터로 돌아왔다. 이에 에콰도르 정부가 조지를 갈라파고스가 아닌 수도 키토에 전시하고자 했지만 갈라파고스 주정부는 "조지는 갈라파고스의 상징이어서 반드시 갈라파고스로 돌아와야 한다."고 강력하게 주장했다. 결국 '외롭고 슬픈 조지'는 자신이 살고 죽은 갈라파고스로 돌아왔다.

지구상에서 가장 오래 산다는 갈라파고스 거북이

그런데 2020년 2월 초, "멸종한 줄 알았더니…. 갈라파고스 거북 '외로운 조지' 친척 발견"이란 반가운 기사를 접했다. 기사의 내용은 다음과 같다. "에콰도르 갈라파고스 국립공원 측은 탐험대가 갈라파고스 이사벨라섬 울프 화산에서 멸종된 종의 유전자를 보유한 땅거북 30마리를 발견했다고 밝혔다. 이 중 어린 암컷 한 마리는 지난 2012년 '외로운 조지'의 사망 이후 멸종된 것으로 알려진 '켈로노이디스 아빙도니(Chelonoidis abingdoni)'의 후손으로 추정된다. (중략) 탐험대는 과거 땅거북을 남획했던 해적 등이 갈라파고스를 떠나기 전에 다른 섬에서 잡아 온 거북을 울프 화산에 두고 갔을 수도 있다고 보고 최근 이 주변을 탐험해 왔다." '외롭고 슬펐던 조지'가 다시 살아 돌아오는 걸까?

05

파타고니아

세상의 끝을 만나다

● 2000년대 중반, 두 달 동안 남미 여행을 했다. 여행의 콘셉트는 '그래, 남미 대륙 얼마나 넓은가, 누가 이기나 보자!'였다. 두 달이라는 '매우 짧은' 기간 동안 온몸으로 그 공간과 시간을 느껴보고 싶어 비행기가 아닌 버스만 타고 다녔다. 역시 그 폭과 깊이는 상상을 초월할 정도였다. 남미 버스 여행에서 10시간은 단거리이고, 20~30시간은 보통이었다. 여정은 부에노스아이레스에서 남하해서 파타고니아를 거쳐 '불의 땅' 티에라 델 푸에고에 있는 우수아이아를 찍고, 다시 북상해서 칠레, 페루, 에콰도르를 거쳐 콜롬비아의 수도 보고타까지로 잡았다. 버스가 다니지 않는 칠레의 푼타아레나스와 푸에르토몬트 구간에서 비행기를 이용한 것을 제외하고는 온전히 버스만 이용했다. 티벳의 한 성자의 말에 '길을 떠나는 것만으로 법(法)의 절반을 이룬 것'이라 했는데, 그야말로 '버스 타고 법을 이루

는 시간'이었다.

이 여행 일정 중, 초반전에 해당하는 파타고니아 여행부터 그 소요 시간이 만만치 않았다. 부에노스아이레스에서 '남미의 스위스'라는 바릴로체까지 가는 데 버스로 꼬박 1박 2일이 걸렸다. 다음 일정이었던 바릴로체에서 엘 찰텐까지 남하하는 데도 1박 2일 걸렸다. 이어서 지구에서 가장 남쪽에 있다는 도시 우수아이아까지 가는 데 역시 버스에서 하루를 보내야 했다. 가까스로 우수아이아에 도착했을 때, "이 땅에서 무엇을 하는가가 아니라 도착하는 것만으로도 의미 있는 땅이었다."는 여행가 김남희 씨의 말이 실감 났다.

영감을 불러일으키는 곳

파타고니아(Patagonia)는 남미 대륙의 끝자락, 칠레와 아르헨티나에 걸쳐 있는 광활한 지역을 말한다. 면적이 67만 평방킬로미터이니 한반도의 3배에 달한다. 칠레 파타고니아는 피오르 해안, 산, 호수, 빙하 등 다채로운 풍경을 품고 있는 반면에 아르헨티나 파타고니아는 보통 키 작은 풀들이 있는 초원으로 이루어져 있다.

'파타고니아'라는 말의 어원에 대해서는 다양한 설이 있다. 그중에서 마젤란이 이곳의 원주민들을 가리켜 파타곤네스(Patagones)로 불렀다는 설이 일반적이다. 이는 '큰 발'이란 의미인데, 마젤란이 당시에 보았던 원주민들의 발은 매우 컸다고 한다. 또 마젤란이 유럽인에 비해서 몸집이 크고 야만적인 상태에서 살아가는 원주민을 묘사하기 위해서 16세기 스페인의 기사 소설에 나오는 가상의 야만적인 거인 '파타곤(Patagón)'이란 말을 사용했다는 주장도 있다.

사람들은 파타고니아를 초현실적 또는 비현실적인 공간이라 부른다. 이곳에 존재하는 모든 자연물들이 가장 원초적인 상태로 남아 있기 때문이다. 그래서 사람들은 한없이 나약해진 자신의 의지를 강하게 만들기 위해서, 세월이 흘러도 치유할 수 없는 슬픔을 극복하기 위해서 이 원시적이고 초현실적인 땅으로 하나둘씩 스며들었다. 그래서 사람들이 파타고니아를 '천국의 또 다른 이름'이라 부르는지도 모른다.

이 '또 다른 천국' 파타고니아에서 영감을 얻은 작가들이 있다. 《템

트래커들의 성지, 파타고니아

페스트》의 셰익스피어, 《걸리버 여행기》의 조너선 스위프트, 《야간 비행》의 생텍쥐페리, 《잃어버린 세계》의 코난 도일, 《파타고니아》의 브루스 채트윈, 《파타고니아 특급열차》의 루이스 세풀베다 등이 바로 그들이다. 〈해피투게더〉, 〈고래와 창녀〉와 같은 영화들 역시 이 파타고니아에서 얻은 감흥을 바탕으로 만들어졌다.

이곳을 여행했던 사람들은 파타고니아를 '욕망을 내려놓는 곳이 아니라 욕망을 확인하는 곳', '희망을 버리지 못하고 삶을 다시 일구어 가는 곳', '가장 용감한 모험가들조차 겸손하게 만들었던 땅', '방랑자들의 종착지이자 해방구' 등으로 표현했다. 그만큼 파타고니아는 기쁨과 슬픔, 희망과 절망, 존재와 허무가 한데 머무는 곳이다.

트레커들의 성지

파타고니아는 트레커들의 성지다. 전 세계 트레커들을 유혹할 만한 엘 찰텐(El Chaltén), 엘 칼라파테(El Calafate), 토레스 델 파이네(Torres del Paine) 국립공원 등이 있기 때문이다.

먼저 작은 시골 마을인 엘 찰텐으로 가보자. 엘 찰텐에서 '찰텐'은 원주민 말로 '연기 나는 산'이라는 의미다. 봉우리가 구름으로 항상 덮여 있어 마치 연기 나는 모습을 하고 있어서 붙여진 이름이다. 그 '연기 나는 산'이 바로 유네스코가 선정한 세계 5대 미봉 중의 하나인 피츠로이 산이다. 숨 막히게 아름답다는 표현이 잘 어울리는 산이다.

남위 40도 이남에 위치한 파타고니아는 전 세계 트레커들의 성지로 불린다.

트레킹 코스 입구에는 세계 주요 도시까지의 거리 이정표가 있다. 서울까지는 17,931킬로미터. 언뜻 감이 안 온다. 서울과 부산을 40번이나 왕복해야 하는 거리라고 생각하니 이곳이 한국과 얼마나 멀리 떨어져 있는지 조금은 실감 난다. 라구나 토레(Laguna Torre)까지 올라가서 세로 토레(Cerro Torre)를 보려 했으나 역시 구름이 덮여 있어 볼 수 없었다. 왜 '연기 나는 산'이란 이름을 붙였는지 알 만하다.

다음 날에는 세로 토레가 아닌 피츠로이를 조망할 수 있는 라구나 데 로스 트레스(Laguna de los Tres)까지 갔다. 앞으로는 피츠로이가, 뒤로는 리오 블랑코 강이 보인다. 부드럽게 연결되어 있는 산과 굽이굽이 흐르는 강에만 익숙해 있는 나에게는 너무나 낯선 풍경이었다. 그러나 이러한 낯섦 역시 여행의 한 자락을 차지하는 중요한 요소이다. 그래서 파타고니아는 트레커들에게 낯선 익숙함을 무한정 제공하는 지상 최고의 여행지이다.

'연기 나는 산' 피츠로이 봉

다음으로 엘 찰텐에서 남쪽으로 약 4시간 거리에 위치한 엘 칼라파테로 간다. 페리토 모레노 빙하로 유명한 곳이다. '칼라파테'는 파타고니아 지역에서 자라는 검은 빛을 띤 블루베리다. 이 열매를 먹으면 다시 칼라파테로 돌아온다는 속설이 있다. 페리토 모레노 빙하 감상을 마치고 칼라파테에서 버스로 6시간을 달려 푸에르토 나탈레스(Puerto Natales)에 도착했다. 1894년, 독일 탐험가들은 이 도시의 북쪽에 위치한 강을 '탄생'이란 의미를 담아 '나탈레스'라고 불렀다. 이 강이 12월 24일에 발견되어서 예수의 탄생을 염두에 두고 지은 이름이었다. 여기에 항구를 의미하는 '푸에르토'를 붙여 '푸에르토 나탈레스'가 되었다. 푸에르토 나탈레스는 토레스 델 파이네 국립공원으로 가기 위한 전진기지다. 이 도시는 '울티마 에스페란사(Última Esperanza, 마지막 희망)'라는 행정 구역에 속한다. '마지막 희망'이라니, 오죽했으면 이런 이름을 붙였을까. 사연은 1558년으로 거슬러 올라간다. 스페인 함대는 섬과 만이 얽히고설킨 이 지역에서 대서양으로 빠져나가는 마젤란 해협을 찾는 데 어려움을 겪었다. 천신만고 끝에 작은 만(灣)을 찾았으나 마젤란 해협이 아니었다. 이들은 실의에 빠졌지만 마젤란 해협을 찾고자 하는 '마지막 희망'을 안고 탐험을 계속했다. 그래서 이곳이 '마지막 희망의 만(灣)'이란 이름으로 불리게 되었다.

마지막으로 '푸른색 탑'이란 의미의 토레스 델 파이네로 간다. 〈내셔널지오그래픽〉이 세계에서 가장 아름다운 장소 중 다섯 번째로 꼽은 곳이다. 이곳은 3박 4일 동안 걷는 'W트래킹'으로 유명한데, 이는 트레킹 코스가 W자 모양이어서 붙여진 이름이다. 트레킹 코스의 전체 길이는 78.5킬로미터인데, 일정에 쫓겨 'W트레킹'은 다음 기회로 미루었다. 대신 이곳 트레킹의 백미라 할 수 있는 토레스 델 파이네 봉우리 감상으로 아쉬움을 달랬다. 칠레노 산장을 지나 토레스 전망대에 오르니 사진에서만 보았던 세 봉우리가 눈에 들어온다. 파란 하늘을 배경으로 하늘을 할퀼 듯이 솟아 있는 세 봉우리의 모습에 넋을 잃었다.

토레스 델 파이네 전망대에서

다시 하산해서 토레스 산장에서 하루를 더 머문 후, 다음 날 파이네 그란데 산장까지 갔다. 트레킹 코스는 왼쪽으로 노르덴스켈드 호숫가를 따라 이어진다. 역시 '바람의 땅'이다. 배낭이 아니었다면 나는 이미 저 호수 속으로 내동댕이쳐졌을 것이다. 그만큼 바람의 기세가 거셌다. 오죽했으면 영국의 탐험가 에릭 쉬프턴은 이곳 파타고니아를 '폭풍우의 대지'라 불렀을까. 이 '거센 바람'이 바로 파타고니아의 상징임을 여실히 느낄 수 있었다.

세상의 끝, 우수아이아

푸에르토 나탈레스에서 푼타아레나스를 거쳐 우수아이아(Ushuaia)까지 갔다. 푼타아레나스에서 우수아이아까지는 버스로 14시간 정도 걸린다. 도중에 마젤란 해협이 버스를 세웠다. 버스는 배에 실려 승객과 함께 바다를 건넜다. 세계 일주 중이었던 마젤란은 이곳에서 온갖 고초를 다 겪었다. 그만큼 풍랑이 거센 곳이었다. 500년이 지난 지금도 몸을 날려버릴 듯한 바람이 불지만, 뱃전에 서서 마젤란이 가졌을 두려움을 상상해 본다. 마젤란은 이 해협을 지나 태평양에 닿았고, 내친김에 필리핀까지 갔다. 이 해협을 건넌 직후 마주한 잔잔한 바다에 감격해 '태평양(太平洋)'이라는 이름을 지었다.

드디어 '세상의 끝' 우수아이아다. 티에라 델 푸에고(Tierra del Fuego) 섬의 남쪽 끝에 있는 작은 도시다. '티에라 델 푸에고'는 '불(푸에고)의 땅(티에라)'이란 뜻이다. 이 땅은 원래 '연기의 땅(Tierra de los Humos)'이었다. 마젤란이 이곳을 지나면서 원주민들이 화톳불을 피우면서 연기를 내뿜는 모습을 보고 붙인 이름이다. 그러나 이후 '불의 땅'을 의미하는 '티에라 델 푸에고'로 바뀌어 오늘에 이르고 있다. 이 섬은 현재 칠레와 아르헨티나가 각각 절반씩 차지하고 있다.

이곳에는 유독 '세상의 끝(El Fin del Mundo)'이 들어간 곳이 많다. 세상의 끝 박물관(El Museo del Fin del Mundo), 세상의 끝 우체국(El Correo del Fin del Mundo), 세상의 끝 와이너리(La Bodega del Fin del Mundo), 세상의 끝 서점(La librería del Fin del Mundo), 세상의 끝 등대

(El Faro del Fin del Mundo) 등 끝이 없다. 유스호스텔 휴게실에 있던 이 지역의 소식지 이름 역시 '세상의 끝(El Fin del Mundo)'이다.

세상의 끝을 지키는 우수아이아의 붉은 등대

이곳에 가면, 도시를 감싸 안고 있는 산에 올라 불과 1,000킬로미터 떨어져 있는 남극을 바라보자. 그리고 바다로 나아가 영화 〈해피투게더〉에서 아휘의 눈물이 담긴 붉은 등대를 만나보자. 그래야 비로소 자신이 '세상의 끝'에 와있음을 실감할 수 있을 것이다.

Tip

나비맥 크루즈

칠레의 남부 항구도시 푸에르토몬트에서 푸에르토 나탈레스(또는 반대로)까지 피요르 해안을 지나는 크루즈 여행이다. 3박 4일 일정으로 1,900킬로미터를 항해하는 여행이다. BBC가 선정한 세계에서 가장 아름다운 페리로 유럽 여행자들 사이에서 큰 인기를 끌고 있다. 특히 파타고니아 지방으로 가는 컬트 여행자들이 애용하는 방법이다. 선실은 1인실, 2인실, 4인실, 22인실 등으로 구성되어 있다. 성수기는 칠레의 여름에 해당하는 11월에서 3월까지다.
최소한의 시설만 갖추고 있는 배로 항해하는 이 '컬트 여행'에는 두 가지 평이 항상 존재한다. "눈부신 피오르와 빙하 사이를 운항하면서 비행기 여행에서는 절대 볼 수 없는 풍경을 볼 수 있다."는 찬사와 "안개 때문에 아무것도 보지 못했다." 또는 "화물칸 소 떼의 울음소리 때문에 여행을 망쳤다."는 비난이 바로 그것이다. 그만큼 호불호가 나뉘는 여행 패턴이지만, 찬사와 비난, 모두 여행의 일부분이 아닌가 싶다.

06

아타카마 사막과 우유니 소금 평원, 그리고 팜파스

모래, 소금, 풀을 담고 있는 끝 모를 평원

● '평원(平原)'의 사전적인 의미는 말 그대로 '평평한 들판'이다. '끝없는 평원'이란 뜻을 지닌 아프리카 탄자니아의 세렝게티(Serengeti), 러시아의 평원 지대인 스텝(Steppe), 미국 중부의 대평원 프레리(Prairie) 등이 여기에 해당한다. 라틴아메리카에도 이에 버금가는 평원들이 있지만, 그 특성은 서로 다르다. 모래가 있는 아타카마 사막, 소금이 있는 우유니 소금 평원, 풀이 있는 팜파스가 바로 그것들이다.

칠레의 아타카마 사막과 볼리비아의 우유니 소금 평원, 그리고 아르헨티나와 우루과이에 걸쳐 있는 팜파스

가장 완벽한 사막

아타카마 사막(Desierto de Atacama)은 칠레 북부, 아르헨티나 북서부, 볼리비아 남서부에 걸쳐 있다. 면적은 약 10만 평방킬로미터로 남한 면적과 비슷하다. 이곳에는 구리를 비롯해서 금, 은, 철 등 많은 광물자원이 묻혀 있다. 특히 구리는 전 세계 매장량의 28%나 된다.

여행 가이드북인 《론리 플래닛》은 아타카마 사막을 세상에서 '가장 완벽한' 사막으로, 〈내셔널 지오그래픽〉은 '지구에서 가장 건조한 지역'으로 선정했다. "모래 한 알에서도 세계를 볼 수 있다."고 했는데, 아타카마 사막은 그 모래들조차도 바짝 말라 있는 곳이어서 우리가 떠올리는 사막의 이미지를 완벽하게 갖추고 있다.

이런 건조한 상태는 수백만 년 동안 유지되었다. 최근 몇 년 동안 엘니뇨 때문에 비가 내리기도 했지만 이는 극히 드문 사례일 뿐이다. 사막의 일부 지역에서는 지난 400년 동안 비가 한 방울도 내리지 않았다고 한다. 그렇다면 과거에는 바다였던 이곳이 어떻게 세계에서 가장 건조한 사막이 되었을까? 그 원인은 바로 서쪽의 태평양과 동쪽의 안데스산맥이다.

동쪽에서 불어오는 습기 머금은 구름은 안데스산맥을 넘으면서 습기를 잃는다. 서쪽에서 불어오는 바람은 남극에서 칠레와 페루 해안선을 따라 북쪽으로 이동하는 한류인 훔볼트 해류로 인해서 비구름을 형성하지 못한다. 또 아마존 유역으로부터 유입되는 습기를 머금은 바람은 북쪽의 고지대 평원인 알티플라노에 막혀 들어오지 못한다. 이런 이유로 아타카마 사막의 연평균 강수량이 15밀리미터, 일부 지역의 강수량이 1~3밀리미터에 불과한 것이다.

가끔은 이렇게 메마른 땅이 꽃으로 덮이는 장관이 연출되기도 한다. 미국 캘리포니아의 데스 밸리보다 50배 이상 건조한 곳이지만, 엘니뇨 현상으로 집중호우가 내리면 사막이 꽃으로 덮인다. 땅속에 묻혀 휴면 상태에 있던 씨앗과 구근이 물과 만나 일제히 개화하는데 이러한 현상은 보통 5~10년 간격으로 일어난다.

아타카마 사막은 세계에서 별이 가장 잘 보이는 곳이기도 하다. 연중 300일 이상 건조하고, 시야를 가리는 구름이 거의 없어 하늘을 관찰하기에 더할 나위 없는 장소이기 때문이다. 그래서 이 아타카마 사막에는 세계 최대 규모의 망원경인 거대 마젤란 망원경(Giant Magellan Telescope, GMT)이 있다.

가장 완벽한 사막이라 불리는 칠레의 아타카마 사막

우리가 보는 세상의 반은 하늘이고, 살아가는 시간의 반은 밤이기 때문에 별을 모르고 사는 것은 세상 아름다움의 반을 포기하고 사는 것이라 했던가? 세상 아름다움의 반을 만나러 아타카마 사막에 갈 일이다.

지구에서 가장 큰 거울

우유니 소금 평원(Salar de Uyuni)은 지구에서 가장 큰 거울이라고 한다. 이곳에서는 하늘이 곧 땅이고, 땅이 곧 하늘이다. 가깝고 먼 느낌을 갖게 하는 매개체가 없어서 동서남북으로 갈피를 잡기가 어렵다. 방향뿐만 아니라 흐르는 시간조차도 가늠하기 쉽지 않다. 그래서 사람들은 우유니 소금 평원을 '비현실적'인 곳이라 부른다. 이곳은 해발 3,653미터 높이에 있어서 역시 우리의 공간 감각을 혼란스럽게 만든다. 백두산보다 1,000미터나 더 높은 곳에 서울 면적의 20배나 되는 '소금땅'이 있기 때문이다. 이 소금 평원은 어떻게 형성되었을까?

우유니 소금 평원이 위치한 안데스 중부 지역은 대륙판인 아메리카판과 해양판인 나스카판이 서로 밀고 밀리면서 팽팽하게 대립했던 곳이다. 이후 나스카판이 아메리카판 아래로 밀고 들어가면서 땅이 솟구쳐 올랐고, 그 결과 두터운 산줄기가 서로 겹친 형태로 안데스산맥이 되었다. 땅이 치솟으면서 바다는 산맥 사이에 갇혔다. 이후 물이 증발되고 소금만 남아 지금의 우유니 소금 평원이 형성된 것이다. 이

몸으로 만든 'UYUNI' 글자. 우유니 소금 평원의 반영을 이용하면 이런 재미있는 사진을 찍을 수 있다.

곳에는 리튬, 마그네슘 등 엄청난 양의 광물이 묻혀 있다. 특히 휴대폰, 전기자동차, 2차 전지에 필요한 기본 소재인 리튬이 많이 매장되어 있다. 그 양이 무려 지구 전체 매장량의 절반이나 된다고 한다.

우유니 소금 평원 여행은 소금 호텔과 물고기 섬을 당일에 다녀오는 데이(Day) 투어, 일출을 보는 선라이스(Sunrise) 투어, 일몰을 보는 선셋(Sunset) 투어, 칠레로 넘어가는 3박 4일 투어 등 다양하게 구성되어 있다. 이들 투어는 모두 전문 가이드와 함께 사륜 구동 지프를 타고 이루어진다.

당일 투어의 목적지는 소금 평원 한가운데에 있는 물고기 섬이다. 섬의 모양이 물고기를 닮아 붙여진 이름이다. 이 섬의 정상은 3,800미터다. 그런데 이 정상에 다녀오는 데는 한 시간밖에 안 걸린다. 소금 평원 자체가 3,600미터에 있기 때문이다. 이곳에는 선인장이 특히 많다. 이 선인장들은 1년에 1센티미터 정도 자란다고 한다. 9미터짜리 선인장도 있는데 나이로 따지면 900살이 되는 셈이다. 정상으로 오르다 보면 길가에 산호가 죽어 암석이 된 산호 암반을 볼 수 있는데 이는 해발 4,000미터 높이의 안데스 고원에 남아 있는 바다의 흔적이다.

우유니 소금 평원은 건기와 우기로 나뉜다. 12월에서 3월까지가 우기에 속한다. 건기에는 육각형 모양의 마른 소금밭이 지평선 끝까지 펼쳐져 소금 평원은 마치 거대한 벌집을 연상시킨다. 우기라고 해서 폭우가 내리는 것은 아니다. 지표면을 살짝 덮을 정도로 비가 내린다. 얕은 호수로 변한 소금 평원 위에 푸른 하늘과 흰 구름이 거울처럼 투명하게 반사되면, 말 그대로 '하얀 바다'가 된다. 이 하얀 바다는 세계에서 가장 큰 거울로 거듭난다. 누구 말대로 이곳에 비가 내리면 '하늘이 땅으로 내려와 몸을 섞는' 곳이 된다.

끝없이 펼쳐진 초원

팜파스(Pampas)는 아르헨티나와 우루과이를 가로지르는 라플라타(La Plata)강 사이, 즉 아르헨티나, 우루과이, 브라질 남부에 걸쳐 있는 넓은 평원이다. '팜파'는 케추아어로 '산과 산 사이에 있는 평원'을 의미한다. 면적은 한반도의 약 5.5배에 달하며, 강수량은 연평균

600~1,200밀리미터로 농사나 목축에 적합한 수량이다.

팜파스의 개척은 1870년경부터 시작되었다. 처음에는 양들을 방목했으나, 후에 냉동업이 발달하고 목초인 알팔파(alfalfa)가 보급되면서 소를 키우기 시작했다. 수도인 부에노스아이레스를 중심으로 뻗어나가는 철도망 역시 이 팜파스 개발에 큰 역할을 했다.

팜파스에서 목축업에 종사하는 사람을 '가우초(Gaucho)'라 부른다. 북미에 카우보이가 있다면, 남미에는 가우초가 있다. 그런데 이 가우초들의 삶은 그리 녹록지 않았다. 유럽에서 건너온 이민자들에게 가우초는 소를 모는 야만인이었다. 1868년에 아르헨티나 대통령이 된 사르미엔토는 "나는 가우초의 피를 보호하지 않으려고 한다. 그들이 나라에 유용한 것은 그들의 피뿐이다. 그리고 피만이 그들이 인간이라는 존재를 알려준다."라고 가우초를 노골적으로 경멸하기도 했다. 유럽의 이민자들이 생각하는 문명은 오직 부에노스아이레스에만 있었다. 19세기 아르헨티나 지식인들 역시 드넓은 팜파가 주는 공포와 막막함에 진저리쳤다. 지금이야 농 · 목축업이 발달된 풍요로운 땅이지만 당시만 해도 인적조차 없고 비바람을 만나도 몸을 피할 나무 한 그루 없는, 자연의 위협이 항상 도사리고 있는 곳이었다. 아르헨티나 출신의 한 지식인은 팜파를 기반으로 한 지방 토호나 군벌과 같은 무지한 이들이 있는 한, 아르헨티나는 야만 상태를 벗어나 문명화된 국가가 될 수 없다고 단언하기도 했다.

그러나 팜파는 "돌멩이 하나를 아무 곳에나 던져 보라! 땅이 네게

맛난 열매를 되돌려줄 것이다."라는 말이 나올 정도로 지구상에서 가장 기름진 땅이기도 하다. 언젠가 이구아수 폭포에서 부에노스아이레스까지 오는 버스 여행 내내 차창 밖으로 한가로이 풀을 뜯는 소나 양들, 끝없이 펼쳐져 있는 밀밭과 옥수수밭을 보았다. 시선을 고정시킬 무엇 하나 없는 아스라한 지평선을 지나면서, 우리가 발을 딛고 사는 공간이 얼마나 협소한지 절실히 느낄 수 있었다. 팜파스는 그런 곳이다.

끝없는 지평선이 펼쳐진 팜파스와 한가로이 풀을 뜯는 소 떼

07

이구아수 폭포와 앙헬 폭포

악마의 목구멍과 천사 폭포

● 〈미션〉은 1986년에 개봉된 롤랑 조페 감독이 만든 영화로, 우리에게는 특히 엔리오 모리코네의 '가브리엘의 오보에'라는 주제곡으로 잘 알려진 영화다. 이 곡에 이탈리아어 가사를 붙여 만든 노래가 바로 '환상 속에서'란 의미의 '넬라 판타지아'다. 영화는 가브리엘 신부가 맨손, 맨발로 폭포 옆 절벽을 타고 올라가는 장면으로 시작된다. 이 폭포가 바로 이구아수 폭포다. 폭포 위에 도착한 신부는 오보에를 꺼내 그 유명한 '가브리엘의 오보에'를 연주한다.

거대한 굉음을 내는 악마의 목구멍

이구아수 폭포(Cataratas del Iguazú)는 탱고, 파타고니아, 팜파스, 교황 프란치스코와 함께 아르헨티나 사람들의 5대 자랑거리 중의 하나라고 한다. 이 중에서 이구아수 폭포는 북미의 나이아가라 폭포, 아프리카의 빅토리아 폭포와 함께 세계 3대 폭포로도 알려져 있다. 하지만 규모 면에서 이들 두 폭포는 말 그대로 게임이 안 된다. 이 두 폭포를 합친 수량이 이구아수 폭포의 수량에 훨씬 미치지 못하기 때문이다. 미국 루즈벨트 대통령의 부인 엘리너 여사가 이구아수 폭포를 보고 "아! 불쌍한 나이아가라여!"라고 탄식한 것은 유명한 일화다. 폭포의 물 떨어지는 소리가 4킬로미터 떨어진 곳에서도 들릴 정도로 규모나 수량에서 타의 추종을 불허한다. 그래서 이곳 원주민들은 이 폭포를 '거대한 물'이란 뜻의 '이구아수'라고 불렀다.

이구아수 폭포에는 서글픈 전설이 전해 내려온다. 아득한 옛날, 이 강에는 크고 무서운 뱀이 살았다. 이름은 '독사'의 의미를 지닌 '음보이(Mboí)'로 이곳의 수호신이었다. 이 지역에 사는 부족은 일 년에 한 번 아름다운 처녀를 이 뱀에게 제물로 바쳤다. 제물로 선택된 처녀가 강에 던져지면 사나웠던 강은 잠잠해졌다. 이런 의식은 매년 계속되었는데, 어느 해에 타로바(Tarobá)라는 매력적인 처녀가 제물로 선택되었다. 그녀에겐 나이피(Naipí)라는 사랑하는 사람이 있었다. 이 소식을 들은 나이피는 부족의 원로들에게 그녀를 풀어달라고 요청했다. 그러나 원로들은 꿈쩍도 하지 않았다. 이에 나이피는 타로바를 납치하기로 결심했다.

제물로 바쳐지기 전날 밤, 부족민들이 축제를 벌이는 동안 나이피는 타로바를 카누에 태우고 강을 따라 도망쳤다. 이를 본 뱀은 화가

총 275개의 폭포로 이루어진 엄청난 규모의 이구아수 폭포

나서 강을 두 동강 냈다. 물은 하늘 높이 솟구쳤고, 강바닥은 무너졌다. 하늘로 치솟은 물이 떨어지면서 거대한 폭포가 생겼다. 이때 두 사람이 타고 있던 카누가 폭포 아래로 떨어졌다. 하지만 이것만으로는 뱀의 분노를 잠재우기에 충분치 않았다. 뱀은 그들에게 더 가혹한 벌을 주고 싶었다. 뱀은 타로바를 폭포 위의 기울어진 나무로 만들고, 반면에 나이피는 강 가운데의 바위로 변하게 했다. 흡사 나무로 변한 타로바가 바위로 변한 나이피에게 다가가려는 모습이다. 영원히 못 만날 것 같은 이 두 사람은 무지개가 떠오를 때만 만날 수 있다. 무지

개만이 폭포 위의 나무와 강 가운데의 바위를 연결할 수 있기 때문이다.

브라질과 아르헨티나에 걸쳐 있는 이구아수 폭포와 베네수엘라의 앙헬 폭포

이구아수 폭포는 한 개의 거대한 폭포가 아니라 약 4.5킬로미터에 걸쳐 있는 275개의 폭포들을 말한다. 이 폭포들은 아르헨티나와 브라질에 걸쳐 있는데 80퍼센트는 아르헨티나에, 나머지 20퍼센트는 브라질에 속해 있다. 브라질 쪽에서는 산책길을 따라 크고 작은 폭포들을 전체적으로 조망할 수 있는 장점이 있고, 아르헨티나 쪽에서는 꼬마 기차와 도보를 이용해서 '악마의 목구멍'까지 갈 수 있는 장점이 있다. 이 '악마의 목구멍'은 이구아수 폭포에서 가장 수량이 풍부한 곳이다. 이곳에서 강물은 천지를 뒤흔드는 듯한 굉음을 내며 아파트 25~30층의 높이에서 떨어진다. 이 폭포 바로 옆 전망대에서는 초당 6만 톤의 물이 일으키는 물보라를 맞으면서 폭포를 감상할 수 있다.

이 지극히 아름다운 모습으로
당신의 영혼을 채우시길 허락하소서.

비록 당신은 세계의 이곳저곳을 다니겠지만
당신은 결코 어디에서도 이러한 광경을 만날 수 없을 것입니다.

당신은 역동적이고 변화무쌍한 선과 악을,
바로 여기에서 만날 것입니다.
그의 이름이 주는 진실하고 변함없는 메시지를 통해서
당신은 겸손한 마음을 갖게 될 것입니다.

끊임없이 흩날리는 운무로 휩싸인
절정에 이른 역동성을 바라보면서
심오한 감정을 생각하고 느껴보세요.

그리고 당신의 언어로 그것을 발견하려고 노력하지 마세요.
단지 신이란 이름의 거울인
이 심연 앞에서는 그저 얼굴만 내미세요.

아르헨티나의 시인 알폰소 리슈토가 쓴 '악마의 목구멍'이란 시다. 한 마디로 이 거대한 자연 앞에서 가진 것을 모두 내려놓고 한없이 겸손하란 얘기다.

환상적인 영감의 원천, 천사 폭포

베네수엘라에 있는 앙헬 폭포(Salto Ángel)는 1937년에 금광을 찾아 비행 중이던 미국인 비행사 지미 엔젤이 발견해서 붙여진 이름이다. 1960년에 세상을 떠난 그의 유해는 바로 이 폭포에 뿌려졌다고 한다. '앙헬(Ángel)'은 '천사'를 뜻하는 스페인어다. 폭포의 물은 '테푸이(Tepui)'라는 곳에서 떨어지는데, '테푸이'는 정상이 평평한 테이블처럼 생긴 산으로 이곳의 원주민 말로 '신의 거처'란 뜻이다. 지상에 우뚝 솟은 평평한 지역에 신 말고 그 누가 살 수 있을까를 생각해 보면 작명은 제대로 한 것 같다. 앙헬 폭포가 있는 기아나 고지대에는 이러한 테푸이가 백여 개 이상 있다. 이 '신의 거처'에서 떨어지는 앙헬 폭포의 낙차는 979미터에 이른다. 수직의 길이가 세계에서 제일 긴 폭포다. 그런데 떨어지는 물소리가 우렁차다거나 수량이 엄청나게 많지가 않다. 낙차가 너무 커서 물이 꼭대기에서 절벽 아래로 떨어지다가 지면에 도달할 때쯤이면 분산되어 안개비로 변하기 때문이다.

앙헬 폭포로 가는 길은 멀고 험하다. 이곳으로 가는 도로나 철도가 없기 때문이다. 먼저 수도 카라카스에서 시우단 볼리바르까지 간다. 비행기는 1시간 정도, 버스는 12시간 정도 소요된다. 이후 다시 경비행기를 타고 40분 정도 카나이마까지 이동한다. 앙헬 폭포는 이곳 카나이마 국립공원 내에 있다. 카나이마에서는 카라오 강을 소형 보트를 이용해서 약 4시간 거슬러 올라간다. 이러한 이동은 강물이 풍부한 우기인 6월에서 12월에나 가능하다. 배에서 내려 다시 한 시간 남

환상적인 영감을 선사하는 앙헬 폭포

짓 산을 올라가야 앙헬 폭포를 볼 수 있다.

앙헬 폭포에는 폭포수를 맞거나 신선탕에 몸을 담그면 과거의 잘못을 씻어준다거나, 밤이면 선녀탕에 선녀들이 내려와 목욕한다는 등의 전설은 없다. 대신 앙헬 폭포나 카나이마 국립공원 등은 제임스 카메론 감독의 〈아바타〉에 나오는 행성인 판도라가 탄생하는 데 영감을 주었다. 〈Dragon Fly〉, 〈Point Break〉, 〈천국보다 아름다운〉 등의 영화에 나오는 환상적인 장면들 역시 앙헬 폭포에서 영감을 받아 탄생했다. 아마도 차를 타고 편하게 접근하는 곳이 아닌 산 넘고 물 건너는 힘겨운 여정을 견뎌야만 만날 수 있는 곳이어서 많은 이들에게 이러한 예술적인 영감을 주었으리라.

08

페루 리마

세 개의 얼굴을 가진 남미의 팔색조

● 페루는 남미에서 세 번째로 큰 나라로 그 면적은 한반도의 6배나 된다. 공용어에는 스페인어와 함께 원주민어인 케추아어도 포함된다. 그만큼 원주민의 비율이 높은 나라다. '페루'라는 말의 어원은 강 이름인 '비루(Virú)'에서 왔다. 스페인의 정복자들이 파나마 지역에서 태평양을 따라 남하하다가 페루 지역에 도착했을 때 원주민에게 "이곳을 뭐라고 부르는가?"라고 물었다. 그들은 '비루'라고 대답했는데, 이 '비루'라는 말을 스페인 사람들이 '페루'로 잘못 알아듣고, 이 지역을 페루라고 부르게 되었다.

페루는 흔히 세 개의 얼굴, 즉 사막과 태양이 있는 태평양 연안 지대, 하늘과 가까운 안데스 고산 지대, 열대 우림과 강이 공존하는 아마존 지대를 품은 나라라고 한다. 자연환경이 다양한 나라라는 얘기다. 이곳에 사는 사람들 또한 다양해서 원주민을 비롯해 백인, 메스티소, 흑인뿐만 아니라, 중국과 일본 등 아시아계도 많이 살고 있다. 20세기 말에 일본계인 알베르토 후지모리가 페루의 대통령을 역임했을 정도다. 이처럼 페루는 남미의 팔색조라 불러도 손색이 없는 나라다. 그중에서 가장 대표적인 분야가 바로 음식 문화다.

태평양이나 아마존강에서는 싱싱한 해산물을, 아마존강을 따라 형성된 거대한 열대 우림에서는 진귀한 열대 과일과 식재료를, 안데스산맥에서는 풍부한 농축산물을 얻을 수 있다. 이런 다양한 식재료들과 원주민 문화, 유럽 문화, 아프리카 문화, 아시아 문화가 서로 만나 독특한 음식 문화를 탄생시켰다. 그래서인지 페루는 월드 트래블 어워즈 '최고의 미식 여행 국가' 부문에서 2012년부터 2016년까지 5년 연속으로 1등을 차지했다. 이 상은 '여행 업계의 아카데미상'이라 할 정도로 국제 관광 업계에서 권위 있는 상이다. 이 상의 수상으로 페루의 음식은 전 세계적으로 인정을 받았다.

왕들의 도시, 리마

페루의 수도인 리마는 잉카 제국의 수도 쿠스코로 가기 위해서 꼭 거쳐야 하는 곳이다. 스페인의 침략자 프란시스코 피사로는 1535년에 지금의 리마를 새롭게 건설했다. 그는 안데스산맥 깊숙이 자리한 쿠스코가 통치하는 데 적합하지 않다고 생각했다. 원주민에 비해서 수적으로 열세였던 그들은 조금만 방심하면 원주민에게 당할 수 있다는 불안감을 가졌다. 뿐만 아니라 쿠스코는 보급 통로인 해안과 너무 멀리 떨어져 있었고, 3,800미터나 되는 고지대에 위치해 있어 적응할 자신도 없었다.

도시를 건설할 당시의 이름은 '왕들의 도시'란 의미의 '시우닫 데 로스 레예스(Ciudad de los Reyes)'였는데, 리마가 처음 건설된 곳이 리막(Limaq) 강 계곡이었고, 이후 발음이 변하면서 지금의 '리마'가 되었다. 리마는 약 300년의 스페인 식민 통치 기간 동안 남미에서 가장 잘나가는 도시였다. 페루 부왕령의 수도였을 뿐만 아니라, 볼리비아의 세로 리코를 비롯한 여러 광산에서 캐낸 귀금속들이 이곳으로 모여들었기 때문이다.

리마는 구시가지와 신시가지로 나뉜다. 구시가지의 중심은 '아르마스 광장(Plaza de Armas)'이다. '무기의 광장'이란 의미다. 라틴아메리카의 주요 도시에는 대부분 아르마스 광장이 있다. 광장의 이름에 '무기'나 '군사' 등을 뜻하는 '아르마스'란 말을 붙인 이유는 광장이 시민을 위한 공간이 아닌 군사적인 목적으로 사용되었기 때문이다.

리마의 아르마스 광장에는 대통령궁과 바실리카 대성당이 있다. 특히 대성당은 1535년에 페루를 정복한 스페인의 침략자 프란시스코 피사로가 주춧돌을 놓은 곳이다. 이후 세비야 대성당을 모델로 재건축에 들어갔으나 엄청난 비용으로 공사가 지지부진하다가 1775년에야 현재의 모습을 갖추게 되었다. 이 성당에는 피사로의 유해가 안치된 석관이 있다. 아르마스 광장 인근에는 산 프란시스코 성당이 있는

산 마르틴 장군의 기마상이 있는 리마의 중심 산 마르틴 광장

데, 스페인 출신의 철학자인 메넨데스 피달은 이 성당을 보고 "이 경이로운 땅에 세워진 것 중에서 가장 장엄하고 고귀한 기념물이다."라는 찬사를 보내기도 했다.

라 우니온(La Unión) 거리는 아르마스 광장과 산 마르틴 광장을 잇는 길이다. '리마의 명동'이라 할 수 있는 곳으로 많은 상점과 레스토랑이 있다. 이 거리가 끝나는 곳에는 산 마르틴 광장이 있고 그 광장 한가운데에는 산 마르틴 장군의 기마상이 우뚝 서 있다. 산 마르틴은 남미를 스페인으로부터 독립시키는 데 중요한 역할을 한 인물이다.

페루의 리마와 바예스타 군도

신시가지는 미라플로레스 지역을 중심으로 형성되어 있는데, 이곳에는 화려한 쇼핑몰과 고급 호텔 등이 있어서 구시가지와는 분위기가 다르다. '리마의 강남'이라 할 수 있다. 이곳에는 태평양 연안을 따라 해변공원이 조성돼 있어 바다 풍광을 보면서 산책하기에도 좋다.

바다사자와 콘도르

에콰도르에 갈라파고스 제도가, 칠레에 이스터섬이 있다면 페루에는 바예스타 군도(Islas Ballestas)가 있다. 이 섬은 리마에서 남쪽으로 약 250킬로미터 떨어진 파라카스(Paracas) 국립보호구역 안에 있는데, 이곳의 사막, 해변, 섬, 절벽 등에는 영구적으로 서식하거나 매년 일정 기간 동안 머물다가는 야생 동물들이 많다. 페루 정부는 이들을 보호할 목적으로 1975년에 이곳을 보호 구역으로 지정했다.

파라카스 항에서 배를 타고 1시간쯤 가면 '작은 갈라파고스'라 불리는 바예스타 군도가 나온다. 바예스타는 '큰 활'을 의미하는 스페인어로 스페인 사람들이 이 섬에 있는 활처럼 생긴 천연 아치들을 보고 지은 이름이다. 이곳에는 물개, 바다사자, 가마우지, 펭귄, 거북이, 돌

고래 등 많은 동물이 살고 있는데 정어리와 멸치 같은 먹이가 풍부하기 때문이다. 또한 이 지역에는 비가 거의 오지 않기 때문에, 연안의 섬에는 새의 배설물이 오랜 세월 동안 쌓여 거대한 더미를 이루고 있다. 그중에는 높이가 30미터 넘는 것도 있다. 스페인 사람들이 이곳에 도착하기 전부터 원주민들이 농사에 활용했던 구아노(guano)다.

구아노가 풍부한 땅은 식물이 자라기에 좋고, 구아노가 흘러들어간 바다에는 플랑크톤이 풍부하다. 구아노 자체가 바다를 정화하는 역할을 하기도 한다. 또한 많은 영양소가 들어있어 이를 정제하면 훌륭한 천연비료가 된다. 그래서 1840년부터 구아노는 비료의 주원료로 사용되었다. 1842년부터 1870년까지 구아노는 유럽과 북미에 수출되어, 한때 페루의 주수입원이 되기도 했다. '하얀 황금'이라 불리는 새의 똥을 팔아서 나라 살림을 꾸린 셈이었다. 그러나 화학비료가 등장하면서 구아노는 세계 시장에서 밀려났다.

페루의 태평양 연안에 바다사자가 있다면, 페루의 안데스 산중에는 콘도르(cóndor)가 있다. 콘도르는 날개 폭이 3미터나 되는 지구상에서 가장 큰 맹금류다. 과거 잉카인들은 이 콘도르를 하늘의 뜻을 인간에게 전해주는 메신저로 생각했다. 콘도르로 유명한 곳은 페루 제2의 도시 아레키파에서 버스로 6시

지구상에서 가장 큰 맹금류인 콘도르

간 정도의 거리에 있는 콜카(Colca) 계곡이다. 이 콜카 계곡은 깊이가 3,191미터이다. 백두산을 거꾸로 집어넣어도 400미터가 남는 깊이다. 우리가 잘 아는 미국 그랜드 캐니언의 가장 깊은 곳이 1,800미터 정도이니, 안데스산맥의 스케일이 얼마나 큰지를 짐작할 수 있다. 이 깊고 깊은 계곡에 콘도르가 살고 있다. 콘도르의 보금자리는 절벽 한가운데에 있는데, 천적을 피하기 위해서다. 만약에 지상에 거처를 두고 지상에서 날아오른다면 퓨마 같은 육식성 포유류들의 표적이 될 수 있다. 10킬로그램에 달하는 육중한 몸무게를 가진 콘도르가 앉은 자리에서 바로 날아오르기란 거의 불가능하기 때문이다.

콘도르는 하루 중 특정 시간대에 발생하는 기류를 타고 날아오른다. 관광객들은 이때를 맞춰 콜카 계곡으로 몰려온다. '콘도르의 십자가'를 의미하는 '크루스 델 콘도르(Cruz del Cóndor)' 전망대에서 관광객들이 숨죽이며 콘도르의 비상을 기다리면, 잠시 후 콘도르가 절벽을 향해 몸을 던진다. 흡사 자살이라도 하려는 듯하다. 그러나 콘도르는 이내 바위 뒤로 사라진다. 한참을 지나서 하늘 높이 솟구친 콘도르는 자신이 마치 하늘의 제왕임을 뽐내듯이 계곡 안을 선회한다. 이 우아한 자태에 여행자들은 탄성을 터트리지만, 콘도르의 콧대는 더 높아져 자신에게 갈채를 보내던 여행자들에게 눈길 한 번 주지 않고 계곡 속으로 사라진다. 여행자들은 이렇게 콘도르와의 짧은 만남을 뒤로 하고 긴 여운을 가슴에 품은 채 다시 일상으로 돌아간다.

페루의 독특한 자연현상

흩뿌리는 안개비, 가루아

리마를 벗어나 조금만 달리면 나무 한 그루, 풀 한 포기 없는 모래산들이 좌우로 펼쳐진다. 이는 페루 북부 지역부터 리마를 거쳐 칠레 북부 아타카마 사막까지 태평양 연안을 따라 이어진다. 동쪽에서 서쪽으로 부는 바람은 안데스산맥에 가로막힌다. 산맥의 동쪽에서는 비나 눈이 내리지만, 산맥의 서쪽에서는 태평양 연안을 흐르는 한류인 훔볼트 해류가 습기를 없애는 역할을 해서 비가 거의 내리지 않는다. 안데스산맥의 서쪽 지역인 태평양 연안에 건조한 사막지대가 형성되는 이유다.

비는 거의 오지 않지만, 공기 중의 습도는 매우 높다. 특히 5월에서 11월 사이의 겨울철에는 낮게 깔린 구름과 짙은 안개비가 태평양에서 해안가로 밀려온다. 이를 '가루아(garúa)'라 부르는데 '떨어진다'라기보다는 '흩뿌린다'는 표현이 어울리는 일종의 안개비다. 여러 달 동안 태양을 가리기 때문에 답답하고 어떨 때는 으스스한 느낌을 주지만, 가루아는 리마의 거리를 적시고 해안가에 생명을 불어넣는 소중한 선물이기도 하다.

엘니뇨 현상

'엘니뇨(El Niño) 현상'이란 날짜 변경선 부근의 태평양 적도 지역부터 남미의 페루 연안에 걸친 해역에서 해수면 온도가 평년에 비해 높아지는 현상을 말한다. '사내 아이'란 의미를 가진 스페인어 엘니뇨는, 원래 페루 북부의 어민들이 매년 크리스마스 무렵에 나타나는 소규모의 난류를 가리키는 말이었다. 이 난류가 많은 고기떼를 페루 연안으로 몰고 와서 페루 어민들은 하늘에 감사하게 되었고, 이를 크리스마스와 연관 지어 '아기 예수'의 의미도 지닌 '엘니뇨'라고 불렀다.

그러나 이러한 현상은 시간이 지나면서 6개월 이상 지속되었고, 그에 따라 플랑크톤이 감소하고 어획량이 줄어들었다. 이후 '엘니뇨'란 말은 수년에 한 번씩 일어나는 페루 앞바다의 이상 고온 현상을 나타내는 의미로 사용되었다. 이 엘니뇨는 남아메리카의 태평양 연안에서 호우가 내리는 등 태평양의 적도 지방, 때로는 아시아 및 북아메리카에도 광범위한 기상 이상 현상을 일으킨다.

09

아르헨티나 부에노스아이레스

매혹적인 불협화음

● 아르헨티나는 축구의 나라다. 축구 선수 리오넬 메시가 태어난 나라이자, 스페인의 라이벌 경기인 엘 클라시코(El Clásico)에 버금가는 수페르 클라시코(Súper Clásico)가 열리는 나라이다. 아르헨티나는 소(牛)의 나라이기도 하다. 2016년을 기준으로 한 통계자료에 따르면, 아르헨티나의 소 사육두수가 약 5,300만 마리였다고 한다. 당시 인구가 약 4,300만 명이었으니 사람보다 소가 더 많은 나라임은 분명해 보인다. 국회의사당을 건축할 때 필요한 대리석을 이탈리아에서 수입하기 위해 대리석 한 장당 소 한 마리 값을 기꺼이 치렀다고도 한다. 이렇게 소가 많은 이유는 소가 배불리 먹을 수 있는 팜파가 전 국토의 반 이상을 차지하기 때문이다.

파란만장한 역사

그러나 '축구와 소의 나라' 아르헨티나는 스페인 식민 통치 시기에는 변방이었다. 멕시코나 페루 지역에 비해서 가져갈 게 별로 없었기 때문이다. 이 지역은 페루와 볼리비아 지역의 은(銀) 광산 노동자들에게 필요한 물자를 공급하는 지역일 뿐이었다. 당시에 '가져갈 게 많았던' 지역은 멕시코 지역의 누에바에스파냐 부왕령, 페루 지역의 페루 부왕령, 콜롬비아 지역의 누에바그라나다 부왕령 등이었다.

부왕령은 스페인 본국의 왕이 직접 통치해야 할 식민지가 너무 넓어서 부왕으로 하여금 대신 통치하도록 한 지역을 말한다. 수많은 회사를 사장이 혼자 경영하기 어려워서 자기 대신 부사장을 보낸 것으로 이해하면 된다. 부에노스아이레스 지역은 식민 통치 말기인 1776년이 되어서야 부왕령이 되었다. 바로 리오데라플라타 부왕령이다. 이는 아르헨티나 지역의 경제적인 중요성이 더 커졌음을 의미했다.

아르헨티나는 1816년에 스페인으로부터 독립했다. 독립 후에도 팜파스를 비롯한 일부 지역에서는 원주민에 대한 정복 전쟁이 계속되었다. 19세기 말 아르헨티나 정부는 원주민들을 정복하면서 팜파스와 남부 파타고니아 지방까지 넓은 영토를 확보했다. 영토는 독립 당시보다 두 배 이상 넓어졌지만 학살과 추방으로 일할 사람이 급감했다. 부족한 노동력은 유럽인들이 채웠다. 정부는 아르헨티나를 '혼혈인과 원주민을 배제한 유럽인의 나라'로 만들고자 했다. 《엄마 찾아 삼만 리》에 나오는 마르코의 엄마들이 돈을 벌기 위해서 이탈리아, 프랑스, 스페인 등지에서 아르헨티나로 몰려왔다. "멕시코인의 조상은 아즈텍족에서, 페루인의 조상은 잉카족에서 왔지만, 아르헨티나의 조상은 이민선에서 왔다."라는 말은 전혀 과장이 아니었다.

필요한 자본은 당시 세계 최강대국이었던 영국이 제공했다. 아르헨티나를 좋은 투자처로 생각했기 때문이다. 아르헨티나는 이 자본을 바탕으로 부에노스아이레스를 중심으로 철도를 건설했다. 이 철도를 따라 도시들이 생겨났다. 아르헨티나의 경제는 이탈리아를 비롯한 유럽의 노동력과 영국의 자본이 만나서 발전하기 시작했다.

때마침 가시철조망과 냉동 설비가 등장했다. 가시철조망 덕분에 많은 소들을 우리에 가두어 기를 수 있었다. 소에게 일일이 신경 쓸 필요가 없었다. 냉동 설비로 인해서 육포나 염장 소고기 대신 신선한 소고기를 유럽으로 수출할 수 있게 되었다. 이런 호황이 1860년대부터 1914년 1차 세계대전 직전까지 약 50년 동안 계속된 결과, 1920년대에는 아르헨티나가 세계 5위의 부자나라가 되었다. 아르헨티나의 상류층은 모두 파리로 여행을 떠났고, 그 자녀들 역시 파리에서 공부했다. 그래서 아르헨티나에서는 파리의 패션이나 프랑스의 문학과 예술을 논하는 살롱 문화 등이 유행했다. 영국인의 실용적인 사고와 경제력 역시 아

아르헨티나를 부유하게 만든 가시철조망과 소

르헨티나 사람들의 선망의 대상이었다.

이렇게 유럽을 바라보면서 유럽을 추구하고 갈망했지만, 아르헨티나는 1차 산품 위주의 수출과 기술력의 부족 등으로 인해서 완전한 유럽 국가가 되기에는 한계가 있었다. 제3세계의 주변국에 머물러 있을 뿐이었다. 아르헨티나 사람들은 "아르헨티나는 이탈리아어를 말하고 프랑스를 찬양하면서 영국인이 되고 싶은 스페인적인 문화다." 라는 자조 섞인 말로 자신들의 모호한 정체성을 표현하고 있다.

잘나가던 아르헨티나 경제는 1929년의 대공황으로 인해서 잠시 타격을 입었지만, 2차 세계대전 발발 후, 전쟁으로 황폐해진 유럽에 각종 농산물을 수출하며 다시 황금시대가 도래했다. 그러나 여기까지였다. 수출로 벌어들인 자본을 산업에 제대로 투자하지 않고 국민들에게 나눠주기만 했다. 이후 군부 쿠데타가 반복되면서 극심한 정치적 혼란이 일어났다. 1930년 군부 쿠데타 발발부터 1983년 민주화가 시작되기까지 대통령 수는 23명이나 되었고 이들 중에서도 정해진 임기를 마친 대통령은 고작 두 명에 불과했다. 군부 쿠데타는 아르헨티나 정치의 단골손님이 되었다.

특히 1976년부터 1983년 사이에 일어난 소위 '추악한 전쟁' 기간 동안 많은 사람이 죽거나 실종되었다. 군부 정권은 계엄령을 선포하여 헌법을 정지시켰다. 의회를 해산하고, 노동조합의 파업권을 박탈했다. 이로 인해 경제 역시 개발도상국 수준으로 추락했다. 한때 미국과 어깨를 당당히 겨누었던 나라가 라플라타강 너머 이웃 나라인 우루과이보다 뒤처진 나라가 되었다. 이후 민간정부가 들어서면서 과거의 전철을 밟지 않으려 노력하고 있지만, 오랫동안 누적되어 온 정치와 경제적인 폐해를 극복하는 데는 여전히 한계가 있어 보인다.

'공기 좋은' 도시

라틴아메리카에 대해 잘 모르는 사람들도 아는 것은 몇 가지 있다. '부에노스아이레스'도 그중 하나일 것이다. 스페인어로 아침 인사가 '부에노스 디아스(Buenos días)'라고 알려주면 꼭 뒤따르는 질문이 있다. "그럼 부에노스아이레스는 무슨 뜻인가요?", "'좋은 공기' 또는 '순풍' 정도의 의미입니다." 질문은 계속 이어진다. "그런데 왜 도시 이름을 그렇게 지었죠?"

아르헨티나의 수도 부에노스아이레스

부에노스아이레스는 두 번에 걸쳐 조성되었다. 첫 번째는 스페인의 탐험가 페드로 데 멘도사가 1536년에 아르헨티나와 우루과이를 가로지르는 라플라타강 하류 지역에 정착했는데, 그곳을 'Puerto de Nuestra Señora Santa María del Buen Ayre'라는 다소 긴 이름으로 불렀다. 굳이 번역하자면, '좋은 바람(순풍)의 우리들의 성모 마리

부에노스아이레스를 상징하는 오벨리스크와 7월 9일 대로

아의 항구'다. 여기서 '부엔 아이레(Buen Ayre)'는, 당시 스페인 아라곤 왕국의 영토였던 지중해상의 섬인 사르데냐(지금은 이탈리아 영토다)의 수호 성녀인 보나리아 성녀(Virgen de Bonaria)에서 유래된 말이다. 이 항구는 이후 원주민의 공격을 받아 폐허가 되었다.

1580년에 또 다른 스페인의 탐험가 후안 데 가라이가 지금의 파라과이 수도인 아순시온에서 대서양 쪽으로 항해하다가 지금의 부에노스아이레스에 자리를 잡았다. 그는 이곳을 'Puerto de Santa María de los Buenos Aires(좋은 바람의 성모 마리아 항구)'로 불렀다. 이후 17세기부터 이 긴 이름의 도시를 '부에노스아이레스'로 짧게 부르기 시작했다.

스페인의 항해가 산초 델 캄포가 이곳에 도착했을 때 "이 땅의 공기가 너무나 좋구나!(¡Qué buenos aires son los de este suelo!)"라고 감탄한 데서 명명되었다는 설도 있다.

'부에노스아이레스'라는 이름과 관련된 이야기의 공통점은, '좋은 바람의 성모 마리아(Santa María de los Buenos Aires)'의 은총 덕분에 스페인의 항해가들이 지금의 부에노스아이레스가 있는 라플라타강에 무사히 도착할 수 있었다는 사실이다. 즉 성모 마리아가 자신들을 부에노스아이레스 연안에 도착할 수 있도록 '좋은 바람(순풍)'을 제공했다고 생각한 것이다.

남미의 파리

부에노스아이레스는 급속한 경제 성장과 인구 증가로 '남미의 파리'가 되었다. 1913년에 라틴아메리카 대륙은 물론이고 남반구 최초로 지하철이 생겼다. 이는 1919년에 건설된 마드리드의 지하철보다 6년이나 앞선 것이다. 유럽풍의 우아한 오페라 하우스도 들어섰다. 1880년만 해도 소도시에 불과했던 부에노스아이레스는 1차 세계대전이 발발하기 직전인 1914년에 인구 160만의 대도시로 급성장했다. 부에노스아이레스는 파리, 마드리드, 바르셀로나에 비견될 정도로 근대화된 도시가 되었다. 1923년에 이곳을 방문한 앙드레 말로는 '존재하지 않았던 제국의 수도'라고 부에노스아이레스를 극찬하기까지 했다.

당시 아르헨티나는 부와 권력이 소수의 귀족 가문에게 편중되어 있었다. 이 부자들은 죽어서도 도시 중심부에 있는 레콜레타 공동묘지(Cementerio de la Recoleta)에 묻혔다. 레콜레타는 부에노스아이레스에서 가장 부유한 사람들이 거주하는 지역이다. 이곳에 있는 묘들은 프랑스와 이탈리아에서 수입된 대리석으로 호화롭게 치장되었다. 1822년에 교회 내 매장을 금지하면서 조성되기 시작한 이 공동묘지는 2011년에 영국 BBC 방송이 뽑은 '세계에서 가장 아름다운 묘지 Top10'에 들기도 했다. 이곳에는 무려 13명의 대통령, 5명의 아르헨티나 출신 노벨상 수상자, 그리고 퍼스트레이디이자 부통령이었던 에바 페론(에비타)이 묻혀 있다. 멕시코 작가 카를로스 푸엔테스는 이곳

도시 중심부에 위치한 레콜레타 공동묘지

을 '사자(死者)를 위한 디즈니랜드'라고 하면서 "이들의 초호화판의 우울한 기념비 하나를 세우기 위해 얼마나 많은 소의 머리와 가죽, 그리고 우유가 필요했는지 묻지 않을 수 없다."고 말했다. 이들 상류층과는 달리 가난한 사람들은 대개 도시 남쪽에서 양철집이나 판잣집을 짓고 살았다. 이런 도시 빈민들은 갈수록 늘어났다. 한 아르헨티나 작가는 이러한 불평등한 사회를 가리켜 "아르헨티나는 다윗의 허약한 몸에 부에노스아이레스라는 거인 골리앗의 머리를 하고 있다."고 비판했다.

부에노스아이레스 중심가에는 '7월 9일 대로'가 있다. 7월 9일은 아르헨티나의 독립기념일이다. 이 대로(大路)는 왕복 20차선으로 세계에서 가장 넓은 거리로 알려져 있다. 길 한가운데에는 부에노스아이레스 시(市) 건설 400주년을 기념해서 1936년에 세운 높이 67.5미터의 오벨리스크가 솟아 있다. 넓고 넓은 7월 9일 대로와 찰떡궁합을 이루는 이 거인 골리앗은 대로변 건물 한 귀퉁이에 무리 지어 있는 노숙자들과 묘한 대조를 이룬다.

아르헨티나의 모든 것이 집중되어 있는 부에노스아이레스에는 유독 서점이 많다. 그중에 '엘 아테네오(El Ateneo)'란 서점이 있다. 이 서점 건물은 원래 오페라 극장이었는데, 경제적인 어려움으로 인해서 출판사에 임대되었다가 이후에 리모델링을 거쳐 지금의 서점으로 재탄생했다. 1층 객석이 있던 공간에는 책들이 있고, 공연이 펼쳐졌던 무대에는 카페테리아가 있다. 이곳에 앉아서 차를 마시면서 서점 내

오페라 극장에서 서점으로의 변신, 부에노스아이레스의 엘 아테네오

부를 바라보면 흡사 오페라의 주인공이 된 듯하다.

'부에노스아이레스 여행은 끝났지만 가슴은 오히려 뜨거워진다.'고 했던 어느 여행가의 감상은 아마도 부에노스아이레스의 이러한 매혹적인 불협화음 때문이 아닐까 생각해 본다.

10

쿠바 아바나

헤밍웨이가 사랑한 도시

● 쿠바라는 나라가 우리에게 처음으로 가깝게 다가온 계기는 아마도 2001년에 개봉된 〈부에나비스타 소셜 클럽〉이라는 영화 때문일 것이다. 파도가 부서지는 말레콘 옆 도로를 프로듀서 라이쿠더가 아들을 옆에 태우고 오토바이를 타고 달리는 모습을 보면서 사람들은 쿠바에 관심을 갖기 시작했다. "어, 저긴 어디야? 멋있는데? 쿠바라고? 한 번 가볼까?" 이후 소수의 사람들이 쿠바를 찾기 시작했다. 입국 시 여권에 스탬프를 받는 대신 미리 구입한 여행자 카드(tarjeta de turista)를 제시하는 등의 새로운 여행 문화에 신기해 하면서. 2014년 미국과의 국교가 정상화되면서 쿠바 여행은 더 활성화되었다. 그리고 2019년에 방송된 TV 여행프로그램이었던 '트래블러'를 통해서 사람들의 쿠바에 대한 관심은 한층 더 커졌다. 쿠바 여행이 처음인 배우 이제훈이 눈에 담는 것마다, 입에 넣는 것마다,

귀로 듣는 것마다 신기하고 낯선 표정을 지을 때, 시청자들도 덩달아 "아! 먹고 싶다, 보고 싶다, 듣고 싶다."를 연발했다. 올드카를 타기 위해서 직접 가격 협상을 하는 모습을 보고서는 쿠바가 세상과 담을 쌓은 나라가 아닌 미국이나 프랑스처럼 언제나 찾을 수 있는 열려 있는 나라임을 알게 되었다. 이렇게 쿠바는 어느새 우리에게 가까이 다가와 있었다.

뒤섞임의 나라

쿠바는 카리브해에서 가장 큰 섬나라다. 면적은 한반도의 절반 정도다. 이성형 교수는 "쿠바는 뒤섞임이다. 뒤섞임의 역사에서 하나의 경이로운 기록이다. 유럽은 쿠바를 거쳐 아메리카로 퍼졌고, 아메리카는 쿠바를 통해 유럽으로 갔다. 아시아도 태평양을 지나서 쿠바로 왔고, 또 쿠바의 것과 쿠바를 통해 뒤섞인 것들이 아시아로 왔다. 아프리카의 서부는 쿠바를 통해 미국으로, 남미로, 그리고 다시 유럽으로 흩어졌다. (중략) 그렇게 뒤섞여 만들어진 아름다운 피부와 화음이, 무늬와 색깔들이, 그리고 끝없는 이야기들이 우릴 황홀하게 만든

쿠바의 수도 아바나

다."라고 했다.

그렇다. 쿠바는 수많은 문화가 들어오고 나갔던 곳이다. 그래서 쿠바는 다양한 인종으로 구성된 나라다. 특히 흑인이 전체 인구에서 큰 비율을 차지하는데, 이는 16세기 이후 조성된 대규모 사탕수수 농장에 필요한 노동력을 충당하기 위해 백만 명 이상의 아프리카의 흑인 노예들이 들어왔기 때문이다. 이후 자연스럽게 인종이 혼합되면서 혼혈이 인구의 절반 이상을 차지하게 되었다. 이렇게 다양한 인종이, 자신의 문화에 대한 우월성을 따지지 않고, 자신의 문화를 공평하게 서로 주고받으면서 다양한 문화를 향유하는 나라가 바로 쿠바다.

쿠바는 미국 플로리다 주(州)와의 거리가 200여 킬로미터일 정도로 미국과 지리적으로 매우 가깝다. 하지만 역사적으로나 정치적으로 그렇게 가까운 나라는 아니었다. 오히려 매우 불편한 관계였다. 쿠바는 1898년에 스페인으로부터 독립했지만, 그때부터 다시 미국의 보호령이 되었다. 이후 미국의 꼭두각시 정권이 1959년의 혁명 이전까지 쿠바를 통치했다. 특히 1940~1950년대에는 독재자 풀헨시오 바티스타(Fulgencio Batista y Zaldívar)가 미국에 고분고분한 꼭두각시 지도자가 되어 쿠바를 망가트렸다. 미국의 부통령은 그를 '쿠바의 링컨'으로 부를 정도였다. 이때문에 당시 아바나에 호텔과 카지노, 나이트클럽이 우후죽순처럼 들어서면서 아바나는 미국의 라스베이거스에 버금가는 최고의 환락 도시가 되었다. 지금의 아바나 호텔 대부분은 그때 지은 것들이다.

경제 역시 미국의 그늘에서 벗어나지 못했다. 쿠바의 경제는 사탕수수로 만드는 설탕의 70~80%를 미국으로 수출하는 대신, 식량과 석유를 비롯한 대부분의 제품을 수입하는 사탕수수 경제였다. 미국인들이 대거 몰려와 사탕수수 농장과 제당소를 사들이면서 소농들은 몰락하고, 쿠바인의 삶은 피폐해졌다. 반면에 미국 자본과 결탁한 정치인들은 큰 이익을 취했다.

쿠바 국민들은 이러한 지배계층의 부패를 참을 수 없었다. 피델 카스트로(Fidel Alejandro Castro Ruz)와 체 게바라(Ernesto Guevara de la Serna)가 의기투합하여 혁명을 일으켜 미국의 꼭두각시 정권을 무너뜨렸다. 이후 미국은 쿠바에 경제 봉쇄 정책을 폈지만 소련의 지원으로 이를 견뎌낼 수 있었다. 그러나 소련이 붕괴되면서 가진 거라곤 사탕수수와 담배뿐인 쿠바는 미국의 경제 봉쇄를 극복하기엔 역부족이었다.

올드카와 유기농업

쿠바는 이러한 미국의 경제 봉쇄 때문에 '결핍이 일상이 된' 나라가 되었다. 그러나 '궁하면 통한다'고 했던가? 쿠바인들은 좌절하지 않았다. '아무것도 없지만 그 어떤 것도 할 수 있는' 역설을 온몸으로 보여주었다. 있는 것은 고쳐서 쓰고, 없으면 만들어 썼다. 올드카와 유기농업이 바로 그것이다.

아바나는 도시 전체가 거대한 올드카 전시장을 방불케 한다.

핑크빛 올드카가 하얗게 부서지는 파도를 맞으며 말레콘 해안도로를 달린다. 쿠바를 떠올릴 때마다 나오는 장면이다. 그런데 이 올드카가 경제 봉쇄로 인한 고립의 산물임을 아는 사람은 그리 많지 않다. 이 올드카들은 원래 1959년 쿠바 혁명 이전에 독재 정권의 실력자나 미국의 부호들이 몰고 다니던 차였다. 이 차들은 대개 1940~1950년대에 생산된 미국산 뷰익이나 쉐보레였다. 1959년 혁명 이후 쿠바는 미국에서 자동차를 수입할 수 없었고, 차가 고장 나도 부품 역시 구할 수 없었다. 그러나 쿠바인들은 이에 굴하지 않고 자체 생산한 부품을 쓰면서, 닦고 조이고 기름칠하면서 5년도, 10년도 아닌 50년 이상을 버텨냈다. 이렇게 땜질해서 쓰다 보니, 비록 연식과 차종은 같아도 현재 아바나 시내를 굴러다니는 올드카들 중에서 똑같은 차는 하나도 없다고까지 말할 정도다. 이런 올드카들은 21세기가 된 지금도 그 자태를 한껏 뽐내면서 아바나 시내를 누비고 있다. 그래서 아바나 전체가 올드카 전시장이라 해도 과언이 아닐 정도다.

유기농업 역시 올드카와 마찬가지로 미국 경제 봉쇄의 산물이다. 이 역시 곤궁과 결핍에서 탄생되었다. 당시에는 약발 좋은 화학비료가 인기를 끌었던 시절이었지만, 국제 화학비료 시장을 장악한 미국의 갑질에 쿠바는 속수무책이었다. 쿠바인들은 들판에 널려 있는 다양한 풀이나 동물의 배설물 등을 활용해서 유기농 비료를 만들어야만 했다. 이러한 유기 농업이 정착하는 데는 많은 시간이 걸렸지만 쿠바인들에게는 달리 방도가 없었다. 버티고 또 버텼다. 길고 긴 인고의 시간이 지나고 쿠바는 식량 위기를 거뜬히 극복해냈다. 뿐만 아니라 쿠바를 유기 농업의 메카로 만들었다. 유기농업이 화학비료에 의존한 대량 생산 농업의 대안으로 주목받기 시작하면서 쿠바인들은 농법 분야에서 무언가 '할 수 있다'라는 확신을 갖게 되었다. 쿠바의 유기농업은 미국의 경제 봉쇄로 인해서 태어난 또 다른 역설이었다.

카리브해의 진주, 아바나

쿠바의 수도 아바나는 쿠바의 정치, 경제, 사회, 문화의 중심지다. 아바나는 스페인 식민지 개척의 거점 도시로 신대륙에서 은을 실은 배들이 유럽으로 떠나는 곳이자, 유럽에서 들어온 온갖 수입품들이 신대륙 전역으로 흩어지는 길목이었다. 아바나는 그야말로 '물 좋고 목 좋은 곳'이었다. 성당, 정부청사 등 고풍스러운 건물들이 즐비한 아바나는 '카메라 셔터만 누르면 작품이 되는 도시'여서 '카리브해의 진주'라 불린다. 유네스코는 1982년에 아바나 전체를 유네스코 문화유산으로 지정했다.

아바나의 대표적인 아이콘은 역시 말레콘(Malecón)이다. '방파제'라는 의미의 말레콘은 1901년 미군정 시기에 건설되었다. 길이 8킬로미터의 이 말레콘은 말 그대로 카리브해의 거친 파도로부터 아바나를

도시를 지키는 방파제이자 아바나 시민들의 휴식 공간인 말레콘

지켜주는 콘크리트 제방이다. 말레콘은 아바나 시민들이 가장 많이 찾는 휴식 장소이자, 크고 작은 공연과 축제가 열리는 공연장이기도 하다. 말레콘은 모두에게 열린 공간이자, 아바나 시민들에게 절대 없어서는 안 되는 생활의 중심지이다.

이 말레콘에서 〈분노의 질주: 더 익스트림〉이 촬영되었다. 쿠바에서 촬영된 최초의 할리우드 영화다. 역사의 아이러니다. 미국에 의해서 50년 넘게 경제 봉쇄를 당한 쿠바는 미국에 대한 감정이 좋지 않았지만, 2014년 12월 미국과의 국교 정상화 이후 화해 분위기 속에서 이 영화 촬영을 허가했다.

아바나는 혁명의 도시다. 혁명광장 건너편 건물에는 철골로 된 체 게바라의 얼굴과 "Hasta Siempre, la Victoria(승리여, 영원히)"가 걸려 있는데, 이는 체 게바라가 혁명 투쟁을 위해서 아프리카 콩고로 떠날 때 혁명평의회에 보낸 편지의 마지막 문장이다. 이 혁명과 관련된 또 다른 상징은 바로 시가다. 혁명 전사 체 게바라의 입에는 항상 시가가 물려 있었다. 체 게바라는 "담배는 고독한 혁명의 길에 가장 훌륭한 동반자다."라고 했다. 영국의 수상이었던 윈스턴 처칠 역시 "나는 쿠바를 물고 있다."고 할 정도로 쿠바산 시가를 즐겨 피웠다. 처칠은 1895년에 영국군의 일원으로 스페인군을 도와 쿠바 독립 세력과의 전쟁에 참전했는데, 이때 처칠은 쿠바산 시가에 대해서 호감을 갖게 되었다.

말레콘, 올드카, 혁명, 시가, 체 게바라, 헤밍웨이, 카리브해. 이 모든 것들은 아바나를 대표하는 아이콘이다. 이처럼 아바나는 '차고 넘치는 곳'이지만 무엇이 '있어서'가 아니라 무엇이 '없어서' 더욱 아름다운 도시이기도 하다. 아바나는 누추하지만 정겨운 뒷골목의 집 안에서 흘러나오는 음악 소리를 듣는 것만으로도 매력적인 곳이다.

헤밍웨이와 아바나

"모히토 가서 몰디브 한 잔!"
영화 〈내부자들〉에 나온 이병헌의 대사이다. 이를 들었던 사람들은 모히토는 어디 있는 곳이며, 몰디브라는 칵테일은 어떤 맛인지 궁금해했을지도 모른다. 아무튼 영화 속 대사로 유명해진 모히토는 헤밍웨이와 밀접한 관련이 있다. 물론 그 장소는 쿠바, 아바나다.
아바나에는 '엘 플로리디타 델 메디오(El Floridita del Medio)'라는 바가 있다. 입구에는 '다이키리의 요람(La cuna del Daiquiri)'이라는 명판이 붙어 있다. 다이키리는 알코올에 설탕과 레몬을 섞고 잘게 간 얼음 조각이 곁들여진 일종의 칵테일이다. 헤밍웨이는 숙소였던 암보스 문도스 호텔에서 글을 쓰다가 석양이 질 무렵, 이 바까지 걸어와 구석 자리에 앉아 혼자 다이키리를 마시다가 밤늦게 돌아가곤 했다. 그래서 그 구석 자리에는 실물 크기의 헤밍웨이 청동 조각상이 있는데 관광객들에게 인기 있는 포토존이다.
헤밍웨이가 자주 들렀던 또 다른 바는 '보데기타 델 메디오(Bodeguita del Medio)'다. 성당 근처의 뒷골목에 자리 잡고 있다. "보데기타 델 메디오에는 나의 모히토, 플로리디타에는 나의 다이키리(My mojito in the Bodeguita del Medio and my daiquiri in the Floridita.)"라고 헤밍웨이가 쓴 글이 액자에 고이 모셔져 있다. 헤밍웨이가 이곳에서 마셨던 모히토는 사탕수수로 만든 럼주인 아바나 클럽에 라임 조각, 민트 잎, 설탕을 넣어 만든 시원한 칵테일이다. 당시만 해도 소박한 선술집이었던 보데기타는 지금은 붐비는 관광객들로 인해 앉을 자리가 없을 정도의 명소가 되었다.
헤밍웨이는 《노인과 바다》를 아바나 근교의 작은 어촌 코히마르에서 썼다. 이 마을에는 카나리아 군도에서 건너온 그레고리오 푸엔테스라는 어부가 살고 있었는데 헤밍웨이는 그에게서 영감을 얻어 산티아고라는 인물을 만들었고, "인간은 패배하지 않는다. 멸망하는 한이 있더라

엘 플로리디타에 있는 헤밍웨이 청동 조각상

도 패배하지 않는다."라는 명구절을 남겼다. 헤밍웨이는《노인과 바다》로 1954년에 노벨문학상을 수상했다. 노벨문학상 선정위원회는 "폭력과 죽음의 그림자가 짙게 드리워진 현실 세계에서 선한 싸움을 벌이는 모든 개인에 대한 자연스러운 존경심"이 드러난 작품이라 평했다.
그 시절 헤밍웨이와 어부들 간의 관계를 잘 보여주는 일화가 있다. 헤밍웨이가 1961년에 사망했다는 부고가 전해지자, 쿠바 어부들은 자기 배에 있는 닻을 녹여 헤밍웨이의 흉상을 만들어 헤밍웨이와 어울렸던 마을 술집 '라 테라사' 앞에 세웠다고 한다.
헤밍웨이는 암보스 문도스 호텔에서 7년 동안 머물다가, 이후 1939년부터 1960년까지 아바나 인근의 전망대 농장인 '핑카 비히아'에서 살았다. 이곳은 지금은 헤밍웨이 박물관으로 사용되고 있다. 이처럼 쿠바는 헤밍웨이와 떼려야 뗄 수 없는 제2의 고향이기도 하다.

11

브라질 리우데자네이루

예수님의 품은 어디를 향하고 있는가

● 남미 전체 면적의 47%를 차지하는 브라질은 한반도의 38배나 되는 거대한 나라다. 인구는 2018년 기준 약 2억 1천만 명으로 인구수로는 중국, 인도, 미국, 인도네시아에 이어 세계 5위다. 브라질은 라틴아메리카 국가들 중에서 유일하게 포르투갈의 지배를 받았던 나라여서 스페인어가 아닌 포르투갈어를 모국어로 사용한다.

브라질만 포르투갈어를 쓰는 이유

포르투갈은 스페인과 함께 이베리아반도에 있다. 포르투갈은 14세기부터 이미 아프리카 서부 해안을 지나 동쪽으로 향하는 항로 개척에 힘을 쏟았다. 당시 유럽은 오스만투르크 제국 때문에 동쪽의 아시아로 가는 교역로가 막혀 있었다. 그래서 포르투갈은 아프리카의 희망봉을 돌아 인도양으로 나가는 새로운 항로 개척을 하면서 북부 아프리카의 세우타, 대서양의 마데이라, 아조레스 군도, 카보베르데 등을 식민지로 삼았다. 이처럼 포르투갈은 콜럼버스가 신대륙을 발견했던 1492년 이전부터 이미 해양 강국이었다.

반면에 스페인은 1492년 스페인 이사벨 여왕의 후원을 받은 콜럼버스가 신대륙에 도착하여 라틴아메리카를 식민지로 삼으면서 국제사회에 명함을 내밀 수 있었다. 포르투갈이 동쪽을 향해 나아갔다면, 스페인은 서쪽으로 항로를 개척했다. 이사벨 여왕은 교황에게 원주민을 포교하는 대신 새로 발견한 지역에 대한 소유권을 요구했다. 교황은 스페인의 제안을 흔쾌히 받아들였다. 자신이 교황이 되는 데 스페인 왕실의 도움이 컸기 때문이었다.

이런 배경하에 스페인 왕실과 교황은 1493년에 '토르데시야스 조약'을 체결했다. 이 조약에서는, 먼저 대서양에 있는 아조레스 제도와 카보베르데 제도를 잇는 가상의 선을 남북으로 연결한 후 이 선에서 서쪽으로 100레구아(1레구아는 4.18킬로미터) 떨어진 지점을 기준으로 선의 서쪽 지역은 스페인의 영토, 동쪽 지역은 포르투갈의 영토임을 명시했다. 이 조약으로 인해서 라틴아메리카 대륙 전체가 스페인의 영토가 되었다. 스페인에게는 그야말로 '땡큐'인 조약이었다.

이에 포르투갈은 가만히 있지 않았다. 이 조약이 아프리카를 돌아 아시아로 가는 항로에서 얻을 수 있는 포르투갈의 이권을 위협하기

토르데시야스 조약의 개정으로 인해 브라질은 포르투갈의 영토가 되었다.

때문이었다. 포르투갈의 강력한 반발로 1494년에 기존의 선을 서쪽으로 270레구아 더 이동한다는 내용을 담은 조약이 다시 체결됐다. 이 분할선은 오늘날 서경 40도에 해당한다. 이로써 이전의 조약에 포함되어 있지 않았던 지금의 브라질 동쪽 끝부분이 포르투갈의 영토에 간신히 포함되었다. 포르투갈은 이를 근거로 브라질 서쪽으로 세력을 점차 확장해 나갔다. 결국 지금의 브라질이 포르투갈의 식민지가 되었고, 이 지역에서 포르투갈어가 사용되는 것은 당연한 일이었다.

한편 유럽의 다른 나라들 역시 이 조약의 내용을 흔쾌히 받아들이지 않았다. 프랑스 국왕은 스페인 국왕에게 "이 세계의 반쪽을 지배할 수 있는 권리가 아담의 유언장에 나와 있다면 몇 항 몇 조에 있는지 보여주시오."라고 비꼬듯이 반발했다. 항해와 교역의 자유를 열렬히 주장했던 네덜란드인들도 같은 불만을 표출했다. 네덜란드와 동맹 관계였던 영국의 엘리자베스 1세는 "바다와 하늘은 모든 나라의 공유이며, 바다는 만인의 것이므로 그것은 당연히 짐의 소유다."라고 말하면서 이 조약에 반대했다. 이 조약의 부당성을 지적한 영국이나 네덜란드 등 유럽의 제국주의 국가들은 이를 빌미로 해외로 세력을 넓히기 시작했다.

하나님의 국적은 브라질

'브라질'이란 명칭의 유래에는 여러 설이 있다. 그중에서 '파우브라질리아(Paubrasilia)'란 나무를 채취하는 사람을 뜻하는 '브라질레이루(brasileiro)'에서 왔다는 설이 일반적이다. 키가 8~12미터에 달하는 이 나무에서 추출되는 붉은색 염료는 직물 염색이나 가구 장식에 활용되면서 '귀하신 몸'이 되었는데, 당연히 식민 초기에 포르투갈인들의 집중 표적이 되었다. 파우브라질리아는 브라질에서 유럽인들이 최초로 약탈한 자원이었다.

파우브라질리아에 이어 사탕수수가 다음 먹잇감이었다. 포르투갈인들은 사탕수수 농장을 조성하고 필요한 노동력은 아프리카 흑인 노예로 충당했다. 사탕수수 산업이 한물가자 1700년 들어 그 중심은 금으로 이동했다. 브라질에서 엄청난 양의 금이 발견되었기 때문이다. 금을 통해 부를 축적한 중산층이 새롭게 등장했다. 금에 이어 커피와 고무나무가 브라질의 경제를 이끌었다. 하지만 이 생산물들은 국제 시장의 상황에 따라 영향을 받을 수밖에 없는 1차 산품이었다. 브라질 경제의 한계가 드러나기 시작했다. 그러나 브라질은 빼어난 자연경관과 풍부한 지하자원을 보유한 나라이다. 항상 무한한 잠재력이 있는 나라로 꼽힌다. 그래서 사람들은 '하나님의 국적은 브라질'이라는 말을 하기도 한다.

브라질을 이야기할 때 빼놓을 수 없는 작가가 있다. 바로 오스트리아 출신의 슈테판 츠바이크다. 그는 나치가 자신의 책을 금서로 지정하고 압박을 가하자, 유럽을 떠나서 미국을 거쳐 브라질로 갔다. 그는《미래의 나라, 브라질》에서 "이 세상에서 사람들이 인종, 계급, 피부색, 종교, 신념이 결정적으로 다른 데도 어떻게 이렇게 평화롭게 공존할 수 있을까? 이는 모든 나라에서 절박하게 다가오는 문제다. 특히 복잡한 인종 구성 때문에 브라질에서 이 문제는 어느 나라보다도 심각했지만 또 브라질만큼 원만하고 모범적으로 이 문제를 해결한 나라도 없다."라고 썼다. 말 그대로 브라질을 '미래의 나라'로 찬양한 것이다. 그는 대공황과 두 차례 세계대전으로 무너진 유럽 문명을 저주했다. 반면에 유럽 문명에 오염되지 않은 브라질을 사랑했다. 하지만 브라질은 그의 생각과 달리 무한한 가능성만 보여줄 뿐, 21세기인 지금도 여전히 그 잠재력을 맘껏 발휘하지 못하고 있다. 그래서 그의 책 제목처럼 브라질은 지금도 여전히 '미래의 나라'인지도 모른다.

프라다를 입은 악마

브라질을 대표하는 도시로는 리우데자네이루와 상파울루가 있다. 그중에서 리우데자네이루는 리우 카니발 때문에 세계적으로 잘 알려진 도시다. 한때 이탈리아의 나폴리, 호주의 시드니와 함께 세계 3대 미항으로 꼽혔던 도시다. 리우데자네이루는 매년 2월이 되면 전 세계에서 카니발을 보러 온 관광객들로 북적인다.

리우데자네이루(Rio de Janeiro)는 '1월(자네이루)의 강(리우)'이란 의미다. 1502년 1월에 포르투갈의 탐험대가 지금의 리우데자네이루 앞바다인 과나바라 만(灣)에 도착했는데 이 만을 강으로 착각해서 부른 이름이다. 정확한 포르투갈 발음은 '히우데자네이루'다. 포르투갈에서 단어의 첫 글자 'R'은 'ㅎ'으로 발음된다. 세계적인 축구 스타 크리스티아누 호날두(Ronaldo)를 생각

브라질 대표 도시인 리우데자네이루와 상파울루

빈민촌(파벨라)과 부촌의 기묘한 공존

하면 그리 생소하지 않을 것이다.

리우데자네이루는 17세기 말부터 주변에서 생산되는 농산물, 금, 다이아몬드 등을 수출하는 항구로 발전했다. 리우데자네이루는 1763년부터 브라질리아가 브라질의 수도가 된 1960년까지 약 200년 동안 브라질의 수도 역할을 했다. "하느님은 지구를 만드는 데 총 일주일 걸렸다. 이 중에서 이틀은 리우데자네이루를 만드는 데 사용하셨다."고 할 정도로 리우데자네이루는 모든 매력을 담고 있는 곳이다.

리우데자네이루는 거대한 성 같은 집에 사는 브라질 최고의 부자들과 브라질 최고의 빈민가인 '파벨라(Favela)'에 거주하는 극빈층이 공존하는 도시이기도 하다. "리우에서는 한 걸음으로 부촌과 빈민가가 나뉜다."라는 말이 있을 정도로 빈부 격차가 심각한 곳이어서 혹자는 리우데자네이루를 '프라다를 입은 악마'라고도 부른다. 특히 리우데자네이루에는 약 26만 명이 거주하고 있는 남미 최대 규모의 파벨라가 있다. 파벨라는 1970년대에 시골을 떠나 도시로 이주했지만 살 곳을 찾지 못한 빈민들이 둥지를 튼 곳이다. 파벨라는 영화 〈신의 도시〉에 나오면서 일반 대중들에게 알려졌다. 지금은 3시간 동안 이 빈민촌을 '유람'할 수 있는 투어 프로그램이 생기기도 했다.

브라질의 세계적인 관광 아이콘

코르코바두 예수상

코르코바두 예수상은 리우데자네이루뿐만 아니라 브라질 전체를 대표하는 홍보물에 어김없이 등장하는 대표 아이콘이다. 코르코바두(Corcovado)는 '곱사등이'라는 뜻을 지닌 포르투갈어인데, 이 예수상이 있는 713미터의 산이 곱사등이처럼 굽어 있기 때문에 붙여졌다. 이 산 꼭대기에는 두 팔 벌려 모든 사람들을 맞이하고 있는 예수상이 있다. 30미터 높이의 예수상 아래 기단에는 150명을 수용할 수 있는 예배당이 있고, 승강기를 타고 전망대로 올라가면 리우데자네이루 시내와 해변을 조망할 수 있다.

브라질의 대표 아이콘 코르코바두 예수상

브라질 독립 100주년 기념으로 세워진 이 예수상은 1921년부터 1931년까지 10년에 걸쳐 제작되었다. 예수상은 리우데자네이루의 기원이 되었던 과나바라 만 입구를 향해서 팔을 벌리고 있다. 왼팔이 향하는 곳이 리우데자네이루의 중심가 지역이며, 오른팔이 향하는 곳이 코파카바나와 이파네마 해변이 위치한 남부 지역이다. 브라질 사람들은 "예수님의 품이 부촌으로만 향하고 있을 뿐, 그 뒤에 있는 가난한 달동네인 파벨라는 외면하신다." 라는 자조 섞인 말을 하기도 한다.

생태 도시 쿠리치바

"한국의 정치인과 공무원이 가장 많이 찾는 브라질 도시 쿠리치바, 왜?"

2014년 한 일간지의 기사 제목이다. 쿠리치바(Curitiba)는 저비용, 고효율의 생태와 환경 도시로 세계적인 유명세를 탔다. 그래서 각계각층의 사람들이 벤치마킹하기 위해 찾아가는 성지가 되었다.

쿠리치바는 1960년대까지만 해도 가난하고 범죄율이 높은 도시였다. 2차 세계대전이 끝나고 공업화가 진행되면서 인구가 급속히 늘어났고 환경 문제가 심각하게 대두되었다. 게다가 쿠리치바 시(市)의 1인당 자가용 보유 대수가 수도인 브라질리아를 제외하고 가장 높았다. 이 문제들을 해결하기 위해서 이 도시의 시장을 지낸 자이메 레르네르(Jaime Lerner)는 도시 중심가의 교통 혼잡을 줄이고 역사적인 건물들을 보존하는 도시 계획을 추진했다. 1971년부터 1992년까지의 일이다.

먼저, 모든 대도시들이 공통으로 안고 있는 고질적인 교통 문제 해결을 최우선 순위에 두었다. 1970년대 초반에 중앙버스전용차로를 시행했다. 1990년대에 들어서는 원통형 정류장을 설치했다. 이곳에서 승객들은 버스를 타기 전에 먼저 요금을 지불했다. 플랫폼을 버스승강대와 동일한 높이로 만들고, 장애인들을 위한 휠체어 리프트를 장착했다. 정류장 규모도 위치에 따라 정류장 2~3개를 붙였다. 이중굴절버스를 도입하여 승하차 시간을 줄였다. 이는 '땅 위의 지하철'이라 불리는 간선급행버스(BRT, Bus Rapid Transit) 시스템의 효시다. 이 시스템은 지하철이나 경전철보다 건설비가 훨씬 덜 들어서 2018년 3월 기준으로 전 세계의 총 166개 도시에 구축되었다. 이후 바이오디젤을 이용한 버스를 도입하는 등, 쿠리치바는 새로운 대체교통수단 도입을 위

브라질 쿠리치바의 굴절버스

한 정책을 적극적으로 폈다.
쿠리치바는 버스 교통체계뿐만 아니라 자전거 및 보행자 전용 도로 건설, 공원과 녹지 조성 등의 분야에서도 앞서나가는 도시다. 1971년에 주민 1인당 녹지 소유 면적이 0.5평방미터에 불과했으나, 21세기 들어서는 52평방미터로 늘었다. 이는 유엔과 세계보건기구가 권고한 수치의 4배 이상이나 되는 엄청난 면적이다. 노르웨이의 오슬로에 이어 세계 두 번째 규모다. 이러한 노력에 힘입어 쿠리치바는 세계 최대 규모의 여행 리뷰 사이트인 '트립어드바이저'가 선정한 남미를 대표하는 최고의 도시공원 10개 중 2개를 보유한 도시가 되었다.
이러한 일련의 개혁적인 정책으로 쿠리치바는 '지구에서 환경적으로 가장 올바르게 사는 도시', '지구촌에서 가장 완벽한 대중교통 시스템을 갖춘 녹색 교통의 모델 도시'란 찬사를 듣고 있다.

12

볼리비아 라파스

항아리 속에 자리 잡은 평화의 도시

● 볼리비아는 '지구에서 가장 큰 거울'이라 불리는 우유니 소금 평원으로 유명하다. '볼리비아(Bolivia)'라는 이름은 '시몬 볼리바르(Simón Bolívar)'에서 유래했다. 시몬 볼리바르는 남미를, 정확히 말하면 베네수엘라, 콜롬비아, 에콰도르, 페루를 스페인의 식민 통치에서 해방시킨 독립 영웅이다. 그래서 그를 '해방자'로 부르기도 한다.

바다 없는 내륙국

이 '해방자'의 나라 볼리비아는 그동안 '금광 위에 앉아 있는 당나귀'라는 별명으로 불렸다. 칠레, 아르헨티나 등 주변국들이 이 '당나귀'의 금광을 호시탐탐 노려왔기 때문이다. 가장 대표적인 사건은 바로 '태평양 전쟁'이었다. 전쟁의 발단은 1863년에 태평양 연안 아타카마 사막 인근에서 발견된 초석(질산칼륨) 광산이었다. 지금은 칠레에 속해 있는 아타카마 사막은 당시에는 볼리비아 땅이었다. 그런데 이 초석 광산을 탐냈던 칠레가 1879년에 군대를 보내 이 지역을 강제로 점령했다. 볼리비아는 페루와 동맹을 맺어 칠레에 맞서 싸웠지만 4년간 계속되었던 전쟁에서 결국 패배했다. 그 결과 볼리비아는 초석 광산을 칠레에 넘겨줘야 했다. 여기에 태평양 연안 지역까지 빼앗기는 바람에 졸지에 '바다 없는' 나라가 되었다.

이후 볼리비아는 또 다른 전쟁을 치렀다. 1932부터 1935년까지 3년 동안 파라과이와 치른 차코(Chaco) 전쟁이다. 역시 이 전쟁에서도 패했다. 이 전쟁의 패배로 볼리비아는 그란 차코 지역(현 파라과이 영토의 약 50%) 대부분을 상실했다. 이후 볼리비아는 혁명, 군부 독재 등으로 정치, 경제적인 혼란을 겪었다.

그러던 중 2006년 원주민 출신의 에보 모랄레스(Evo Morales)가 대통령이 되었다. 그는 볼리비아 최초의 원주민 대통령이다. 라틴아메리카에서 원주민 출신의 대통령으로는 멕시코의 베니토 후아레스 대통령에 이어 두 번째다. 광부의 아들로 태어난 그는 학교를 중퇴하고 여러 직업을 전전하다가 코카 재배 농민의 지도자로 활동하면서 정치를 시작했다. 이후 세 번이나 내리 대통령에 당선되었다. 2020년까지 대통령 직위를 유지할 수 있었지만, 2019년 11월 대통령 선거에서 부정 선거 혐의로 대통령직에서 14년 만에 물러나, 2020년 현재 멕시코에 망명한 상태다. 2019년 11월 현재 임시 정부가 볼리비아를 이끌고 있지만, 양쪽 지지자들 사이의 갈등이 극한에 이르러서 매우 혼란한 상황을 면치 못하고 있다.

볼리비아의 우유니 소금 평원에는 전 세계 매장량의 절반 정도의 리튬이 매장되어 있다고 추정된다. 리튬은 21세기 들어 전기자동차를 비롯해 스마트폰, 노트북 등 각종 전자제품의 배터리 소재로 사용되어서 몸값이 천정부지로 뛰는 자원이다. 이렇게 정치적으로 혼란한 상황에서 남미의 최빈국인 볼리비아가 '제2의 석유'로 불리는 리튬으로 경제 발전의 발판을 마련할 수 있을지 주목된다.

평화의 도시, 라파스

볼리비아에는 두 개의 수도, 즉 헌법상의 수도인 수크레(Sucre)와 행정상의 수도인 라파스(La Paz)가 있다. 그래서 수크레에는 헌법재판소가, 라파스에는 대통령궁과 국회가 있다. 수크레는 시몬 볼리바르와 함께 볼리비아를 스페인으로부터 해방시키는 데 큰 공을 세운 장군이다.

볼리비아의 수도 라파스

그러나 보통 볼리비아의 수도

볼리비아 라파스의 케이블카

는 라파스로 통한다. 원래 도시 이름은 '평화로운 우리들의 성모 마리아(Nuestra Señora de La Paz)'였는데, 이를 줄여서 '평화'를 뜻하는 '라파스'라 부른다. 라파스는 볼리비아의 정치, 경제, 문화의 중심지다. 해발 3,600미터에 있는 라파스에는 세계에서 가장 높은 국제공항이 있다. 바로 '엘 알토 국제공항'인데 해발 4,060미터 높이에 있다. 공항 이름인 '엘 알토(El Alto)'는 말 그대로 '높다'란 뜻이다.

라파스는 항아리 모양의 분지에 조성되었기 때문에 도시는 산비탈을 따라 확장되어 나갔다. 인구가 증가하면서 그에 맞는 교통수단이 개발되어야 했는데 지형의 특성상 도로 건설에 한계가 있었다. 그래서 생각해 낸 것이 바로 케이블카다. 항아리 바닥에 해당하는 도심지부터 항아리의 입구에 해당하는 꼭대기까지 케이블카를 설치했다. 물론 항아리 중간 중간에 정류장을 만들어 시민의 편의를 도왔다. 케이블카는 복잡하고 꾸불꾸불한 도로가 아닌 직선으로 빠르게 이동하는 교통수단이어서 심각한 교통 문제와 공해 문제를 일거에 해결했다. 그래서 케이블카의 이름도 '나의 케이블카(Mi Teleférico)'다. 라파스 시민 누구나 저렴하게 이용할 수 있는 친구 같은 존재라는 의미이리라.

2014년 5월 30일부터 운행을 시작한 라파스의 케이블카는 나라에서 운영하며, 운임은 하나의 노선에서 3볼리비아노, 우리 돈으로 약 500원 정도다. 학생, 노인, 장애인은 1.5볼리비아노이며, 다른 선으로 갈아탈 때는 2볼리비아노를 추가로 지불하면 된다. 라파스의 높은 곳까지 힘들이지 않고 올라갈 수 있어서 관광객들에게도 인기가 높다.

어떤 여행가는 라파스를 "팔을 벌려 관광객들을 맞이하는 세련된 숙녀"라고 했다. 그런데 과연 그럴까? 지구상에서 가장 높은 달동네, 낡은 차들이 매캐한 매연을 뿜어내는 도심지, 도시를 둘러싼 산기슭에 빼곡하게 들어차 있는 집들을 보고 있노라면 이 말에는 선뜻 동의할 수가 없다. 아마도 이 말은 밤에 라파스를 조망할 수 있는 칼리칼리 전망대에 올라서 주홍빛 가로등이 점점이 박혀 있는 달동네와 마주하고 있을 때 어울리는 말인 듯하다. 밤이 되면 그래도 도시의 처연한 모습은 사라지고 그 어떤 도시에서도 느낄 수 없는 소박하고 따뜻

중절모를 쓴 볼리비아 여인

한 현실을 느낄 수 있기 때문이다. 삶이란 '아침에 나가고 저녁에 돌아오고, 욕망으로 나가고 본성으로 돌아오고, 사랑으로 나가고 이별로 돌아오는 것'이라 했다. 그 삶이 바로 늦은 밤, 이 칼리칼리 전망대에서 바라보는 '항아리', 그 속에서 힘겨운 하루 일과를 마치고 가족과 함께 도란도란 얘기를 나누는 라파스 사람에게 있지 않을까 생각해 본다.

라파스의 거리를 지나다 보면 독특한 부조화를 만난다. 바로 치마를 입고 중절모를 쓴 원주민 여인들이다. 잉카의 후예들의 머리에 유럽풍의 패션이 얹혀진 사연인즉슨 이렇다. 한 영국 출신의 남자가 중절모를 팔아 한몫 잡을 심산으로 볼리비아에 왔는데 생각만큼 중절모가 잘 팔리지 않았다. 그래서 이 남자는 "이 모자는 유럽에서 대유행 중입니다. 하나쯤 구입하시면 단번에 부인의 수준은 유럽의 귀부인이 될 겁니다."라고 허풍을 늘어놓았다. 이에 혹한 상류층 원주민 여성들이 너도나도 이 중절모를 구입하여 머리에 썼다. 이후 이 중절모는 일반 원주민 여성들에게까지 널리 퍼져 지금의 부조화를 만들어냈다.

경이로운 자연과 찬란한 문명을 간직한 매혹의 대륙

Latin America

Part 2

문화의 혼합이 만든 풍부한 유산

사회와 문화

13

축구
가장 세속적인 종교

"나는 축구한다. 고로 존재한다. (중략) 당신이 어떻게 축구를 하는지 내게 말해 주면, 나는 당신이 누구인지 말해 줄 수 있다."

이는 우루과이의 작가 갈레아노가 축구에 관한 에세이《축구, 그 빛과 그림자》에서 한 말이다. '축구가 인간의 가장 위대한 미덕들을 표현한다'고 주장했던 아르헨티나의 작가인 에르네스토 사바토 역시 자신도 "월드컵으로 인해 즐거워하고 기뻐하며 때로는 괴로워했던 많은 아르헨티나인 중의 한 명이다."라고 말했다. '축구 선수처럼 글을 쓴다'는 페루의 소설가 마리오 바르가스 요사는 "라틴아메리카에서 축구는 세속적인 종교다. 과거에는 오직 종교만이 이와 같은 비이성적이고 집단적인 표출을 불러일으킬 수 있었다. 지금은 축구가 바로 그런 역할을 하고 있기 때문에 우리 시대의 세속적인 종교는 바로 축구라고 할 수 있다."고 했다. 이렇게 축구는 라틴아메리카 사람들에게는 즐거운 놀이이자 종교다.

종교가 된 축구

이처럼 축구에 대한 라틴아메리카인들의 예찬은 끝이 없다. 대체 이런 종교와도 같은 축구는 라틴아메리카에서 언제 어떻게 시작된 것일까?

라틴아메리카에서의 축구는 '영국 선원의 발'을 통해 시작되었다. 무역선이 아르헨티나의 부에노스아이레스 항구나 우루과이의 몬테비데오 항구에 도착하면 그 배를 타고 온 영국 선원들은 물품들이 하역되는 동안 할 일이 없어 심심했다. 이들은 본국에서 했던 것처럼 부두 근처에서 축구를 했다. 이를 본 라틴아메리카 사람들이 따라 했다. 아르헨티나의 명문 팀 '보카 주니어스(Boca Juniors)'는 이렇게 탄생했다. '보카'는 부에노스아이레스의 항구 지역으로, 보카 주니어스는 '보카 항구의 아이들'이란 뜻이다. 이곳에 거주하던 이탈리아 이민자들이 중심이 되어 1905년에 만들어진 팀이다.

1930년 우루과이의 수도 몬테비데오의 센테나리오 스타디움(Estadio Centenario)에서 개최된 제1회 월드컵을 계기로 라틴아메리카 축구의 위상은 국제 사회에서 한껏 높아졌다. '1회'라는 상징성 때문이었다. 우루과이에서 첫 월드컵 경기가 개최된 이유는 1924년과 1928년

올림픽 축구 경기에서 우루과이가 우승했기 때문이었다.

제1회 월드컵 대회의 결승전은 개최국인 우루과이와 아르헨티나의 경기였다. 결과는 우루과이의 4대 2 역전승이었다. 1928년 올림픽 결승전과 같은 결과였다. 월드컵 결승전의 주심은 생명보험을 들어야 했을 정도로 위험 속에 경기를 치렀지만, 다행히 개최국 우루과이의 승리로 심각한 사태는 일어나지 않았다.

우루과이 공화국 헌법 선포 100주년을 기념해서 붙인 이름인 센테나리오 경기장 내에는 축구박물관이 있다. 이곳에는 유명 선수들의 빛바랜 축구화와 유니폼, 그리고 많은 트로피들이 전시되어 있다. 이 박물관을 둘러보던 중 반가운 이름을 만났다. 바로 'DURI CHA'. 차범근 선수의 아들인 차두리다. 2002년 월드컵 때 큰 활약을 한 차두리 선수의 사인이 담긴 축구화를 지구 반대편에서 만나다니, '신(神)을 잃어버린 20세기 인류가 창안해 낸 새로운 종교'라는 축구의 국경 초월 능력을 다시금 깨달았다. 이 '종교'는 유럽에서 라틴아메리카, 아프리카, 아시아 등 전 세계로 퍼져 나갔다. 축구장은 성전(聖殿)이 되었고, 관중은 이

우루과이 축구박물관에 전시된 차두리 선수의 축구화

성전에 예배를 드리러 오는 신자로 변신했다. 이제 축구는 전 세계인들에게 단순한 공놀이가 아니라, 삶의 고단함을 치유해 주는 달콤한 복음이 되었다.

엘살바도르와 온두라스의 축구 전쟁

축구가 생활이고 예술이며 인생 그 자체였던 라틴아메리카에서 20세기 후반으로 접어드는 1969년에 축구로 인한 전쟁이 일어났다. 축구는 '고달픈 삶을 어루만져주고 다양한 인종과 삶을 하나로 묶어주는 천사'라고 했는데, 이곳에서는 그 천사가 날개를 잃고 추락했다. 바로 중미의 엘살바도르와 온두라스다.

1970년, 멕시코 월드컵 본선 진출을 위한 온두라스와 엘살바도르 간의 경기가 축구 전쟁의 발단이 되었다. 1969년 6월 7일, 엘살바도르 팀이 예선 1차전을 위해서 온두라스의 수도 테구시갈파에 왔다. 온두라스 응원단은 엘살바도르 선수단이 묵고 있는 호텔 밖에서 밤새 자동차 경적을 울리고 고함을 질러댔다. 엘살바도르 선수들의 수면을 방해하기 위함이었다. 경기 결과는 엘살바도르의 1대 0 패. 일주일 뒤, 경기는 엘살바도르의 수도 산살바도르에서 열렸다. 경기 전날 밤, 엘살바도르 응원단 역시 자국 선수들이 받았던 봉변에 대한 보복이라도 하듯, 호텔 창문을 깨고 쥐를 던지는 식으로 난동을 부렸다. 온두라스 선수들 역시 잠을 제대로 잘 수 없었다. 경기 결과는 온두라스의 3대

축구 전쟁이 일어난 엘살바도르와 온두라스

0 패. 경기가 끝나고 흥분한 양국 관중이 난투극을 벌였다. 엘살바도르로 응원 왔던 온두라스인들이 엘살바도르인들에게 구타를 당하고 쫓겨났다. 이 소식을 들은 온두라스인들은 자국 내에서 거주하던 엘살바도르인들에게 보복을 가하고 이들을 쫓아냈다. 양국이 1승 1패이고, 온두라스가 1득점, 엘살바도르가 3득점이므로 지금 같으면 엘살바도르가 다른 경기의 승자와 최종 예선을 치렀겠지만, 당시에는 그런 규정이 없어서 추가로 3차전을 치러야 했다. 최종전이었던 3차전은 6월 27일, 중립국인 멕시코에서 열렸다. 경기는 엘살바도르가 온

두라스를 3대 2로 이겼다.

축구 경기에서 이긴 엘살바도르는 1969년 7월 14일, 온두라스를 전격적으로 침공했다. 일명 '축구 전쟁'이 일어난 것이다. 사실 이 전쟁 발발의 배경에는 두 나라 간의 해묵은 감정이 있었다. 땅덩어리는 온두라스가 엘살바도르에 비해 약 5배나 넓었음에도 인구는 엘살바도르보다 훨씬 더 적었다. 이 때문에 땅 없는 엘살바도르 농민들이 이웃 나라인 온두라스로 넘어가 불법으로 토지를 점유했다. 당시 약 30만 명의 엘살바도르 불법 이주민들이 온두라스 전체 농지의 20%를 차지할 정도였다. 당연히 온두라스 정부나 국민들은 화가 났다. 온두라스 정부는 대주주에게 피해를 주지 않으면서 땅 없는 농민들에게 토지를 나눠주려 했지만 나눠줄 수 있는 땅은 자국의 땅을 불법 점유하고 있는 엘살바도르인들의 농지뿐이었다. 결국 온두라스 정부는 오랜 기간 동안 땅을 일구어 살아왔던 엘살바도르인들을 온두라스 땅에서 쫓아냈다. 이 과정에서 온두라스의 비밀 군대조직이 엘살바도르인에게 저지른 만행이 하나둘씩 드러났지만 온두라스 정부는 미온적인 태도로 일관했다. 이에 엘살바도르 정부는 온두라스에게 선전포고를 하고 쳐들어간 것이다. 이 전쟁으로 약 4,000~6,000명의 사망자와 15,000명의 부상자가 발생했다. 전쟁은 시작된 지 5일 만에 미주 기구(the Organization of American States, O.A.S. - 1948년 4월에 보고타에서 채택된 미주 기구 헌장에 바탕을 둔 아메리카 대륙 28개국의 지역적 협력 조직. 공동 방위, 지역적 안전 보장, 문화 · 사회 · 경제적인 협력 등을 주요 임무로 한다.)의 중재로 엘살바도르 군이 온두라스에서 철수하는 것으로 마무리되었다.

이후 1980년 국제사법재판소의 중재로 평화협정을 맺은 두 나라는 우호적인 관계를 유지하게 되었다. 사실 이 전쟁의 원인을 자세히 들여다보면 '축구 전쟁'이란 명칭을 붙이기에는 다소 무리가 있어 보인다. 그래서 이 전쟁을 '100시간의 전쟁' 또는 '정당방위의 전쟁'이란 이름으로 부르기도 한다.

남미 축구의 자존심, 수페르 클라시코

세계 3대 축구 더비는 스페인의 레알 마드리드와 FC 바르셀로나의 엘 클라시코(El Clásico), 스코틀랜드의 셀틱과 레인저스의 올드 펌(Old Firm), 그리고 아르헨티나의 보카 주니어스와 리버 플레이트(River Plate)의 수페르 클라시코(Súper Clásico)로 알려져 있다. 이 중에서 아르헨티나에서 벌어지는 수페르 클라시코는 남미 축구의 자존심이다. 2004년, 영국의 한 신문은 이 수페르 클라시코를 '죽기 전에 꼭 봐야 할 50가지 스포츠 이벤트' 중 첫 번째로 꼽으면서, "수페르 클라시코가 있는 날이면 스코틀랜드의 올드 펌은 초등학교 공차기가 된 것처럼 보인다."라고 평했다. 이 두 팀 간의 경기는 그만큼 전쟁을 방불케 할 정도로 치열하다. 양 팀의 전적은 1913년부터 2019년 10월까지 공식 대회 250전 89승 78무 83패로 보카 주니어스가 다소 우위에 있다.

'한 지붕 두 가족', 리버 플레이트(좌)와 보카 주니어스(우)

아르헨티나의 스포츠 매거진 〈엘 그라피코〉는 수페르 클라시코에 대해 다음과 같이 평했다. "100년 전 이 더비는 귀족과 노동자의 싸움이었다. 오늘날은? 그냥 서로 싫어한다. 경기가 있는 날이면 경찰 2,000명이 투입된다. 경기장에선 늘 심한 욕설이 오간다. 경기당 레드카드가 평균 두 장씩 나올 정도로 과격하다. 보카 주니어스와 리버 플레이트의 맞대결은 살아생전 꼭 한 번쯤은 봐야 할 경기다. 특히 보카 주니어스의 홈 경기장인 라 봄보네라(La Bombonera)에서 열리는 경기를 추천한다. 당신이 상상하는 것 이상을 경험하게 될 거다. 닭 깃털로 온몸을 감싼 사람부터 하늘에 둥둥 떠 있는 돼지 풍선까지!"

이 기사에 언급되는 닭은 보카 주니어스 팬들이 리버 플레이트 팬들을 '겁쟁이'라고 놀릴 때 쓰는 말이다. 반대로 리버 플레이트 팬들은 보카 주니어스 팬들을 '돼지'로 부른다. 좋지 않은 냄새가 난다는 뜻이다. 수페르 클라시코 경기가 있는 날이면 양 팀의 팬들을 서로를 경멸하는 노래를 부르며 상대를 조롱한다. 실제로 이들은 조롱의 효과를 극대화하기 위해 경기장에 닭이나 돼지들을 끌고 나오기도 한다.

부에노스아이레스의 라 보카(La Boca) 지역을 연고로 하는 보카 주니어스 팀은 1905년 창설 이래 한 번도 2부 리그로 강등되지 않은 전통 강호다. 영국 철도 노동자들의 영향을 받아 '보카 주니어스'라는 영국식 명칭을 가지게 되었다. 과거 디에고 마라도나, 후안 로만 리켈메, 카를로스 테베스 등 수많은 아르헨티나 스타를 배출한 팀이다. 보카 주니어스의 청색과 노란색의 팀컬러는 처음 보카 항구에 들어온 배였던 스웨덴 배의 국기를 모티프로 했다. 홈구장 이름은 '초콜릿 박스'라는 의미의 '라 봄보네라'다. 이곳엔 원래 말의 배설물을 이용해서 벽돌을 만들던 공장이 있었다고 한다. 그래서 리버 플레이트의 팬들은 보카 주니어스의 팬들을 '말똥 청소부'라 부른다. 보카 주니어스 팬들은 이를 맞받아 오히려 상대인 리버 플레이트를 말똥에 비유하면서 자신들은 그런 상대를 청소한다고 주장한다. 보카 주니어스의 레전드 후안 로만 리켈메는 "아침에 일어나 붉은색과 흰색 물건에는 손도 대지 않았다."라고 말했다. 상대방인 리버 플레이트를 상징하는 색깔이기 때문이다.

한편 부에노스아이레스의 누녜스(Núñez) 지역을 연고로 하는 리버 플레이트 팀은 1901년에 창설되었다. 팀 이름은 부에노스아이레스를 끼고 흐르는 '라플라타강'의 영어식 이름에서 유래했다. 대표적인 선수로는 알프레도 디 스테파노, 곤살로 이과인, 알렉시스 산체스 등이 있다.

아르헨티나 축구팬들의 73%는 수도 부에노스아이레스를 연고로 하는 보카 주니어스와 리버 플레이트의 팬이다. 많은 팬을 보유한 팀들답게 맞대결 역시 매우 격렬하다. 이들의 광적인 응원이 참극을 불러온 적도 있다. 바로 '푸에르타 도세(Puerta Doce)의 참극'이다. 1968년 6월 23일, 리버 플레이트의 홈구장인 엘 모누멘탈(El Monumental)에서 경기가 끝난 후, 여러 명의 팬들이 경기장 내의 푸에르타 도세

보카 주니어스팀의 홈 구장 라 봄보네라(좌)와 리버 플레이트팀의 홈 구장 엘 모누멘탈(우)

(12번 게이트)에서 압사당하는 사고가 발생했다. 모두 74명이 죽고 150명이 다치는, 아르헨티나 축구 역사상 가장 끔찍한 사고였다. 희생자 대부분의 평균연령은 19살이었다고 한다. 이 사고의 원인은 경기가 무승부로 끝난 후, 보카 주니어스의 팬들이 관중석 상부에서 불이 붙은 종이를 경기장으로 던졌고, 이를 피하려던 아래쪽의 관중들이 닫혀있는 12번 게이트로 몰리면서 일어난 것으로 추정하고 있다. 경찰 당국에서는 3년 동안 조사를 벌였지만 혐의자를 찾을 수 없었다. 1968년 시즌이 끝날 때까지 아르헨티나 축구 협회에 속한 68개의 구단들은 모금을 벌여 희생자 가족들에게 조의금을 전달하여 이 참극을 가까스로 수습했다고 한다.

영원한 월드컵 우승 후보, 브라질

브라질은 월드컵 5회 우승국으로 아르헨티나와 함께 손꼽히는 또 다른 축구 강국이다. 2012년 기준으로 축구 클럽이 총 29,208개라는 통계가 있다. "교회가 없는 마을은 있지만, 축구장이 없는 마을은 한 군데도 없다."는 나라가 바로 브라질이다. 화가 김병종은《화첩기행》에서 "그 다양한 브라질의 얼굴을 하나로 그려낼 만한 물감이 내게는 없다. 그러나 이런 브라질을 하나로 묶어주는, 보이지 않는 두 개의 끈이 있다. 아니 두 개의 종교다. 기독교와 축구, 하늘에는 그리스도요, 땅에는 축구다."라고 말했다. 축구가 브라질 사람들의 삶 속에 얼마나 깊숙이 들어와 있는지를 잘 표현한다.

브라질에서 축구는 찰스 밀러(Charles Miller)라는 소년으로부터 시작되었다. 그의 아버지는 영국인이고, 어머니는 브라질인이다. 이 소년은 1894년에 영국에서 돌아오는 길에 축구화, 축구공, 그리고 축구 규정집을 가져왔다. 이 해는 브라질 축구 시작의 공식 연도로 간주된다. 이후 1900년에 축구 클럽 히우그란지(Rio Grande)를 시작으로 상파울루, 바이아, 리우데자네이루, 미나스제라이스 등지에 축구 클럽이 생기면서 브라질에서 축구가 본격적으로 시작되었다.

축구는 신분 상승의 기회를 제공하기도 했다. 흑인, 혼혈 노예들은 자유의 몸이 된 이후에도 여전히 주변인에 불과했다. 오랜 세월 농장주 밑에서 혹사당해 왔던 이들은 축구를 통해서 팔자를 고치려 했다. 브라질 축구가 개인기 위주가 된 이유도 바로 여기에 있다. 축구를 통해 자신을 돋보이고자 하는 강한 열망 때문에 팀워크보다 개인플레이에 더 치중하게 되었다는 얘기다.

이와 관련된 에피소드 한 가지가 있다. 일명 '쌀가루'라 불리는 사건이다. 흑인들은 1888년 노예 해방으로 인해서 신분이 자유로워졌고, 그에 따라 축구를 즐길 수 있게 되었다. 이들은 순발력과 탄력성이 뛰어나서 백인들보다 축구를 더 잘했다. 당시 주류인 백인들은 흑인들과 함께 축구하는 것을 꺼렸지만 이는 곧 의미가 없어졌다. 경기에서 이겨야 했기 때문이다. 브라질의 한 축구 구단은 경기에서 이기기 위해 흑인 선수를 영입했지만 관중들의 비난이 걱정되었다. 이에 구단은 이 흑인 선수를 백인처럼 보이게 하려고 선수의 얼굴에 쌀가루를 발라 경기에 출전시켰다. 그러나 땀 때문에 이내 검은 피부색이 드러났고, 관중들은 일제히 야유와 욕설을 퍼부었다. 축구에서 일어난 웃픈 인종 차별의 단적인 예다.

14

음식 문화

전통 음식부터 대중 음식까지

● "나는 먹는다. 고로 존재한다. (중략) 당신이 무엇을 먹는지 내게 말해 주면, 나는 당신이 누구인지를 말해 줄 수 있다."

이 말은 앞서 갈레아노가 축구와 연관 지어서 이미 사용한 말이다. 축구 대신 음식을 대입시켰는데 이 음식만으로 '당신이 누구인지' 말하는 것은 거의 불가능에 가깝다. 라틴아메리카는 나라 수도 많고, 또한 나라 안에서도 각 지방마다 다양한 특색을 갖고 있기 때문이다.

그래도 사람들은 집요하게 묻는다.

'이번에 멕시코 여행하는데 꼭 먹어봐야 할 음식을 추천해 주세요.'

'페루 여행에서 반드시 맛보아야 할 전통 음식은 뭐가 있나요?'

'아르헨티나를 대표할 만한 음식은?'

곤혹스러운 질문들이다. 조그마한 우리나라에서도 음식의 종류가 셀 수 없이 많아서 각 지방 나름의 특색을 지닌 '한국인의 밥상'이 있는데, 하물며 우리나라보다 몇십 배나 더 큰 나라들을 대표하는 음식을 추천하라니!

그럼에도 불구하고 라틴아메리카에서 가장 대중적인 음식이라 하면 멕시코의 토르티야와 타코, 페루의 세비체, 아르헨티나의 아사도, 칠레의 엠파나다, 브라질의 페이조아다와 슈하스코 정도를 꼽을 수 있지 않을까? 물론 이 분류도 엄밀히 말하면 정확하지 않다. 아사도는 아르헨티나뿐만 아니라 우루과이, 파라과이에서도 먹을 수 있고, 엠파나다 역시 칠레뿐만 아니라 아르헨티나 등지에서도 많이 접할 수 있는 음식이기 때문이다.

토르티야, 모든 재료를 감싸다

멕시코 음식의 기본은 토르티야(tortilla)다. 토르티야는 옥수수 가루를 반죽해서 얇은 전병 형태로 만든 다음, 달궈진 철판에 구워낸 것이다. 옥수수는 마야인들에게 신성한 존재였다. 조물주가 인간을 만들 때 사용한 재료였기 때문이다. 그래서 토르티야는 고대 마야 시대로 거슬러 올라갈 정도로 그 역사가 깊다. 이 토르티야에 어떤 재료를 어떻게 싸서 먹느냐에 따라 음식의 이름이 달라진다.

가장 대표적인 음식이 타코(taco)다. 타코는 토르티야 위에 볶은 소고기나 돼지고기, 또는 닭고기 등을 잘게 썰어 양파나 양상추 등 각종 채소를 얹고, 그 위에 자신의 입맛에 맞는 소스를 뿌려서 먹는 음식이다. 타코와 비슷한 것으로 파히타(fajita)가 있다. 타코에는 생야채를 넣지만, 파히타에는 볶은 야채를 넣는다. 토르티야를 둘둘 말아 한쪽 끝을 막고 먹으면 부리토(burrito)가 된다. 부리토는 '작은 당나귀'라는 뜻이다. 이 음식이 '작은 당나귀'라는 이름을 갖게 된 이유는 다음과 같다. 후안 멘데스라는 사람이 멕시코 혁명 기간(1910~1921년) 동안 미국과의 국경 도시인 시우닫 후아레스에서 타코를 팔았다. 그는 음식을 따뜻하게 유지할 목적으로 집에서 만든 토르티야에 식재료들을 싼 후에 작은 식탁보로 덮어서 이를 당나귀에 싣고 다니며 판매했다. 이후 이 '작은 당나귀의 음식'이 인기를 얻으면서 이 타코를 '부리토'라 부르게 되었다는 설이다.

토르티야 위에 각종 채소와 고기를 얹은 후 소스를 뿌려 먹는 타코

그 밖에 고기나 해산물을 넣고 매운 고추소스를 뿌려서 오븐에 구운 엔칠라다(enchilada), 토르티야 위에 잘게 썬 모차렐라 치즈를 뿌리고 약한 불에 구워 얇은 치즈 층을 만든 후, 그 위에 고기와 생야채를 얹고 소스를 뿌린 케사디야(quesadilla) 등 토르티야를 이용

한, 비슷하지만 다른 형태의 음식들이 많이 있다.

과자 형태로 먹는 나초(nacho) 역시 토르티야의 변주곡이다. 멕시코의 피에드라스 네그라스(Piedras Negras)라는 도시의 한 레스토랑에 갑자기 많은 사람들이 들이닥쳤다. 그때 이그나시오 아나야(Ignacio Anaya)라는 웨이터가 토르티야를 삼각형으로 잘라서 튀긴 후 이를 잘게 찢은 체더 치즈와 함께 손님들에게 제공했다. 그동안 보지 못했던 새로운 스낵이었다. 손님들 중의 한 명이 이 음식의 이름을 물었다. 이그나시오는 "네, 이 음식은 '나초 에스페시알(Nacho especial)'이라고 합니다."라고 대답했다. 물론 즉흥적으로 만든 이름이다. 이는 '특별한 나초'라는 의미인데, 여기서 '나초'는 바로 자신의 이름 '이그나시오'의 애칭을 말한다. 레스토랑 종업원 이름인 나초가 이 신개념의 스낵 이름으로 거듭난 것이다. 나초는 만들기도 간단하고 사람의 입맛에 따라 다양하게 준비할 수 있어서 전 세계에서 많은 인기를 끌고 있다.

흑인 노예들이 만든 음식, 세비체

낯선 나라를 여행하다 보면 "이 나라 음식은 우리나라 음식과 은근히 비슷한데?"라고 생각할 때가 종종 있다. 예컨대 스페인의 파에야는 철판 볶음밥과 비슷하고, 독일의 돼지고기 요리 슈바인 학센은 족발 요리를 연상시키고, 헝가리의 굴라쉬는 차돌 된장찌개 맛을 떠올리게 한다.

페루에도 이런 음식이 있다. 바로 세비체(ceviche)다. 세비체는 우리나라의 새콤달콤한 물회나 상큼한 해파리냉채의 맛과 향을 생각나게 한다. 세비체는 우선 싱싱한 생선을 잘게 썰어 레몬즙에 30분 정도 숙성시킨 뒤, 약간의 야채즙과 고추, 양파, 고수, 소금 등을 섞어 만든다. 즙이 풍부하고 상큼한 레몬과 담백한 생선의 조화는 가히 환상적이다.

세비체는 페루에 정착한 흑인 노예들에 의해서 탄생되었다. 아프리카에 살았던 흑인 노예들은 아메리카라는 새로운 환경에 적응해야 했다. 특히 먹을거리에 대한 적응이 어려웠다. 가장 만만한 먹거리는 태평양에서 잡히는 생선뿐이었다. 그런데 이 생선들은 상하기 일쑤였다. 냉장고가 없던 시절이었기 때문이다. 그래서 생각해낸 것이 바로 세비체였다. 상한 생선을 레몬 즙으로 씻어서 살균해서 먹으니 맛도 상큼하고 위생에도 큰 문제가 없었다. 이렇게 탄생한 세비체는 마치 스페인 카탈루냐 지방의 대표 음식인 '칼솟'을 연상케 한다. 칼솟은 우리나라의 대파를 생각하면 된다. 약간 상한 칼솟을 구두쇠인 농부가 버리기 아까워서 이를 불에 살짝 익혀 소스에 찍어 먹었더니 너무 맛있어서 주변 사람들에게 소개하면서 인기를 얻게 된 음식이다.

세비체는 런던에서 열린 초츠터 패스트 피스트 어워즈(Chowzter Fast Feasts Awards)에서 '맛있는 음식상'을 수상해서 국제적으로도 그 맛을 인정받았다. "세비체와 잉카콜라를 빼고는 페루의 식도락을 논하지 말라."는 말이 있을 정도로 세비체는 페루 사람들에게 매우 특별한 음식이고, 남녀노소 모두가 즐기는 대중 음식이다. 특히 페루 사람들은 세비체가 숙취에 도움을 준다고 생각한다. 우리나라의 해장국과 같은 역할을 하는 음식이기도 하다.

페루 사람들이 즐겨 먹는 대중 음식 세비체

스페인에서 건너온 만두, 엠파나다

엠파나다(empanada)는 만두피에 각종 소를 집어넣어 만든 음식이다. 우리의 군만두와 비슷하다고 생각하면 된다. 소는 다진 소고기, 햄과 치즈, 닭고기 등 다양한 내용물로 만든다.

'엠파나다'라는 이름이 '반죽이나 빵으로 싸다'란 의미를 지닌 '엠파나르(empanar)'에서 유래했다는 사실에서 알 수 있듯이 이 음식은 스페인 목동들이 들판에서 야채나 음식물을 빵에 싸서 먹는 관습에서 왔다. 엠파나다는 이후 스페인의 정복자들에 의해서 라틴아메리카 대륙에 전해져서 지금은 칠레나 아르헨티나 등지에서 대중적인 음식이 되었다.

이 음식은 아르헨티나 출신의 혁명가 체 게바라에 대한 영화 〈모터싸이클 다이어리〉에도 나온다. 칠레의 어느 마을에 들른 체 게바라와 그라나도는 돈도 떨어지고 배도 고파서 동네 식당에 들어갔다. 넉살 좋은 그라나도는 마침 그곳에 있던 칠레 아가씨들을 구슬러 와인을 얻어 마시는데, 이때 그라나도는 "우리 아르헨티나의 풍습은 빈속에 와인을 마시지 않습니다."라며 자신들이 몹시 배가 고프다는 사실을 은연중에 알린다. 그러자 아가씨들은 "그럼 엠파나다를 시키면 되지요."라고 대답하며 인심 좋게 엠파나다를 12개나 시켜준다. 국적은 서로 다르지만, 같은 언어(스페인어)로 소통하고 하나의 음식(엠파나다)으로 서로 공감할 수 있는 라틴아메리카의 전형을 보여주는 인상적인 장면이다.

우리나라의 만두와 비슷한 모양을 가진 엠파나다

아르헨티나의 소울 푸드, 아사도

아르헨티나의 면적은 남한의 28배인데, 그 면적의 삼분의 일이 초원인 팜파스다. 이곳에서는 약 6천만 마리의 소가 자라고 있다. 아르헨티나 인구 1인당 두 마리 꼴이다. 아르헨티나 여행에서 아사도를 먹을 때면 아르헨티나에서 외교관 생활을 하신 교수님의 말이 생각난다.

"나는 아르헨티나에 근무하는 5년 동안 아마도 몇 톤의 소고기를 먹었을 거야."

당시에는 '과장이 좀 지나치시군.'이라 생각했는데, 아르헨티나를 여행해보니 그 교수님의 말씀이 결코 과장은 아니었다. 정말 흔하고 흔하지만 고품질의 소고기를 맛볼 수 있는 곳이 바로 아르헨티나다.

아사도(asado)는 축구, 탱고와 함께 아르헨티나를 대표하는 아이콘이다. 아사도는 '구워진'이란 의미다. 불이 있는 장작더미 주변에 소를 통째로 걸어놓고 기름을 빼가며 오랜 시간 동안 굽거나 아니면 그릴 위에 고기와 모르시야(순대의 일종) 등을 올려놓고 숯불에 굽는 방식으로 만드는 요리다. 부에노스아이레스에는 이 아사도를 전문적으로 하는 식당이 많이 있지만 그 중에서 '라 브리가다(La Brigada)'라는 식당에 가면 종업원이 손님을 위해서 아사도를 나이프가 아닌 수저로 잘라 준다. 마치 스페인 세고비아의 코치니요 식당인 '메손 데 칸디도'에서 새끼돼지를 접시로 잘라주는 것처럼. 그만큼 고기가 연하다는 것을 강조하는 일종의 퍼포먼스다.

아르헨티나를 경험한 여행자들은 아르헨티나를 다시 찾는다. 여러 가지 이유가 있겠지만 바로 이 아사도를 잊을 수 없기 때문이기도 하다. 그만큼 아사도는 아르헨티나를 대표하는 소울 푸드라 할 수 있다.

아르헨티나의 목동인 가우초들이 먹던 요리에서 유래가 된 아사도

페이조아다와 슈하스코

브라질을 대표하는 전통 음식인 페이조아다(feijoada)는 코, 귀, 꼬리, 발 같은 돼지 부속, 약간의 소고기 등을 콩과 함께 넣고 끓인 걸쭉한 죽이다. 이 음식의 유래가 되는 여러 설 중에 하나를 소개하면 다음과 같다. 주인이 주말에 손님을 초대하여 돼지를 잡아 파티를 열었다. 이때 주인은 돼지의 발, 귀, 혀, 꼬리, 뼈 등 잘 먹지 않는 부위들을 자신이 부리던 노예들에게 주었다. 노예들은 이 부속물들을 검은콩과 함

께 커다란 그릇에 넣고 물을 넣어서 끓였다. 이 '정체불명의 음식'을 먹은 노예들이 자신보다 훨씬 힘이 세고 건강한 이유가 궁금했던 주인은 노예들을 유심히 관찰했다. 그 결과 그들이 돼지 살코기가 아닌 돼지 부속물을 먹기 때문이라는 결론을 얻었다. 이후 이 음식을 먹어 본 주인 역시 그 맛에 매료되어 이 음식을 먹기 시작했다는 그럴듯한 이야기가 전해 내려온다. 브라질의 한 음식학자는, 이 페이조아다를 요리할 때 큰 프라이팬이나 긴 손잡이가 달린 오목한 냄비를 사용하기 때문에 스페인의 파에야나 이탈리아의 카세루올라(casseruola, 긴 손잡이가 달린 오목한 낮은 냄비 또는 음식을 넣고 끓여 요리한 채 식탁에 놓은 냄비)와 그 맥을 같이한다고 주장하기도 했다.

슈하스코(churrasco)는 소, 돼지, 양, 닭 등을 바비큐식으로 요리한 음식이다. 고기를 큼직하게 썰어서 긴 꼬챙이에 꽂아 돌려가며 익히고, 후추와 소금으로 간을 해서 먹는다. 이 음식은 브라질 남부에서 가축

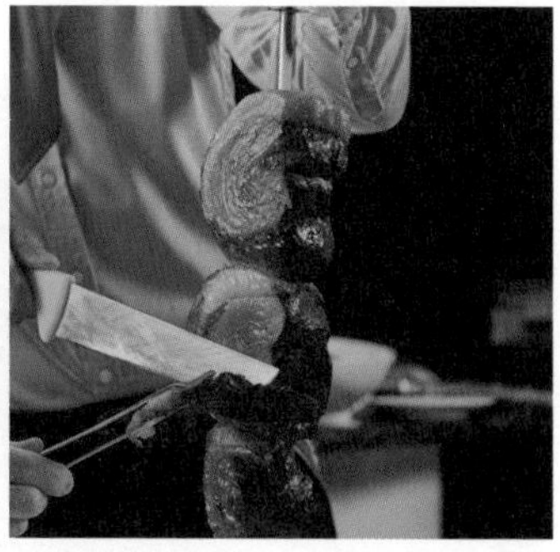

브라질의 대표 요리 페이조아다(좌)와 슈하스코(우)

매매를 위해 이동하던 목동들이 먹는 방식에서 유래되었다. 요즘은 생일, 결혼식 등 행사에서 반드시 등장하는 요리다. 우리나라에서도 일부 식당에 가면 먹을 수 있다.

꾸이 요리

꾸이(cuy)는 통통한 쥐 모양의 기니피그를 연상하면 된다. '안데스의 칠면조'라고도 하는 꾸이는, 원주민들이 고기를 얻기 위해 오래전부터 사육해 온 쥐목 고슴도치과에 속하는 동물이다.

꾸이 요리는 꾸이를 뜨거운 물에 3~4분간 데친 후, 털을 깨끗이 제거하면서 시작된다. 이어 배를 갈라 내장을 꺼낸 뒤 몸통을 씻는다. 깨끗이 손질된 꾸이를 양념장에 재우는데, 이 양념장은 마늘, 카민(약용 조미료), 소금 등 각종 재료를 섞어 만든다. 특히 양념장을 골고루 바른 꾸이의 뱃속에 마지막으로 와까따이(huacatay)라는 나뭇잎을 넣는다. 이는 안데스산맥에서 자라는 박하의 일종으로 꾸이 특유의 냄새를 없애고 고기에 좋은 향을 배게 하는 역할을 한다. 이렇게 준비가 완료된 꾸이를 피자 굽는 화덕 같은 불가마에 넣는다.

조리된 꾸이가 식탁 위에 놓이면 모두들 경악을 금치 못한다. 그러나 일단 맛을 보면 사람들의 표정은 달라진다. 나는 두 가지 형태의 꾸이를 맛보았다. 하나는 말 그대로 큰 대(大)자의 형태로 튀겨 나온 꾸이였다. 경악을 금치 못했다. '아! 이런 요리도 있구나!' 그렇지만 초대해 준 페루 가족에게 결례를 범하지 않기 위해 최대한 의연하게 그 요리를 '즐겼던' 기억이 있다. 다른 하나는 위에서 언급한 것처럼 통째로 조리한 꾸이다. 이 요리 역시 눈 뜨고 볼 수 없을 정도로 파격적인 형상을 띠고 식탁에 모습을 드러냈다. 그러나 생생한 현지 음식문화 체험을 위해서 당연히 치러야 할 '의식'으로 생각하고 최대한 평정심을 유지하면서 먹었다.

모양에 놀라고 맛에 한 번 더 놀라는 꾸이 요리

15

전통 음료

커피와 잉카콜라, 그리고 마테차

● 음료는 '사람이 마실 수 있도록 만든 액체를 통틀어 이르는 말'이다. 우유, 청량음료, 스포츠음료, 주스, 그리고 커피를 포함한 차 종류 등이 여기에 포함된다. 우리나라에 미숫가루, 수정과, 식혜와 같은 전통 음료가 있다면 라틴아메리카에는 어떤 전통 음료가 있을까? 라틴아메리카의 여러 지역에서 생산되는 커피를 비롯해서 페루에서만 생산되는 잉카콜라, 아르헨티나와 우루과이, 파라과이 등지에서 일상적으로 마시는 마테차 등이 있다.

커피의 잔혹과 매혹

커피는 전 세계인들이 애호하는 음료다. 그리고 전 세계에서 소비되는 대부분의 커피는 라틴아메리카에서 생산된다. 생산량뿐만 아니라 질 또한 그 어떤 커피에도 뒤지지 않는다. "악마와 같이 검고 지옥처럼 뜨겁고 천사처럼 아름다우며 사랑처럼 달콤하다."는 커피는 과연 라틴아메리카와 어떻게 인연을 맺게 되었을까?

커피의 원산지는 에티오피아의 산간지대로 알려져 있다. 이후 15세기에 중동과 터키를 거쳐 17세기에 유럽으로 전해졌다. 라틴아메리카에서의 커피 생산은 18세기 중반부터 시작되었다. 커피나무 묘목이 유럽에서 천신만고 끝에 대서양을 건너 지금의 수리남과 카리브해의 작은 섬에 도착했다. 여기서 다시 브라질 북동부의 대농장으로 전해졌다. 이후 커피는 라틴아메리카 전역으로 퍼졌다. 세계에서 커피를 가장 많이 생산하는 10개국 중 브라질, 과테말라, 멕시코, 온두라스, 페루, 콜롬비아 등 6개국이 라틴아메리카에 있다. 이들 나라에서 생산되는 커피의 양은 전 세계 커피 생산량의 60% 이상이나 된다. 그중에서 브라질은 세계 최대의 커피 생산국이다.

19세기는 '커피의 세기'라 불린다. 유럽의 커피 소비가 증가함에 따라 커피 재배와 생산 역시 활발해졌다. 라틴아메리카에서 커피를 생산한 나라들은 커피 수출을 통해 얻은 수입으로 도시의 규모를 키우고 도로망과 철도망, 항구 등을 구축했다. '커피는 황금 낟알', '가장 훌륭한 재상은 좋은 커피 가격이다.'라는 말처럼 커피가 나라 경제 발전의 효자가 되었다.

그러나 라틴아메리카, 특히 중앙아메리카에서 커피는 '슬픈 역사'를 지니고 있다. 《매혹과 잔혹의 커피사》에서 마크 펜더그라스트는

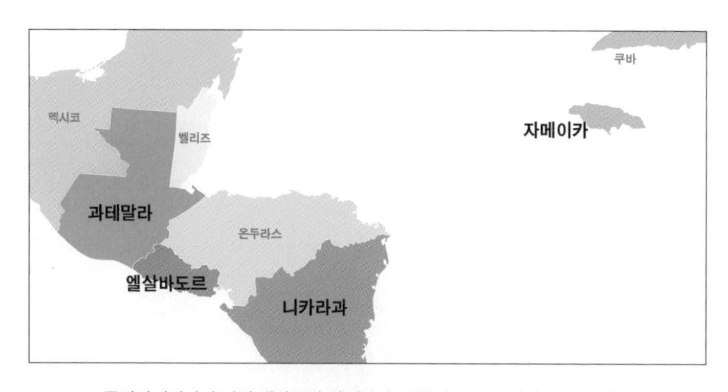

중앙아메리카의 커피 생산국인 과테말라, 엘살바도르, 니카라과, 자메이카

"중앙아메리카를 여행하던 중에 커피, 권력, 폭력 사이의 밀접한 관계를 거듭거듭 뼈저리게 느꼈다."고 했다. 그만큼 커피는 누군가에게는 매혹적인 기호품이지만, 또 다른 누군가에게는 잔혹한 존재라는 말이다.

중앙아메리카의 커피 생산국인 과테말라의 방학은 커피 수확기와 일치한다. 대부분의 커피 농장 노동자들이 일 때문에 아이들을 결석시키기 때문이다. 여덟 살 남짓의 아이들이, 무거운 커피 자루를 들고 있는 엄마 옆에서 수확을 돕는다. 우리가 커피에서 느끼는 매혹적인 우아함은 중앙아메리카 어린아이들에게는 잔혹한 '폭력'일 수도 있다.

그런데 이렇게 잔혹한 폭력을 휘두르는 커피가 엘살바도르에서 내란 종식을 위한 효자 역할을 톡톡히 하기도 했다. 1980년대 엘살바도르에서는 내전으로 약 8만 명이 희생되었다. 이에 미국 샌프란시스코에 소재한 '이웃과 이웃'이라는 사회운동단체가 엘살바도르산 원두를 사용하는 대형 브랜드 커피에 대한 불매 운동을 벌였다. 여기에 부두 노동자들도 호응해 엘살바도르산 커피의 하역을 거부했다. 이에 큰 타격을 입은 미국의 메이저 커피회사들은 국무부를 설득하여 엘살바도르에서의 평화협상을 성사시켰다. 1992년 초, 내전이 종식되고 엘살바도르의 커피 거래는 다시 정상화되었다. 역사에 길이 남을 만한 커피의 매혹적인 역사다.

엘살바도르의 이웃 나라인 니카라과에서는 커피가 바로 혁명이었다. 독재자 소모사(Anastasio Somoza García)가 정권을 잡아 대규모 커피 농장을 몰수했다. 이에 반발한 산디니스타 반군(Frente Sandinista de Liberación Nacional, FSLN)이 소모사의 커피 농장을 탈취하고 1979년에 독재 정권을 붕괴시켰다. 권력을 잡은 산디니스타는 커피 농장을 다시 몰수하여 여기서 나온 혜택을 농민들에게 되돌려 줬다. 또 다른 커피의 매혹사다.

자메이카의 블루마운틴

세계 3대 커피로 사람들은 하와이의 코나, 예멘의 모카, 그리고 자메이카의 블루마운틴을 꼽는다. 영국의 식민지였던 자메이카는 쿠바와 아이티에 이어 카리브해에서 세 번째로 큰 섬나라다. 우리에게는 육상의 황제 우사인 볼트와 재즈의 거장 밥 말리를 배출한 나라 정도로 알려져 있다.

자메이카에서는 영국인들이 커피 나무를 들여왔던 1730년부터 커피가 재배되기 시작했다. 커피 생육에 가장 적당한 남북위 25도 사이를 '커피 벨트'라고 한다. 자메이카는 위도 18도에 위치해 있으며 특히 섬 동쪽의 블루마운틴 지역은 해발 2천 미터 이상으로 서늘한 기후와 짙은 안개, 풍부한 강수량, 빗물이 잘 스며드는 토질 등으로 세계 최고의 커피 재배지가 되었다. 이중에서도 해발 910~1,700미터 사이의 산지에서 재배된 커피는 소위 '정통 블루마운틴 커피'로 불린다.

세계 3대 커피 중 하나인 자메이카의 블루마운틴

과테말라의 안티구아

과테말라 커피하면 보통 '안티구아(Antigua)'를 말한다. 안티구아는 '오래된', '옛날의'라는 의미다. 안티구아는 원래 16세기 중반 스페인에 의해 건설된 도시로, 17세기까지 중앙아메리카의 예술과 학문의 중심지였다. 하지만 1773년 두 차례의 대지진으로 인해 폐허가 되었다. 더 이상의 복구가 불가능하자 수도를 25킬로미터 떨어진 곳으로 옮겼다. 지금의 과테말라시티다. 이 과정에서 기존의 수도를 '옛 과테말라'라는 뜻의 '안티구아 과테말라(Antigua Guatemala)', 줄여서 '안티

과테말라 안티구아의 커피 농장. 뒤로 아구아 화산이 보인다.

구아'로 부르게 되었다.

과테말라 국토의 대부분은 미네랄이 풍부한 화산재 토양으로 이루어져 있다. 기후 또한 건기와 우기가 뚜렷하며, 일조량이 많고 일교차와 습도 차가 커서 커피 재배에 이상적이다. 특히 안티구아는 세 개의 화산 사이에 위치해 있어서 화산과 지진 활동의 영향을 빈번하게 받아 왔다. 이러한 환경 요인은 오히려 다른 지역의 커피와 다른 독특한 향미를 지닌 커피 생산을 가능하게 했다. 안티구아 커피는 화산토에서 재배되기 때문에 보통 '스모크 향'을 지닌다는 평을 듣는다.

페루의 맛, 잉카콜라

페루를 여행한다면 꼭 마셔봐야 할 음료 중의 하나가 바로 잉카콜라다. 페루의 고유 브랜드인 잉카콜라는 코카콜라와 같은 일반 콜라 특유의 톡 쏘는 맛은 덜하지만 상큼한 맛을 지니고 있다. 색깔은 잉카 문명을 상징하는 황금색이다. 잉카콜라는 특유의 향과 탄산이 조화된 맛을 갖고 있어서 여행객들이 잊지 않고 사가는 기념품 목록 중 하나가 되었다.

수도 리마가 조성된 지 400주년이 되는 해인 1935년에 린들리(José Robinson Lindley)라는 영국 이민자가 13개의 식물에서 추출된 맛을 조합한 잉카콜라를 소개했다. "오직 잉카콜라만이 유일하고 다른 어떤 것도 없다."라는 슬로건을 내세워 판매하기 시작한 잉카콜라는 1940년 중반에 들어서면서 페루의 전통 음료가 되었다. 이는 공격적인 광고와 국가주의를 강조한 전략이 대성공을 거두었기 때문이다. 1970년대에는 전체 음료 점유율에서 잉카콜라가 38%를 차지했다. '페루의 음료'라는 인식을 굳힌 것이다. 1970년대 말에서 1980년대 초까지는 '국가의 맛이 담겨 있는!'이란 슬로건을, 그 이후에는 '페루의 맛'이란 슬로건을 내세웠다. 그 덕분에 1995년에 페루 음료 시장에서의 시장 점유율이 코카콜라는 32%, 잉카콜라는 32.9%를 기록하기까지 했다.

페루의 국민 음료 잉카콜라

잉카콜라의 시장 점유율은, 페루의 대표적인 패스트푸드 체인점 벰보스(Bembos)가 1995년부터 음료를 코카콜라 대신 잉카콜라로 대체하면서 더 높아졌다. 맥도날드 역시 이러한 대중적인 인기 때문에 음료 목록에 잉카콜라를 추가했다. 그러나 이후에 잉카콜라는 경제 여건이 안 좋아지면서 코카콜라에 인수되었다. 이제 더 이상 페루 회사의 소유는 아니지만 잉카콜라는 여전히 페루를 대표하는, 페루인들이 사랑하는 음료임엔 틀림없다.

끊을 수 없는 신의 음료, 마테차

아르헨티나를 여행하다 보면 현지 사람들이 작은 호리병 모양의 그릇에 담긴 음료를 빨대로 마시는 모습을 자주 볼 수 있다. 그것도 혼자서가 아닌, 여럿이 빨대를 돌려가며 마신다. 바로 아르헨티나뿐만 아니라 우루과이, 파라과이 사람들이 즐겨 마시는 마테차다.

신의 음료라 불리는 마테차

언젠가 우루과이 출신의 축구 선수 수아레스가 아르헨티나 출신의 축구 선수인 메시에게 빨대가 있는 작은 통을 건네는 사진을 본 적이 있다. 바로 마테차가 담겨있는 통이다. 아르헨티나 출신인 프란치스코 교황이 이 통에 빨대를 꽂고 마테차를 마시는 사진도 종종 볼 수 있다.

'마테(mate)'라고 하는 작은 통 속에 마테 찻잎을 넣고 뜨거운 물을 붓고, 일정 시간을 기다리면 녹차처럼 된다. 이를 잔에 입을 대고 바로 마시는 게 아니라, 봄비야(bombilla)라는 빨대를 사용해서 마신다. 금속으로 만든 이 빨대는 찻잎이 입에 들어가지 않게 하는 역할을 하는데 특이한 점은 하나의 봄비야를 여러 사람이 함께 사용한다는 것이다. 비록 위생적으로 보이지는 않지만, 같은 빨대로 함께 마테를 마시는 행위는 사람들 간의 결속을 다지고 자기네 사람임을 확인하는 일종의 '의식'이라 할 수 있다.

마테차는 파라과이 지역에 거주했던 원주민인 과라니족이 마시던 음료였다고 한다. 마테차는 사람이 살아가는 데 필요한 비타민과 미네랄을 거의 다 지니고 있어서 '신의 음료'라 불리기도 한다. 지방 분해에도 탁월한 효과가 있다는 연구 결과도 있다. 그래서 고기를 많이 먹는 아르헨티나 사람들에게 매우 유용한 음료이기도 하다.

뜨거운 물을 넣으면 '마테', 차가운 물을 넣으면 '떼레레(tereré)'라 부른다. 마테를 마시는 사람들은 "와인, 맥주, 담배는 끊을 수 있지만 마테는 끊을 수 없다."고까지 말하며 언제든지 마테를 마시기 위해서 가방 안에 보온병을 항상 가지고 다닌다. 이처럼 마테차는 일단 마시면 중독되는 음료다.

아르헨티나 정부는 2015년 11월 30일을 '마테차의 날'로 공식 지정했다. 이는 마테차가 단순한 음료가 아니라 아르헨티나의 문화와 역사를 대표하는 전통 음료라는 의미다. 이날이 기념일인 이유는 안드레아 과카라리(Andrea Guacarari)라는 사람의 생일이기 때문이다. 그는 아르헨티나 북부에 위치한 미시오네스(Misiones) 지방의 주지사로서 마테차를 전국적으로 상업화하는 데 공헌한 인물이었다. 이날에는 수도 부에노스아이레스를 비롯한 아르헨티나의 각 도시에서 마테와 관련된 행사가 다채롭게 열린다.

콜롬비아의 에헤 카페테로

콜롬비아는 마약, 테러, 게릴라 반군 등 부정적인 인식이 강한 나라지만 커피의 주요 생산국이기도 하다. 콜롬비아는 브라질, 베트남에 이어 세계 3위의 커피 생산국이다. 에헤 카페테로(Eje Cafetero)는 '커피가 생산되는 축(중심 지역)'이란 의미다. 콜롬비아의 중서부에 위치한 이곳은 커피와 관련된 유구한 역사와 전통, 자연과 인간이 어우러져 살아온 것에 대한 지속가능성을 인정받아 유네스코 세계자연유산으로 지정되었다. 해발 고도 2천 미터에 위치한 이 지역은 안데스 고원의 온화한 기후, 적당한 강수량, 무기질이 풍부한 화산재 토양 등 커피 재배에 이상적인 환경을 갖추고 있다. 특히 '커피 삼각지'라고 불리는 커피 재배지로 유명한데, 이 삼각지를 이루는 메데인, 아르메니아, 마니살레스 등의 앞 글자를 따서 MAM's라는 브랜드의 커피가 생산된다. 이곳은 기계 수확을 하는 브라질과 달리 손으로 커피콩을 딴다. 이후의 과정 역시 모두 수작업으로 진행된다. 콜롬비아 커피가 순수한 이유다.

콜롬비아의 커피 삼각지

16

전통 술

와인과 테킬라, 그리고 피스코 사워

● 백약지장(百藥之長). '온갖 뛰어난 약 가운데서 가장 으뜸'이라는 뜻이다. 광약(狂藥). '사람을 미치게 하는 약'의 의미를 가진 말이다. 이는 모두 '술'의 다른 이름들이다. 라틴아메리카 역시 '사람이 살고 있는 곳'이어서 각 나라, 각 지방마다 전통 술이 있다. 라틴아메리카를 대표하는 백약지장이요 광약으로는 와인을 비롯해서 테킬라, 피스코 사워 등이 있다.

안데스산맥이 만든 와인

와인은 흔히 '신의 물방울'이라 불린다. 그 이유는 아마 와인의 맛과 향기와 색이 신의 영역에 속하는 태양과 대지와 물과 시간에 의해서 결정되기 때문일 것이다. 이 '신의 물방울'을 생산하는 라틴아메리카의 대표적인 나라가 바로 칠레와 아르헨티나다. 특히 칠레 와인은 우리나라가 칠레와 자유무역협정을 체결한 이후 저렴한 가격으로 수입되고 있어서 우리에게 친숙한 와인이 되었다.

1990년대 중반 아르헨티나를 여행할 때, 와인을 주문하면 웨이터는 '말벡?'이라고 다시 한 번 내게 확인했다. 그래서 와인을 잘 몰랐던 당시에는 아르헨티나의 포도주 이름이 모두 '말벡'인 줄 알았다. 말벡(Malbec)은 프랑스가 원산지인 포도 품종이다. 그런데 이 품종은 병과 곰팡이에 약했기 때문에 정작 프랑스에서는 제대로 대접받지 못했다. 대신 기후가 극단적으로 변하지 않고, 폭우가 내리지 않는 아르헨티나의 안데스 고지대에서는 놀랄 만큼 잘 적응했다. 또한 한낮의 햇살은 포도의 당도를 높이고 밤의 서늘함은 포도의 산도를 증가시켰다. 낮은 습도 역시 벌레나 곰팡이로 인한 피해를 최소화시켰다. 이 말벡의 성지는 바로 아르헨티나의 멘도사(Mendoza)다. 멘도사 주에는 약 300여 개의 와이너리가 있다. 세계 5위의 와인 생산국 아르헨티나는 이 멘도사에서만 아르헨티나 와인의 70%가 생산된다.

라틴아메리카의 유명한 와인 산지인 아르헨티나 멘도사와 칠레 산티아고

이 멘도사에서 안데스산맥 서쪽의 급경사면을 내려가면 칠레의 수도 산티아고(Santiago)가 나온다. 산티아고 인근의 중앙계

'콘차 이 토로' 와이너리 내부(좌)와 대표 와인 '카시예로 델 디아블로'(우)

곡과 마이포 계곡이 바로 칠레의 주요 와인 산지다. 이곳은 겨울에는 눈과 서리가 거의 내리지 않고, 여름엔 따가운 태양이 내리쬐는 전형적인 지중해성 기후 지역이다. 특히 수확기 직전의 강한 햇살과 건조한 날씨는 고품질의 포도를 생산하는 데 중요한 역할을 한다. 천혜의 포도 생산지라 할 수 있다. 이 지역에는 '필록세라'라는 포도 진드기가 거의 없다. 이는 동쪽으로 안데스산맥, 서쪽으로 태평양, 남쪽으로 빙하지대, 북쪽으로 아타카마 사막이 둘러싸고 있어서 외부에서 해충이 들어올 수 없기 때문이다. 1877년, 미국과 유럽의 포도밭을 전멸시켰던 필록세라의 영향을 받지 않은 유일한 나라가 바로 칠레였다,

칠레의 수도 산티아고 인근에는 1883년에 설립된 '콘차 이 토로(Concha y Toro)'라는 남미 최대의 세계적인 와이너리가 있다. 이 와이너리는 관광객들에게도 인기 만점의 명소이기도 하다. 이 와이너리에

서 생산되는 와인 중에서 '카시예로 델 디아블로(Casillero del Diablo)'가 있다. '악마의 와인 저장고'란 뜻이다. 와인에 '악마'라는 이름이 붙은 사연은 다음과 같다. 와이너리의 지하 저장고에 있는 와인들이 자꾸 없어졌다. 이에 설립자인 돈 멜초르 경이 와인 저장고에 악마가 출몰한다는 소문을 퍼트려 도둑으로부터 와인을 지켰다고 한다. 돈 멜초르 경이 직접 귀신 소리를 내서 도둑의 접근을 막았다는 이야기도 전해진다. 실제로 이 와이너리 내부에 들어가면 악마의 모습을 한 디스플레이를 볼 수 있다. 이 와인은 1초에 한 병씩 팔려 나갈 정도로 전 세계적으로 인기를 끄는 와인이다.

애주가들의 천국, 멕시코

멕시코를 대표하는 술 테킬라(Tequila)는 원래 멕시코 할리스코 주에 있는 마을 이름이다. 우리가 알고 있는 '테킬라'는 모두 이곳 테킬라에서만 생산된다. 테킬라는 용설란으로 만든다. 용설란은 가지 모양이 용의 혀를 닮았다고 해서 붙여진 이름이다. 여기서 나온 즙을 발효시켜 만든 술을 '풀케(pulque)'라고 하는데, 알코올 도수는 막걸리와 비슷한 5~6도 정도다. 이 풀케를 증류시킨 술이 바로 알코올 도수 40도의 테킬라다.

이 테킬라의 탄생의 배경에는 아즈텍 문명의 정복자 에르난 코르테스가 있었다. 코르테스는 원주민들이 마시던 달콤하면서도 걸쭉한 풀케의 맛에 반했다. 위스키에 익숙해 있던 코르테스에게 풀케는 그야말로 '신상'이었다. 코르테스는 이 술을 통에 담아 스페인의 왕 카를로스 1세에게 보내려 했지만, 풀케는 낮은 알코올 도수에다 유산균이 함유되어 있어서 얼마 지나지 않아 상하고 말았다. 풀케의 스페인행은 불발되는 듯했다. 그러나 스페인 사람들에게는 발효주에 뜨거운 열을 가하는 증류 과정을 통해서 알코올 도수를 크게 높이면서 유산균을 다 죽이는 증류 기술이 있었다. 코르테스는 이 기술로 만든 새로운 술을 스페인으로 보냈다. 이 술이 바로 테킬라다. 멕시코 원주민의 술 풀케가 스페인의 증류 기술과 만나서 테킬라가 탄생한 것이다.

선인장 술 테킬라

테킬라는 보통 소금과 라임 조각을 곁들여 스트레이트로 마시는데, 라임즙을 섞어 만든 마르가리타(Margarita)라는 칵테일로 마시기도 한다. 이 마르가리타는 세계에서 가장 로맨틱한 이야기를 품은 칵테일로 알려져 있다. 멕시코 북부 티후아나 지방의 해변가 작은 도시 로사리토. 이곳의 한 나이트클럽에 리타 데 라 로사(Rita de la Rosa)라는 매혹적인 쇼걸이 있었다. 그녀는 뭇 남성들의 인기를 독차지할 정도로 모든 게 완벽한 여성이었다. 그 뭇 남성들 중에는 같은 나이트클럽에서 함께 일하는 카를로스 에레라(Carlos Herrera)라는 바텐더가 있었다. 직장동료였던 그는 그녀를 흠모했다. 카를로스는 그녀에 대한 자신의

라임과 민트를 넣은 마르가리타

애절한 사랑을 담은 칵테일을 만들었다. '칵테일을 통한 고백'이었다.

카를로스는 그녀가 유일하게 좋아했던 테킬라에 녹색의 라임 주스를 섞고 단맛이 나는 술인 트리플 섹을 첨가한 후 얼음을 넣었다. 그리고 술잔 가장자리에 흰 소금을 둘렀다. 여기서 녹색의 라임 주스는 그녀가 평소에 즐겨 입었던 녹색 드레스를, 얼음은 그녀의 반짝이는 눈빛을, 흰 소금은 천사 같은 리타의 머리를 둥글게 감싸고 있는 천사의 고리를 의미했다. 리타를 사랑하는 자신의 설레는 감정을 한 잔의 술에 담은 것이다.

테킬라는 숙성기간에 따라 그 종류가 다양하다. 증류 후에 바로 병입하거나, 최대 2개월의 숙성기간만을 거친 테킬라를 블랑코(Blanco)라 한다. 스페인어로 '흰색'을 의미하는 블랑코는 이름과 같이 투명한 색을 띠며 숙성기간이 짧기 때문에 가격이 저렴해서 칵테일 재료로 많이 사용된다. 다음으로 3개월에서 1년 미만의 숙성과정을 거친 레포사도(Reposado)가 있다. 중간 정도의 가격으로 우리나라에서도 쉽게 구매할 수 있다. 세 번째로 1년 이상의 숙성기간을 거친 아녜호(Añejo)가 있다. 향과 색이 연하고 부드러운 맛이 특징이다. 물론 블랑코나 레포사도보다 가격은 비싸다.

멕시코의 오아하카 지방에서 생산되는 술인 메스칼(Mezcal) 역시 용설란으로 만든 증류주다. 이 술이 담긴 병에는 용설란에 붙어사는 나방의 유충인 3센티미터가량의 애벌레를 넣는다. 이 애벌레는 아가베 웜(Agave Worm)이라 부른다. 이 술에 벌레를 넣는 이유로 보통 세 가지를 든다. 먼저, 과거에 술의 농도를 측정하기 어려웠던 시절, 주변에서 쉽게 구할 수 있는 벌레를 넣어서 썩지 않으면 적당한 농도로 술이 만들어졌다고 생각했다. 두 번째는 실수로 들어간 벌레가 메스칼의 맛을 좋게 했다고 해서 이후에도 벌레를 넣었다고 한다. 마지막으로 정력 강장제 역할을 위해서 벌레를 넣었다는 설도 있다.

이 술에 담긴 벌레는 보통 씹어 먹기보다는 한 번에 삼키는 것을 추천한다. 그리고 벌레는 병의 맨 아래 바닥에 가라앉아 있기 때문에 벌

세계적으로 유명한 멕시코 술의 원산지

레를 먹기 위해서는 술병을 모두 비워야 하는 '즐거움'이 있다. 이래저래 멕시코는 애주가를 즐겁게 하는 나라다.

칠레와 페루의 '원조' 싸움

피스코(Pisco)는 포도로 만든 증류주로 술의 도수는 보통 38~48도 정도이다. 피스코는 16세기 스페인의 정복자들이 본국에서 마시던 브랜디인 오루호(Orujo)를 대체하기 위해 페루 현지에서 키운 포도를 스페인에서 익힌 증류 기술을 이용해 만든 브랜디다. '피스코'는 이 스페인 사람들이 정착했던 페루의 항구 도시 이름이기도 하다.

피스코는 스트레이트로 마시기도 하지만, 보통 레몬, 라임, 설탕을

페루의 피스코 양조장

섞어 만든 피스코 사워(Pisco sour)나 콜라를 섞은 피스콜라(Piscola) 등의 칵테일 형태로 마신다. 페루의 '국민 칵테일'이라 할 수 있다. 피스코는 유리나 스테인리스 스틸 용기에 3개월 이상 저장하기 때문에 숙성 제품임에도 위스키나 코냑 등에서 맡을 수 있는 나무 향이 없다.

페루의 피스코 지역

칠레와 페루 양국은 이 피스코 때문에 전쟁을 벌이고 있다. '내가 원조다!'를 주장하는 '원조' 싸움이다. 총만 들지 않았을 뿐, 전쟁하듯이 사생결단으로 싸우고 있다. 일명 '피스코 전쟁(Pisco wars)'이다.

페루 정부는 피스코가 페루의 항구 도시 이름이고, 1540년부터 페루에서 제조되어 왔고 또 이곳에서 수출되며, 이 술을 담그기 위한 토기를 '피스코'라고도 불렀다고 주장했다. 페루 정부는 2003년부터 2월 첫 번째 토요일을 아예 '피스코 사워 국경일'로 제정하여, 자신의 술이라고 쐐기를 박았다.

이에 대해서 이웃 나라인 칠레는 피스코가 지금의 페루뿐만 아니라 칠레의 북부 지역에서도 생산되어 왔기 때문에 칠레도 당연히 '피스코'라는 명칭을 사용할 수 있다고 주장했다. 이에 페루 국민들은 강력히 반발했다. 태평양 전쟁으로 국토의 일부를 칠레에게 빼앗긴 페루로서는 당연한 반응이었다. 이에 칠레도 지지 않았다. 칠레가 페루보다 피스코의 생산량은 물론, 수출량도 3배 가까이 되며, 피스코가 처음 만들어질 당시 페루나 칠레 모두 스페인의 식민지였다는 '물귀신' 주장까지 펴고 있다.

전문가들은 이에 대한 해결책으로 양국의 합작을 제안했지만 소용없었다. 칠레는 페루산 피스코의 수입을 1961년 이후 금지해 왔고, 페루 역시 같은 조치로 맞대응하고 있다. 2006년, 세계지적소유권기구가 피스코에 대한 칠레 측의 주장도 타당성이 있다고 결정했다. 칠레 정부는 이를 바탕으로 두 나라 정부가 공동으로 피스코 판촉 활동에 나서자고 페루 측에 제안했지만 페루 정부는 이를 단호히 거절하며 피스코에 대한 독점적 권리를 주장했다. 전쟁에서 패배해 영토까지 빼앗긴 페루는 칠레에 어떤 양보도 하지 않을 태세다. 앞으로 '피스코 전쟁'이 어떻게 전개될지 두고 볼 일이다.

17

라틴아메리카의 사람들

갈등에서 포용으로

● 아메리카 대륙은 원래 텅 빈 땅이었다. 오래전 빙하기가 시작되면서 아시아와 아메리카가 베링 해협으로 연결되었다. 이 길을 통해 몽골 계통의 사람들이 아메리카 대륙으로 건너가서 아메리카 최초의 원주민이 되었다. 이들은 북아메리카를 거쳐 멕시코와 중앙아메리카를 지나 남아메리카로 내려갔다. 이후 유럽의 문화에 견줄 만한 자신만의 문명을 일구었다. 아즈텍, 마야, 잉카 문명이 바로 그것이다. 그러나 1492년, 콜럼버스를 시작으로 유럽의 백인들이 몰려오면서 그들의 평화로운 삶은 망가지기 시작했다. 300년에 걸친 식민 통치를 겪으며 그들의 몸과 마음은 더 피폐해져 갔다. 그 후유증은 지금도 계속 이어지고 있다.

백인들은 원주민과 사랑을 나누어 혼혈인 '메스티소'를 낳았다. 원주민들은 백인들이 가져온 질병과 그들에 의한 노동력 착취로 죽어갔다. 카리브해의 경우에는 90% 이상의 원주민이 죽었다는 통계도 있다. 노동력이 부족해지자 아프리카로부터 흑인 노예를 들여왔다. 20세기 들어서는 아시아, 특히 중국인 노동자들이 농장 노동자나 철도 건설 노동자로 라틴아메리카에 왔다. 텅 빈 대륙이 전 세계 모든 인종들의 집합 장소가 된 것이다.

대륙의 주인에서 노예로 전락하다

아메리카 원주민을 '인디오(Indio)'라고 부르기도 한다. '인디오'는 '인도 사람'을 의미하는데, 콜럼버스가 항해 후 처음으로 도착한 곳을 인도라 생각해서 붙여진 명칭이다. 잘못돼도 한참 잘못된 명칭이다.

1492년 이전까지 원주민들은 나름대로 평화롭게 살았다. '아메리카'의 어원이 된 이탈리아 출신의 탐험가 아메리고 베스푸치(Amerigo Vespucci)는 원주민에 대해서 다음과 같이 말했다. "신세계에서 그곳 사람들은 자연과 조화를 이루며 살아간다. 그들은 사유재산이 없다. 반대로 모든 것은 공동체의 것이다. 재산을 소유하고 있지 않기 때문에 그들에게는 정부도 필요 없다. 그들은 왕 같은 어떠한 형태의 권위도 없다. 각자가 바로 자신의 주인이 된다." 몽테뉴 역시 "오염되지 않은 자연의 법 아래서, 자연 상태 최초의 감미로운 자유 아래서 살아간다."라고 원주민들의 순수함을 찬양했다.

그러나 이들의 삶은 1492년 이후 완전히 달라졌다. 원주민들은 열등한 인종으로 취급당했다. '이성 없는 인간'이란 이데올로기로 이들을 옭아맨 유럽의 정복자들은 원주민에게 땅을 빼앗으면서 자신의 영역을 계속 넓혀갔다. 원주민들은 조상 대대로 살아오던 터전에서 산간벽지나 오지 밀림으로 쫓겨났다. 남아 있는 원주민들 역시 백인들의 노예가 되었다.

이 과정에서 원주민의 인간성을 둘러싼 논쟁이 스페인 사회에서 치열하게 벌어졌다. 도미니크회 수사인 몬테시노스는 스페인의 정복자나 가톨릭 교단에 "답해 보란 말이오. 당신들이 무슨 권리로, 무슨 정당한 이유로 이 원주민들을 노예로 삼아 그렇게도 잔혹하고 무시무시하게 대할 수 있단 말이요? 도대체 이들은 인간이 아니란 말이오? 그들은 이성을 가진 사람들이 아니란 말입니까?"라고 대들었다. 원주민의 인권과 스페인의 양심 회복을 위한 외침이었다. 이에 대해서 스페인의 대표적인 인문주의자인 후안 히네스 데 세풀베다는 "원주민은 인간의 형상을 하고 있을 뿐, 문화인이 아닌 야만인이기 때문에 군사적 정복만이 이들을 가톨릭으로 교화하고 선진 유럽 문명에 복속시킬 수 있다."라고 주장했다. 원주민의 진정한 인간성을 부정한 주장이었다.

이에 바르톨로메 데 라스 카사스(Bartolomé de Las Casas) 신부는 "원주민도 스페인 왕실의 신민이므로 스페인 왕실은 이들을 보호할 의무가 있으며, 원주민의 토지 소유권 역시 존중되어야 한다."라고 맞받아쳤다. 그는 이미 가톨릭의 잔인함과 난폭함을 고발한 전력이 있어서

'원주민의 보호자' 바르톨로메 데 라스 카사스 신부

'원주민의 보호자'로 인정받는 신부였다. 결국 스페인 왕실은 라스 카사스 신부의 주장을 받아들여 신법을 공포했다. 이 법은 "식민지에 사는 원주민은 스페인 국왕의 신민이므로 보호받아야 한다."라고 원주민의 기본권을 명시한, 원주민을 위한 법이었다. 이 법으로는 원주민을 노예로 만들 수 없었다. 1492년 콜럼버스의 신대륙 도착 후 50년이 지난, 1542년 11월의 일이었다.

원주민을 위한 법은 제정되었지만 원주민 사회는 이미 망가질 대로 망가져 있었다. 정복 이전에 존재했던 엄격한 규율, 강력한 가족 간의 유대, 높은 도덕 수준 등이 사라졌다. 원주민 원로들은 "스페인의 정복자들이 온 이후로 모든 것이 엉망이 되어 버렸다. (중략) 원주민 유지들이 죄인을 징벌할 권한을 잃어서 거짓말쟁이, 위증자, 간통자가 버젓이 거리를 활보한다. 원주민들 가운데 거짓말을 하고, 부정한 여인이 많이 생겨난 것도 바로 이 때문이다."라고 탄식했다.

이런 상황 속에서도 원주민들은 끊임없이 스페인 정복자와 그 후손, 그리고 메스티소 지주에 대항해서 다양한 방식으로 싸웠다. 강제 노동을 피해 도주하거나 집단 시위를 벌이는 소극적인 방식부터 무기를 들고 대항하는 적극적인 방식까지 저항의 방식도 다양했다.

19세기 들어 라틴아메리카는 약 300년에 걸친 식민 지배에서 벗어났다. 그러나 19세기를 지나 20세기에 들어서도 원주민의 처지는 크게 달라지지 않았다. 원주민들은 사회적으로 지위가 낮고 경제적으로 가난하고 정치적으로 소외되었다. 대부분 농민이었던 원주민들은 농촌의 빈곤에서 벗어나려고 도시로 이주하거나 광산에서 일하기도 했다. 그래서 20세기 내내 라틴아메리카에서 벌어진 농민 봉기, 노동자 파업, 도시 빈민의 폭동의 한가운데에는 늘 원주민이 있었다.

전체 인구 대비 원주민의 비율이 높은 나라로는 과테말라, 볼리비아, 에콰도르 등이 있다. 특히 볼리비아는 원주민 비율이 전체 인구 대비 약 56%에 달해서, 한때 원주민 대통령을 배출한 나라이기도 하다.

크리오요와 페닌술라르의 갈등

1492년 이후 스페인과 포르투갈의 정복자들이 라틴아메리카로 몰려들었다. 그 결과 16세기 들어서는 아메리카 현지에서 출생한 백인의 수가 증가했다. 이는 스페인 왕실이 신대륙에서의 자국민 정착을 장려한 결과였다. 17세기에 들어서자 초기 정복자들의 증손자 세대가 나타났다. 스페인 왕실의 입장에서 이들의 등장은 매우 바람직한 현상이었다. 스페인 정복자들의 순수한 후손의 숫자가 많아진다는 것은 스페인 왕실의 입지가 강화됨을 의미했기 때문이다.

그러나 이 백인들 사이에서도 갈등은 존재했다. 바로 식민지에서 태어난 스페인 사람인 크리오요(Criollo)와 스페인 본국에서 태어난 스페인 사람인 페닌술라르(Peninsular) 간의 분열이었다. 법적으로 차별은 없었지만 식민 지배 시기 동안 식민지 정부는 공직이나 고위 성직 임명에서, 또는 경제 활동에서 크리오요들을 차별한 반면 본토 출신의 신출내기들을 중용했다. 아무래도 페닌술라르들이 크리오요보다 관직을 임명하는 궁정에 더 가까이 있었기 때문이다. 스페인 국왕들 역시 크리오요를 그다지 신뢰하지 않았다.

그러나 크리오요들은 자신이 태어나고 자란 아메리카에 대한 애정이 각별했다. 17세기 들어 크리오요들은 수적인 면에서도 페닌술라르들을 능가했다. 이런 상황에서 크리오요들은 스페인에서 온 별 볼 일 없는 인물들을 탐탁지 않게 여겼다. 이들은 국왕과 식민지 관리들의 편파적인 배려로 공직을 차지했기 때문이었다. 능력 없는 풋내기 페닌술라르들에게 불만을 갖게 되는 것은 어쩌면 당연한 일이었다.

한 멕시코 시인은 크리오요의 불평을 다음과 같은 시로 표현했다.

> 스페인이여, 우리에게 당신은 잔혹한 계모였고,
> 낯선 이들에게 당신은 인자한 어머니였네.
> 당신, 그들에게는 소중한 보물을 통째로 내주고,
> 우리에게는 근심과 위험만 나눠준단 말인가.

백인 계층의 분열은 갈수록 심해졌다. 페닌술라르들은 크리오요들이 나태하고 무능하다고 비난했다. 아메리카의 기후를 비롯한 환경적 요인까지 들먹였다. 반면에 크리오요들은 페닌술라르들이 비열하고 탐욕스러운 졸부라며 맞대응했다. 크리오요들은 광산이나 대농장 등을 통해 부를 쌓는 한편, 부당한 차별 대우에 대한 분노를 키워갔다. 이러한 크리오요들의 분노는 19세기 초에 일어난 라틴아메리카 독립에 결정적인 역할을 했다.

세계에서 가장 우수한 인종

메스티소(Mestizo)는 원래 백인과 원주민 사이에서 태어난 혼혈을 가리킨다. 그러나 지금은 그 범위를 더 넓혀서 '혼혈'의 의미로 사용된다. 정복 초기에는 스페인 여자들의 숫자가 부족해서 스페인 왕실과 교회는 스페인 사람과 원주민 간의 결합을 장려했다. 그러나 "지체 높은 스페인 사람 중 인디오나 흑인 여성과 결혼하려는 사람은 아무도 없다."라는 말에서 알 수 있듯이 원주민에 대한 호의적인 태도는 시간이 갈수록 변했다.

또한 많은 메스티소들 역시 자신을 '비정상적인 결합'의 산물로 생각하기도 했다. 수공업 노동자, 관리인 등 중하류층에 속했던 메스티소들도 있었지만 원주민처럼 날품팔이 일꾼이나 가난한 농사꾼도 있었다. 이들은 원주민 사회나 스페인 사회 양쪽의 멸시와 불신의 대상이 되어 어느 쪽에도 끼지 못하는 모호한 위치에 있었다.

그러나 이 메스티소들은 1921년, 멕시코 혁명이 끝난 후에 화려하게 부활했다. 멕시코의 교육부 장관 호세 바스콘셀로스는 메스티소를 '보편적 인종'으로 불렀다. 그는 인종을 5단계로 구분했다. 1단계는 흑인, 2단계는 아메리카 원주민, 3단계는 아시아 황인종, 4단계는 백인, 마지막으로 5단계는 메스티소로 규정했다. 궁극적으로 메스티소가 결국 세상을 지배할 것이라는 주장이었다. 그는 "메스티소는 백인, 흑인, 유색인, 원주민이 섞인 우주적 인종이며 이 때문에 지구의 미래는 라틴아메리카에 있다."고 말하기까지 했다. 즉 메스티소가 여러 피가 섞인 만큼 이방인에 대한 공감력과 포용력이 남달라서 다른 대륙의 사람들을 제대로 이끌 수 있다는 주장이다. 여기에는 세계에서 가장 우수한 인종인 메스티소를 중심으로 국가를 하나로 통합하려는 의도도 담겨 있었다.

21세기 들어 라틴아메리카에서 '메스티소'라는 정체성은 정치, 경제, 사회적인 조건에 따라 변화하고 있다. 즉 오늘날의 메스티소는 정치, 경제적으로 성공한 메스티소부터 하류 계층에 머물고 있는 메스티소까지 다양한 층으로 구성되어 있다.

하얀 설탕을 만든 검은 흑인

3미터에 달하는 거대한 식물인 사탕수수 수확에는 벼농사에서처럼 가축을 동원할 수 없었다. 모종을 심는 일에서부터 기르고 수확하는 일에 이르기까지 모든 과정에는 사람의 힘과 노력이 필요했다. 농사 자체에도 많은 노동력이 들어가지만 수확 후 설탕을 정제하는 과정에서도 만만치 않은 노동력이 요구되었다. 사탕수수 줄기 안에는 설탕 성분을 저장한 부분이 있는데 시간이 지나면 이 부분이 차츰 딱딱하게 굳어지기 때문에 한꺼번에 수확한 다음 곧바로 정제해야 했다. 다른 작물처럼 가공을 기다릴 여유가 없어 사탕수수 농업은 다른 농업처럼 여유롭고 느긋하지 않았다. '사탕수수 재배 이전의

세네갈 고레 섬의 '노예의 집' 앞에 설치된 노예 해방 기념비

대부분의 농업에는 노예가 필요하지 않았다'는 말이 나오는 이유가 바로 이 때문이다.

대규모 사탕수수 농장과 정제 공장이 들어서기 시작한 아메리카 대륙은 당연히 엄청난 노동력을 필요로 했다. 1492년 이후 거의 몰살되다시피한 카리브해 지역의 원주민을 대신해 아프리카 출신의 흑인 노예들이 등장했다. 이들은 16세기부터 19세기까지 약 300년 동안 아메리카 대륙으로 들어왔는데 그 수가 약 1,100만 명으로 추산된다. 이 중에서 약 450만 명의 흑인들이 사탕수수 플랜테이션이 '성업 중'이던 카리브해 지역으로 보내졌다.

"사탕수수가 있는 곳에 노예가 있다."라는 말이 생길 정도로 흑인 노예와 사탕수수 재배는 밀접한 관계였다. 약 400만 명 이상의 또 다른 흑인들은 브라질로 보내져서 역시 사탕수수 농장이나 광산에서 일했다. 멕시코 역시 흑인 노동력에 대한 수요가 급증했다. 인디오들이 유럽의 역병에 쓰러지면서 노동력이 부족해졌기 때문이다. "그들을 데리고 있는 것이 좋은 것은 아니다. 그러나 그들을 데리고 있지 않은 것보다는 훨씬 낫다"라는 말이 당시의 멕시코 은광 지역에서 유행될 정도로 이들은 16세기 말경에 멕시코 광산 경제에서 필수적인 존재였다.

이렇게 흑인들이 유입되면서 라틴아메리카에서 인종 구성의 변화가 일어났다. 흑인과 백인 사이의 혼혈인 '물라토(Mulato)'와 흑인과 원주민 사이의 혼혈인 '삼보(Zambo)'가 새로 등장했다. 그러나 이후

각 인종 간, 또는 이들 사이에서 태어난 혼혈들 사이에 또 다른 혼혈이 탄생했다. 그 결과 '흑인의 피가 4분의 1이 섞인 백인'을 의미하는 쿠아르테론(cuarterón)이나 '흑인의 피가 8분의 1이 섞인 백인'을 의미하는 옥토론(octorón)과 같은 용어들은 무의미해졌다.

언젠가 '노예의 집(Maison des Esclaves)'을 다룬 TV 다큐멘터리 프로그램을 본 적이 있다. 이 '노예의 집'은 아프리카 세네갈의 수도 다카르에서 2킬로미터 떨어진 고레(Gorée) 섬에 있다. 이곳은 아프리카 깊숙한 곳에서 붙잡힌 흑인들이 노예로 팔려나가기 전에 머물던 마지막 장소였다. 창도 없는 작은 감방에 머무르면서 쇠사슬에 묶여 있다가 배가 오면 바다로 나 있는 작은 문을 통해 배로 옮겨져 라틴아메리카의 사탕수수 농장으로 팔려 갔다. TV를 보면서 '폴란드의 아우슈비츠 수용소와 과연 무엇이 다른가?'라는 의문을 가졌던 기억이 있다.

중국인 계약 노동자

2000년대 초 라틴아메리카를 여행할 때였다. 페루의 어느 소도시 한복판에서 'Restaurante chino(중국 식당)'란 간판을 발견했다. 장기간의 여행으로 한식이나 그와 비슷한 음식에 대한 그리움과 먹고 싶은 욕구가 슬금슬금 올라오던 때였다. 욕구 해소의 공간을 만났다는 반가운 마음과 함께 '그런데 이런 시골 동네에도 중국 사람이 있었네? 그것도 주위를 압도하는 듯한 2층 건물에 중국집이?'라는 궁금증

페루의 차이나타운

을 가졌었다.

중국인들은 1847년에 처음으로 계약 노동자 신분으로 쿠바에 들어왔다. 이들은 19세기 후반에 청나라의 인구가 이미 4억을 넘어서서 자국민을 해외로 내보낼 필요성에 의해서 들어온 사람들이었다. 여기에는 대농장주들의 값싼 노동력의 유입 요구도 한몫을 했다. 노예 거래 금지와 노예 해방이 진행되면서 라틴아메리카 내 흑인 노동력이 점차 줄어들었기 때문이다. 이에 정부는 기존의 흑인 노동력을 대신할 수 있는 노동력을 쉽게 들여올 수 있도록 새로운 이민법을 제정했다. 중국인 노동자들을 손쉽게 받아들일 수 있는 합법적인 토대가 마련된 것이다.

흑인 노예의 경우, 농장주가 노동과 생존에 관한 모든 것을 관리하고 책임져야 했다. 그러나 중국인 노동자의 경우에는 그럴 필요가 없었다. 중국인 노동자들은 농장주가 모든 것을 책임지는 노예가 아닌 스스로 자신의 삶을 책임지는 계약 노동자였기 때문이다. 노동생산성의 면에 있어서도 중국인 계약 노동자들이 흑인 노예보다 더 높아 농장주들은 중국인 계약 노동자를 더 원했다. 이런 현상은 19세기 후반까지 계속되었다.

쿠바에 이어 페루에도 중국인 노동자가 많이 들어왔다. 1840년대 전성기를 구가하던 구아노 채취를 위한 것이었다. 1840년대 구아노는 페루 경제에서 큰 비중을 차지했다. 초기에는 죄수들을 태평양 연안에 있는 섬에 가두고 구아노를 채취시켰지만, 이후 페루 정부는 1849년에 이민법을 제정하면서 중국인 노동자를 들여왔다. 1874년까지 약 12만 명의 중국인 계약 노동자들이 페루로 이주했다.

1850년대 초반에는 많은 중국인 노동자들이 철도 건설을 위해서 파나마로 갔다. 이들은 공사가 끝난 후 19세기 후반까지 라틴아메리카 각지로 흩어졌다. 라틴아메리카 곳곳에 차이나타운이나 '중국집'이 있는 이유다.

라틴아메리카의 인종주의

이렇게 해서 라틴아메리카는 이 세상의 모든 인종들이 살고 있는 대륙이 되었다. "그렇다면 라틴아메리카에는 인종주의가 없는 걸까?" 여행 내내 따라다닌 의문이었다. 여기서 '인종주의'라 함은 '인종 사이에 유전적 우열이 있다고 하여 인종적 멸시, 박해, 차별 따위를 정당화하는 주의'를 말한다. 여행에서 돌아와 관련 자료들을 부지런히 찾아보았다. 여행자는 당연히 겉으로 보이는 것으로만 판단할 수 밖에 없기 때문에 '인종주의의 유무'를 판단하기에는 한계가 있었다.

콜롬비아의 한 사회학자는 콜롬비아 흑인 문제를 다루면서 "콜롬비아에서 인종주의가 없다는 신화는 최대의 인종차별적인 표현이다."라고 일갈했다. 이는 비단 콜롬비아만의 문제가 아니라는 사실을 김기현 교수의 논문 〈메스티사헤(Mestizaje) 이후의 라틴아메리카 인종주의〉에서 확인할 수 있었다.

"콜롬비아뿐만 아니라 라틴아메리카에는 인종 문제에 있어 일반적으로 다음과 같은 신화가 존재한다. '라틴아메리카에는 혼혈과 인종 통합 정책이 성공적으로 수행됨으로써 인종 문제가 존재하지 않는다. 따라서 미국에서의 차별이 사회적이라기보다 인종적인 것이라면, 라틴아메리카에서의 차별은 인종적이라기보다 사회적인 것이다. 그러므로 라틴아메리카는 인종 문제 해결의 모델이라 할 수 있다.' 그러나 라틴아메리카의 인종 문제는 혼혈의 이데올로기와 국가 통합 정책에 따라 비록 그 심각성이 크게 부각되지 않았을 뿐 문제가 결코 작은 것은 아니다. 우리가 라틴아메리카를 볼 때 가장 당황스러운 사실 중 하나는 눈에 보이는 인종차별적 현상에도 불구하고, 인종주의의 존재가 부정된다는 점이다."

'다양한 인종이 함께 어울려 살고 있어서 인종 차별이나 인종적 갈등은 없을 거야'라고 생각했던 순진한 여행자를 다시금 돌아보게 하는 내용이다. 결국 라틴아메리카에서도 여전히 인종주의가 존재한다는 얘기다.

그러고 보니 여행 중에 시청했던 현지 TV 프로그램의 앵커, 배우, 패널 등 출연자 대부분이 흑인이나 메스티소가 아닌 얼굴이 허여멀건 한 백인들이었다. 라틴아메리카라는 대륙은 스페인의 침략 이후부터 이미 '기울어진 운동장'이었던 것은 아닐까?

18

가톨릭

갈색 피부의 성모 마리아

"당신이 떠나는 첫 번째 원정의 목표가 하느님께 봉사하고 기독교 신앙을 전파하는 것이라는 점을 처음부터 명심하시오. 그러므로 당신은 어떤 종류의 신성 모독이나 음탕함도 허용해서는 안 됩니다. (중략) 마지막으로 당부하건대, 어둠 속에서 사는 사람들에게 진정한 믿음과 하느님의 교회의 지식을 전파할 기회를 결코 놓쳐서는 안 됩니다."

이는 쿠바를 통치하고 있던 벨라스케스가 아즈텍 제국을 정복한 코르테스에게 했던 말이다. 이처럼 스페인은 황금에 눈이 멀었으면서도 정복의 명분을 이교도에게 가톨릭을 전파하는 것으로 포장했다.

영혼의 정복

금 사냥과 함께 진행된 '영혼의 정복' 사업은 초기에 성공적으로 진행되는 듯했다. 1524년, 멕시코에 온 프란시스코 교단의 한 사제는 "일요일이나 종교 축일뿐만 아니라 평일에도 많은 사람들이 세례를 받으러 온다. 어린이든, 어른이든, 건강한 자든, 병든 자든, 지역을 막론하고 찾아온다. 사제들이 출타하면 원주민들은 어린애를 안거나 병자를 등에 업고 거리로 나온다. 심지어 늙고 노쇠한 사람들도 노상에 나와 세례받기를 원한다."라고 전했다. 아즈텍 제국이 함락(1521년)된 지 15년만인 1536년에 400만 명 이상이 세례를 받았고, 1541년에는 원주민 신도가 900만 명을 넘었다는 통계도 있다. 사제들은 원주민의 언어에 정통했고 원주민 사회의 관습을 연구했다. 교리문답서를 발간하고 학교를 지었다. 사제들은 이러한 선교 전략으로 원주민들을 개종해 나가면서 '영혼의 정복' 사업은 어느 정도 성공적이라고 생각했다.

그러나 실제로 원주민의 가톨릭 신앙에 대한 믿음의 수준은 형편없었다. 원주민들은 일요일 낮에는 미사를 드리지만 집에 돌아오면 여전히 자신의 신앙에 충실했다. 이는 수사들이 원주민의 정신세계를 제대로 이해하지 못한 결과였다. 에두아르도 갈레아노의 《불의 기억》에는 원주민들의 가톨릭을 대하는 마음가짐을 알 수 있는 대목이 있다.

"18세기 과테말라 원주민들은 미사에 빠지면 채찍 여덟 대를 맞아야 했다. 원주민들에게 미사는, 땅에 바치는 매일의 의식인 들일을 일 년에 50번씩이나 방해하는 것일 뿐이다. 일부 원주민들은 광장의 처벌대에 묶이는 고난을 피하기 위해 고해실 제단 앞에 무릎을 꿇지만 자신들의 신인 '옥수수신'을 경배한다. 그리고 아이를 낳으면 세례를 받기 전에 아이를 안고 먼저 산속 깊은 곳으로 가서 그들의 신에게 고한다."

이처럼 가톨릭은 원주민들의 마음속에 온전히 들어가 있지 않았다.

바르톨로메 데 라스 카사스의《인디아스 파괴에 관한 간략 보고서》에 나오는 대목 역시 원주민의 가톨릭에 대한 거부감을 잘 보여주고 있다.

"쿠바의 족장 아투에이는 화형을 당했다. 사형장에 선 아투에이에게 사제는 하나님의 말을 믿으면 영광과 영원한 휴식이 있는 하늘나라로 갈 수 있지만, 그렇지 않으면 지옥에 간다고 말했다. 잠시 동안 생각에 잠긴 아투에이는 가톨릭 교인들도 하늘나라에 가느냐고 진지하게 물었다. 사제는 '그렇다'는 대답과 함께 선한 사람들만 하늘나라에 간다고 덧붙였다. 그러자 아투에이는 더 이상 생각할 것도 없이 그곳에 가길 원치 않는다고 답했다. 가톨릭 교인이 있는 곳에는 가고 싶지 않고, 잔인한 사람들을 보고 싶지도 않으므로 자신은 지옥에 가겠다고 말했다."

종교의 이름으로 원주민들에게 자행했던 스페인 정복자들의 만행이 어떠했는지를 잘 알 수 있는 대목이다.

그래서 식민지 초기, 일부 젊은 성직자들은 "만약 스페인 왕실이 참다운 복음화를 원한다면 십자가와 칼이 함께 가서는 안 된다."라고 스페인 왕실의 탐욕을 지적하기도 했지만, 공허한 외침에 불과했다. 스페인 왕실의 궁극적인 목표는 영광(Glory), 황금(Gold), 신(God) 등의 3G 중에서 당연히 황금(Gold)이었기 때문이다. 이러한 양심에 대한 호소나 외침이 스페인 왕실에 제대로 먹힐 리가 없었다.

스페인 왕실과 밀접한 관계를 맺으면서 300년 동안 세를 확장했던 교회 세력은 19세기 초 라틴아메리카의 독립전쟁이 시작되면서 위기를 맞았다. 전쟁 기간 동안에 교회 상층부는 스페인 왕실에 충성했지만, 일반 사제들은 독립 세력을 지원했다. 각국의 독립 후에도 이러한 갈등은 여전히 해결되지 않았다. 신생 독립국은 가톨릭을 국교로 헌법에 명시했지만, 교회의 힘을 빼기 위해서 수도원을 폐쇄하고, 교회 소유의 토지를 국가에 귀속시켰다.

교회 내부에서도 첨예한 갈등이 존재했다. 전통적인 교회 지도부와 교회 내 진보 세력 간의 대립이 바로 그것이었다. 전통적인 교회 지도부는 식민시대에 했던 대로 교회가 국민 생활 전반을 지배해야 한다는 주장을 폈다. 반면에 교회 내 진보 세력은 교회가 사회의 변화를 수용하고 다시 종교의 근원으로 돌아가 '가난한 사람들의 교회'가 되어야 한다고 역설했다.

이 두 견해가 서로 맞서는 가운데 21세기 들어서 개신교의 영향력이 커졌다. 이는 가톨릭 교회의 종교적 우위에 대한 중대한 도전이 되었다. 라틴아메리카의 가톨릭 인구는 그 수가 갈수록 가파르게 줄어들고 있는 반면 가톨릭에서 개신교로 옮겨가는 신자의 수는 점점 더 늘어나고 있는 추세다. 2014년에 미국의 한 연구소에서 실시한 설문조사의 결과도 이를 뒷받침한다. 이 연구소는 라틴아메리카 18개 나라 3만 명을 대상으로 설문조사를 실시했다. 그 결과 응답자의 84%가 가톨릭교회 안에서 자랐다고 대답했지만 자신이 가톨릭 신자라고 답한 비율은 69%에 불과했다. 이런 추세가 계속된다면 "세계에서 가톨릭 인구가 가장 많은 브라질조차도 2030년이 되면 더 이상 가톨릭 신자가 다수인 국가로 남지 않을 것"이라는 지적은 점점 더 설득력을 얻을 것이다.

가톨릭은 지난 500년 이상 동안 라틴아메리카의 정치, 경제, 사회, 문화 등 거의 모든 분야에서 지대한 영향을 끼쳐 왔다. "신자들에게 더욱 선교적인 마음 자세를 갖고 사회 언저리에 있는 사람에게 다가가 신앙을 전하라."는 프란치스코 교황의 호소를 가톨릭교회가 어떻게 행동으로 옮길지 지켜볼 일이다.

원주민의 보호자, 예수회

한 신부가 맨발로 이구아수 폭포를 기어 올라가 오보에를 꺼내 분다. 밀림 속으로 엔리오 모리꼬네의 '가브리엘의 오보에'가 울려 퍼진다. 영화 〈미션〉의 첫 장면이다. 이 영화에 등장하는 신부들이 바로 예수회 소속이다.

예수회 신부와 원주민을 묘사한 스테인드 글라스. 멕시코 푸에블라에 위치한 라 캄파니아 교회

영화에서뿐만 아니라 실제로도 예수회는 이구아수 폭포 인근에 사는 과라니족을 대상으로 선교 활동을 폈다. 16세기 초반 가톨릭교회는 '타블라 라사(Tabla rasa)', 즉 원주민을 '백지상태'로 간주하고 이들의 고유문화를 무시한 채, 가톨릭을 일방적으로 주입시키는 정책을 폈다. 이러한 원주민의 정서를 이해하지 않았던 선교 정책은 많은 문제점을 야기했다.

이에 반해 예수회는 원주민의 의식 세계를 먼저 이해하고 그들의 정서에 맞는 선교 방법을 사용했다. 예수회 선교사들은 스스로 원주민을 가장 잘 이해하는 전문가이자 그들의 진정한 보호자가 되고자 했다. 특히 원주민의 교육 사업에 치중하여 원주민의 정신세계에 큰 영향을 끼쳤다.

'레둑시오네스(Reducciones)'는 원주민의 교화를 목적으로 건설했던 마을 또는 정책을 의미한다. 예수회 선교사들은 영화 〈미션〉에 나온 것처럼 원주민 마을을 찾아다니면서 그 사회에 동화되었다. 더 나아가 경제적으로 자급자족할 수 있는 공동체 건설에 힘을 쏟았다. 그 결과, 과라니족은 다른 원주민들처럼 강제 노역에 시달리지 않고 함께 일하면서 만든 부를 공정하게 나누었다. 강제 노역에 시달렸던 다른 지역의 원주민들이 대농장에서 탈출하여 공동체에 합류하는 일도 빈번히 일어났다. 예수회가 만든 공동체에서 인간다운 삶을 영위하고자 함이었다. 이러한 공동체는 1750년에 지금의 아르헨티나, 파라과이, 브라질 등지에만 약 30여 개가 건설되었다.

그러나 예수회의 이러한 빛나는 업적에 대한 스페인 왕실, 다른 수도회, 식민지 당국, 대지주들의 시선은 곱지 않았다. 그동안 짬짜미로 자신들의 부를 축적해 왔던 기득권 세력의 반발로 결국 1767년에 카를로스 3세는 스페인 본토와 라틴아메리카에서 모든 예수회원들을 추방시켰다. 예수회가 지닌 권력이 교회나 귀족의 그것과 양립할 수 없다는 스페인 왕실의 생각은 확고했다. 포르투갈, 프랑스, 지금의 브라질 지역 등에서도 예수회원들이 추방당했다. 1773년에는 교황이 한때 자신의 보디가드이자 전사(戰士)였던 예수회를 전격 폐지하기까지 했다.

멕시코 부왕은 "그들은 이 광대한 제국에 사는 전 주민의 마음을 사로잡고 있었다."라는 말로 예수회 추방에 대한 안타까운 심정을 표현하기도 했다. 실제로 예수회의 추방으로 학교, 복지시설 등 사회기반이 붕괴되면서 라틴아메리카는 큰 손실을 입었다. 비록 외부의 힘에 의해서 추방되었지만 라틴아메리카에서 예수회의 그림자는 매우 깊고 넓었다. 예수회원들은 대농장주의 조직적인 폭력에 맞서는 진정한 원주민 보호자로 원주민들에게 자립심을 심어 주었다. 또한 식민지의 역사 집필을 통해서 라틴아메리카의 근본을 정리해 놓았다. 이는 후에 라틴아메리카에 뿌리를 둔 크리오요와 메스티소들에게 자신의 정체성을 고민하게 만들었고, 이들을 라틴아메리카 독립전쟁의 주역으로 나서게 하는 데 큰 역할을 했다.

'대지의 어머니'가 '성모 마리아'로

멕시코 사람들은 삶이 힘들 때면 멕시코시티에 있는 과달루페 성모 성당(Basílica de Santa María de Guadalupe)을 즐겨 찾는다. 이 성당은 기둥 없는 반원형 형태로, 모세가 40년 동안 광야에서 사용한 천막을 형상화한 것이다. '세계 3대 성모 발현지'로도 알려진 이 성당에는 갈색 피부의 성모 마리아가 모셔져 있다. 그런데 성모 마리아의 피부가 갈색이라니?

16세기 초, 멕시코시티 북쪽 테페약 언덕에서 믿을 수 없는 일이 일어났다. 어느 날 후안 디에고라는 원주민이 사제에게 헐레벌떡 달려와서 말했다.

"사제님, 테페약 언덕에서 갈색 피부의 성모 마리아를 만났는데, 그곳에 성당을 지으라고 말하셨습니다. 그런데 스페인어가 아닌 아즈텍의 언어인 나우아틀어로 제게 말씀하셨습니다."

이 말을 들은 스페인 사제는 그의 말을 믿지 않았다.

"어떻게 고귀하신 성모 마리아가 하찮은 네 앞에 나타날 수 있느냐?"

사제의 반응에 후안은 몹시 실망하여 돌아갔다.

이튿날, 후안 앞에 성모 마리아가 다시 나타났다. 이번에는 후안이 성모 마리아에게 진짜 성모 마리아임을 나타낼 수 있는 증거를 달라고 했다. 이에 성모 마리아는 장미가 피어 있는 곳을 알려주면서 "그곳에 핀 장미를 꺾어 가라."고 말했다. 그런데 그곳은 삭막한 바위 언덕인 데다 계절은 겨울이었다. 반신반의한 후안은 그곳으로 달려갔다. 그런데 성모 마리아의 말대로 진짜 장미가 만발해 있었다. 후안은 장미 한 다발을 꺾어서 사제에게 가져갔다. 겨울에 볼 수 없는 장미를

지반 침하로 붕괴 위험이 있는 옛 성당(우) 옆에 건립된 과달루페 성모 성당(좌)

후안이 들고 오자 사제는 놀랐다. 더욱이 장미꽃을 담아온 망토에는 성모 마리아의 형상까지 나타났다. 이후 성당 건축은 일사천리로 진행되었다. 성당은 1567년에 완공되었고 성모의 모습은 현재 과달루페 대성당의 중앙 제대 위에 전시되어 있다.

갈색 피부의 과달루페 성모

이후 이 지역 원주민들은 가톨릭으로 기꺼이 개종했다. 이때부터 테페약 언덕은 성지가 되었다. 이곳은 원래 아즈텍 제국 시절에 토난친(Tonantzin)이라는 여신을 숭배하던 신전이 있던 곳이었다. 결과적으로 아즈텍인들이 '대지의 어머니'로 숭배했던 토난친 여신이 성모 마리아로 자리바꿈한 것이었다. 토착 여신의 이미지를 가진 성모 마리아는 토착 신앙과 가톨릭 신앙을 결합시키는 역할을 했다. 원주민들은 이 과달루페 성모를 통해 스페인의 정복으로 빼앗겼던 어머니를 되찾을 수 있었다. 메스티소들 역시 성모 마리아와 토난친 여신의 만남을 통해 '사생아'라는 자신의 근원을 되돌아보고 그 정체성을 회복하는 계기로 삼았다.

과달루페 성모 덕분에 신자가 늘자, 초기에 인정받지 못했던 갈색 피부의 성모 마리아는 1754년 교황 베네딕토 14세에 의해서 누에바 에스파냐(지금의 멕시코)의 수호성인으로 인정받았다. 멕시코 독립 이후에는 국가의 성모로 추대되었다. 미국에 사는 멕시코인들은 과달루페 성모 축일인 12월 12일을 크리스마스보다 더 성대하게 치른다. 2001년 12월에는 이곳에서 성모 마리아의 발현 소식을 전한 후안 디에고가 교황 요한 바오로 2세에 의해 성인으로 추종되었다.

과달루페 대성당은 갈색 피부의 성모 마리아를 만나려는 신자들로 일 년 내내 인산인해를 이룬다. 멕시코엔 "가톨릭 신자가 아니더라도 과달루페 성모를 믿지 않으면 진정한 멕시코인이라고 할 수 없다."는 말이 있다. 과달루페 성모가 종교 이상의 의미가 있다는 말이다. 실제로 1810년에 멕시코 독립전쟁을 이끌었던 미겔 이달고 신부는 과달루페 성모가 그려진 깃발 아래 민중의 열망을 한데 모아 결국 독립을 이뤄냈다. 종교를 넘어 중요한 역사의 현장에도 어김없이 과달루페 성모가 등장한 것이다. 과달루페 성모가 멕시코의 국가적인 상징임을 여실히 보여주는 사례다.

브라질의 흑인 성모

멕시코에 갈색 피부의 성모 마리아가 있다면, 브라질에는 검은 피부의 성모 마리아가 있다. 상파울루 근교의 아파레시다 성모 성당(Basílica de Nuestra Señora Aparecida)은 세계에서 세 번째로 큰 성당이자 브라질 가톨릭의 성지다. 검은 얼굴의 성모 마리아가 이곳에 모셔지게 된 까닭은 다음과 같다.

아파레시다 성모상은 1717년 10월 12일 브라질 남동부 파라이바 강에서 고기를 잡던 세 명의 어부에 의해서 발견되었다. 유달리 고기가 잡히지 않던 어느 날, 이들이 던진 그물에 검은 피부의 성모 마리아 조각상 파편들이 걸렸다. 어부들은 이 파편들을 잘 닦아서 천으로 싸서 배에 보관한 후 다시 그물을 던졌는데, 전과 달리 고기가 많이 잡혔다. 이들 중 펠리페 페드로소라는 어부가 이 성모상을 자신의 집에 모셨다. 이후 이 성모상의 '약발'에 기대려는 사람들이 많이 찾아오면서 많은 사람들이 기도를 드리고 싶어 하는 명소가 되었다. 페드로소는 이 성모상을 위한 작은 예배당을 지었다. 이후 이 작은 예배당은 그 규모가 커져서 현재 45,000명의 신자들이 예배를 볼 수 있는 대성당이 되었다. 프란치스코 교황이 2013년 7월에 이 성당을 방문하고 검은 성모를 위한 미사를 드리기도 했다.

검은 피부의 아파레시다 성모를 붙들고 간절하게 기도하는 브라질인

"그 성모의 얼굴이 곧 브라질 민중의 얼굴이다."라고 말할 정도로 이 검은 얼굴의 성모에 대한 브라질인들의 애정과 존경심은 남다르다.

19

콜럼버스의 교환

모두에게 도움을 준 불평등한 거래

● 교환은 서로 주고받는 것이다. 콜럼버스가 아메리카에 도착한 이후, 유럽인들은 아메리카에 주고 또 받았다. '준 것'으로는 설탕, 커피, 바나나, 포도, 올리브, 밀, 오렌지, 쌀, 말, 소, 돼지, 양 등이 있다. 여기에는 천연두나 홍역, 말라리아와 같은 몹쓸 질병도 포함된다. 반대로 '받은 것'은 고추, 담배, 옥수수, 감자, 고구마, 토마토, 카카오, 칠면조 등이다.

콜럼버스의 교환

이 두 대륙 간의 교환을 '콜럼버스의 교환'이라 부른다. 이 말은 1972년, 미국 출신의 역사학자인 알프레드 크로스비가 《콜럼버스의 교환 : 1492년의 생물학적 물리학적 결과》라는 책에서 처음으로 사용했다. 그는 천연두가 몰고 온 파장에 주목했다.

"역병은 단순히 제국의 구성원들을 죽여 없앤 것만은 아니었다. 역병은 원주민 제국의 권력 구조를 뒤흔들었고, 그 지도자들을 쓰러뜨렸으며, 그 지도자들이 정상적으로 교체되는 과정을 교란시켰다."

천연두가 아즈텍 문명과 잉카 문명의 정복에 가장 효과적인 원군이었음을 밝히고 있는 것이다. 그는 이어서 "그런 의미에서 라틴아메리카의 정복은 군사적이고 정치적인 점령이라기보다는 생물학적 사건인 셈이다."라고 주장했다.

이렇게 '손쉽게' 아메리카를 정복한 유럽인들은 소, 말, 돼지 등을 유럽에서 들여왔다. 그 수가 폭발적으로 증가하면서 원주민들의 생활환경에 큰 변화가 일어났다. 말은 넓은 초원에서 들소 몰이 사냥이나 대규모 목축을 가능하게 했고, 소나 돼지는 원주민들의 전통적인 농경 체제인 소규모 농업을 붕괴시켰다. 이는 반대로 정복자들의 통치를 용이하게 하는 데 중요한 역할을 했음을 의미했다.

반대로 신대륙에서 들여온 감자, 토마토, 카카오 등은 유럽인에게 없어서는 안 될 중요한 '물건'이었다. 예를 들어, 감자는 18세기 아일랜드와 독일에 꼭 필요한 작물이 되었다. 토마토 역시 유럽인들의 식탁에서 빠질 수 없는 식재료로 한 자리를 차지했다.

이러한 교환은 유럽과 아메리카뿐만 아니라 전 세계인에게 큰 영향을 끼쳤다. 우리가 매운 음식을 즐기거나 담배를 피우는 것 모두 콜럼버스의 교환 덕분이었다. '콜럼버스의 교환물' 중에서 아메리카 대륙에서 유럽으로 건너간 후 전 세계에 큰 영향을 끼쳤던 옥수수, 감자, 토마토, 카카오 등을 중심으로 살펴보자.

기적의 곡식, 옥수수

"아메리카 원주민들이 만든 기적의 곡식인 옥수수가 아니었으면 유럽 사람들이 오기 전 이곳에 거주하고 있던 2,000만 명에 가까운 사람들에게 영양을 공급할 식량이 없었을 것이다."

스페인의 선교사 후안 카르데나스의 말이다. 프랑스 출신의 역사학자 페르낭 브로델도 "옥수수가 없었다면 마야나 아즈텍의 거대한 피라미드도, 쿠스코의 성벽도, 마추픽추의 인상적이고 놀라운 건축물도 없었을 것이다."라고 옥수수의 역사적인 공헌도를 언급한 데 이어 "노동력이 많이 요구되면서도 수확이 적은 밀을 재배한 유럽은 착취가 심해 농민 반란이 끊이지 않은 반면, 옥수수가 주식이던 신대륙은 그만큼 여유 시간이 많아 거대한 신전을 세우고 종교의식이 발달했다."라고 말하며 밀에 대한 옥수수의 상대적인 우월성을 주장했다. 이처럼 옥수수는 고지대에서 해안 저지대

품종과 색깔이 다양한 아메리카의 옥수수

까지 지형과 기후에 상관없이 재배가 가능할 뿐만 아니라 씨앗 하나로 100배 이상 수확할 수 있는 작물이었다. 또한 그 어떤 작물보다도 재배 시간이 적게 소요되었다. 옥수수를 주식으로 하는 사회가 이렇게 확보한 시간을 활용해 문명을 건설할 수 있었다는 추론은 충분히 설득력이 있다. 유럽에서도 옥수수는 일 년에 50일이면 충분할 정도로 노동생산성이 높은 작물이었다. 그래서 옥수수는 전 세계에서 가장 널리 재배되는 작물이 되었다.

옥수수는 멕시코 서부에서 기원전 7,000년경에 처음 재배되었다. 마야 문명에서는 옥수수로 사람을 창조했다는 설화가 있을 정도로 신성시되는 작물이었다. 아이가 태어날 때 탯줄을 옥수수 위에서 자른 뒤 그 옥수수 낟알을 파종해 얻은 수확의 일부를 신에게 바쳤고, 나머지 낟알로는 아이에게 줄 음식을 만들었다고 한다.

21세기 들어 옥수수는 석유를 대체할 원료인 바이오 에탄올의 원료로도 사용되고 있다. 식품의 역할을 넘어 최첨단 과학 문명의 첨병으로 사용되는 옥수수의 진화의 끝은 어디까지인지 지켜볼 일이다.

감자의 변신은 무죄

신대륙에서 유럽으로 감자가 처음 들어왔을 때, 유럽인들은 이를 더러운 것으로 간주했다. 심지어는 남자의 고환과 비슷하다고 말하기까지 할 정도였다. 1869년에 영국 출신의 비평가인 존 러스킨은 감자

페루의 시장에서 만날 수 있는 색과 모양이 다양한 감자

를 '마귀를 섬기는 부족의 불경한 땅속 식물'이라 혹평했다. '얼간이(potato head)', '게으름뱅이(couch potato)' 등 감자라는 말을 이용한 부정적인 표현들도 많이 생길 정도로 먹기는커녕 만지는 것조차 꺼린 음식이 바로 감자였다.

이런 감자가 갑자기 유용한 작물로 등극하게 된 이유는 1744년 프로이센의 흉년 때문이었다. 황제 프리드리히 2세는 감자를 널리 재배해서 구황작물로 활용할 것을 지시했다. 이후 감자는 굶주림을 면하게 해주었다. 감자는 특히 추운 날씨로 인해 식량 조달에 대한 걱정이 많았던 러시아와 독일에 큰 도움을 주었다. 추운 지대에 감자를 심어

밀 소비량을 줄이고 그만큼 남는 밀을 군인들을 위한 식량으로 비축했다. 아메리카의 옥수수와 감자가 유럽을 구했고, 유럽의 천연두가 아메리카를 망가뜨렸다는 자조 섞인 말이 나오는 까닭이다.

감자는 페루 안데스산맥의 고원지대인 알티플라노에서 8,000년 전 처음으로 재배되었다고 추정한다. 잉카인들은 2,800여 종의 감자를 개발하여 재배했다. 옥수수가 아즈텍과 마야 문명의 핵심이었다면, 감자는 잉카 문명의 자존심이었다. 페루의 수도 리마에 있는 국제감자센터(Centro Internacional de la Papa, CIP)에 따르면 페루는 세계에서 가장 많은 4,000여 개의 감자 품종을 가진 나라라고 한다. 페루가 '감자의 나라'라는 얘기다. 우리나라에서 흔히 보는 매끈하고 동그란 감자는 페루에선 그저 평범한 감자일 뿐이다. 페루 감자의 색깔도 갈색은 물론 노란색, 빨간색, 보라색, 흰색까지 다양하다. 감자의 모양이나 속살 역시 제각각이다. 감자의 다양함은 요리에서도 나타난다. 감자가 들어가지 않은 음식이 없다는 페루에서 요리에 따라 사용하는 감자의 종류가 다르고, 결혼식이나 장례식마다 쓰는 감자가 다를 정도다. 여행 중에 만난 어느 페루 농부는 감자를 '성스러운 산과 어머니 같은 땅이 품어낸 작물'이라고 입에 침이 마르도록 칭찬했다. '감자의 고향'에 사는 사람들의 감자에 대한 자부심을 엿볼 수 있었다.

전 세계에서 사랑받는 슈퍼 푸드 토마토

토마토는 동서양을 초월해서 사랑받는 채소다. 유럽에선 "토마토가 빨갛게 익으면 의사 얼굴이 파랗게 된다."는 속담이 있을 정도로 '슈퍼 푸드'로 인정받고 있다. 이탈리아 사람들은 토마토를 '황금의 사과'를 의미하는 포모도로(Pomo d'oro)로, 프랑스 사람들은 '사랑의 사과'를 의미하는 폼므다모르(Pomme d'amour)로 부르는데 이는 모두 토마토가 사람들의 육체적, 정신적인 건강에 좋은 식품이라는 의미다.

이 토마토의 원산지는 콜롬비아 남부 지역부터 칠레 북부까지의 안데스 산지로 알려져 있다. 토마토는 1521년에 아즈텍 제국을 점령한 스페인 사람들에 의해서 처음으로 유럽에 들어왔는데, 초기에는 푸대접을 받았다. 독이 있는 식물로 여겨졌기 때문이다. 당시에는 매우 생소했던 빨간색 열매에 독이 들어 있으리라 생각하는 것도 무리는 아니었다. 토마토는 유럽에 들어온 지 무려 200년 만인 18세기에 들어서서야 비로소 식용으로 사용되었다.

이후 토마토는 모두에게 사랑받는 식재료로 탄탄대로를 걷기 시작했다. 특히 이탈리아의 나폴리 사람들이 피자나 스파게티에 활용하면서부터 토마토는 날개를 달기 시작했다. 특히 마르게리타 피자는 토마토와 밀접한 관련이 있다. 이탈리아 통일을 주도했던 움베르토 1세와 마르게리타 왕비 부처가 나폴리를 방문했다. 피자집 주방장은 물소 젖으로 만든 하얀 모차렐라 치즈와 신선한 녹색의 바질, 그리고 붉은 토마토를 넣어 국왕 부처를 대접했다. 이 흰색, 녹색, 붉은색의 세

가지 색은 새로 만든 이탈리아 국기를 상징했다. 마르게리타 왕비는 이 피자를 맛본 후 깊은 감동을 받았다. 주방장은 이 피자를 왕비의 이름을 따서 '마르게리타'라 불렀다. 이 피자는 삽시간에 이탈리아 전역에서 유행되었다. 마르게리타 피자는, 통일은 되었지만 오랫동안 사분오열되어 있던 이탈리아를 하나로 묶는 데 중요한 역할을 했다는 평가를 받는다. 토마토는 이렇게 식재료로써 뿐만 아니라 역사적인 사건에서도 제 역할을 톡톡히 해냈다.

마르게리타 피자

카카오와 코코아

카카오는 코코아와 초콜릿의 원료로 사용되는 열매다. 카카오나무의 학명은 테오브로마 카카오(Theobroma Cacao)이다. '테오브로마'에서 '테오'는 신(神)을, '브로마'는 음식을 의미한다. 즉 '신의 음식'이란 뜻이다. 마야 문명 시대에는 구하기가 너무 힘들어 '신의 음식'으로 불리기도 했다. 카카오 열매 속의 콩으로 만든 덩어리나 분말, 버터 등의 가공품에는 '코코아'를 붙여서 코코아 매스, 코코아 분말, 코코아 버터 등으로 부른다. 즉 가공 전에는 카카오, 가공 후에는 코코아인 것이다.

카카오는 아즈텍 제국에서 화폐의 역할을 할 정도로 귀한 물건이었다. 1545년에 쓰인 자료에는 '수컷 칠면조는 카카오 콩 120알, 산토끼는 카카오 콩 100알, 큰 토마토 한 개는 카카오 콩 한 알, 아보카도 한 개는 카카오 콩 세 알'로 되어 있다. 이는 카카오 콩이 옥수수와 달리 재배가 까다로워서 그 어떤 작물보다 구하기 어렵고 그에 따라 가치도 컸다는 얘기다.

카카오나무는 다른 나무의 그늘 아래에서 잘 자라기 때문에 무성한 숲만 있으면 재배가 가능하다. 그러나 병충해에 약하기 때문에 일단 병충해를 입으면 농장 전체가 다 말라 죽어 큰 피해를 보는 단점이 있다. 이 카카오나무의 주요 재배지로는 브라질 아마존강 유역과 베네수엘라의 오리노코강 유역, 특히 카리브해 연안 등을 꼽는다.

멕시코 치아파스 지역의 마야인의 결혼식을 기록한 자료에는 "결혼식은 다음과 같다. 신부는 신랑에게 색색으로 칠해진 작은 의자와 카카오 다섯 알을 주면서 '당신을 남편으로 받아들이는 증표로서 이 물건을 드립니다.'라고 말한다. 그리고 신랑 쪽도 신부에게

흰색 과육에 둘러싸인 카카오콩. 발효와 건조 과정을 거쳐 코코아가 된다.

몇 벌의 새 치마와 카카오 다섯 알을 주면서 같은 말을 한다."라는 내용이 적혀 있다. 카카오가 사랑의 증표이자 결혼 지참금으로써의 역할을 한 것이다. 또 아즈텍 제국의 목테수마 황제가 카카오 콩으로 만든 코코아를 즐겨 마셨다는 기록이 있다. 이는 카카오가 사랑의 증표뿐만 아니라 권력의 표상 역할을 했다는 사실을 말해 준다.

1528년 카카오 열매는 신대륙에서 스페인을 거쳐 프랑스와 영국으로 전해졌다. 일부 사제는 이 음료를 이교도들이 먹는 사악한 음료로 간주하고 '악마의 음료'라고 부르기도 했다. 그러나 17세기 중반 들어 영국 런던에 최초로 초콜릿 하우스가 등장하고, 프랑스의 루이 16세의 왕비 마리 앙투아네트 역시 초콜릿 음료를 매우 좋아했다는 기록이 있는 것으로 보아 코코아는 '악마의 음료'에서 '검은 황금의 음료'가 되었음을 알 수 있다. 이후 20세기에 판 모양의 고체 초콜릿이 만들어지면서 카카오 열매는 다시 한 번 전 세계인의 주목을 받게 되었다.

20

축제

빈부 격차와 사회 불평등이 사라지는 날

● 축제가 열리면 질서라는 개념은 사라진다. 기존의 제도나 권력층을 조롱하기도 하고 규칙이나 관습을 위반하기도 하는 등 모든 자유가 허용된다. 그래서 축제 기간에는 기존의 계급이나 성별의 제약을 뛰어넘어 모두 하나가 된다.

그렇다면 그 어떤 대륙보다도 빈부 격차와 사회적인 불평등이 만연된 곳이라는 라틴아메리카에서 축제는 어떤 의미를 지닐까? 라틴아메리카에서 열리는 대표적인 축제로 브라질의 리우 카니발, 페루의 인티라이미, 볼리비아의 오루로 축제를 든다. 소위 '라틴아메리카의 3대 축제'다.

라틴아메리카의 3대 축제로 유명한 도시

브라질의 리우 카니발과 흥겨운 삼바 퍼레이드

리우 카니발(Rio Carnival)은 브라질을 대표하는 축제다. 아마 라틴아메리카에서 열리는 축제 중에서 전 세계적으로 가장 잘 알려진 축제일 것이다. 카니발이 열리는 시기는 매년 바뀌지만 대개 2월 말에서 3월 초 사이이다. 이때가 되면 브라질의 리우데자네이루가, 아니 브라질 전체가 들썩거린다. 전 세계 사람들도 TV를 통해서 이 리우 카니발을 즐긴다.

리우 카니발의 퍼레이드는 1840년 처음으로 시작되었다. 초기에는 주로 폴카와 왈츠가 주를 이루었다. 1888년에 아프리카 노예들이 해방되면서 삼바 음악이 이 카니발에 도입되었고, 1932년부터는 삼바 스쿨이 리우 카니발에 참여하면서 지금의 형태를 갖추기 시작했다. 삼바 스쿨은 카니발을 위해 존재하는 학교다. 브라질 전역에 약 500

여개가 넘는다고 한다. 해마다 학교별로 그해의 주제를 정하고, 그에 따른 춤과 음악, 의상을 꼬박 1년에 걸쳐 준비한다. 그렇게 준비한 공연은 삼보드로무(Sambódromo)에서 한 시간 동안 퍼레이드로 펼쳐진다.

브라질의 세계적인 건축가 오스카르 니에메예르가 설계한 '삼보드로무'는 양쪽으로 길게 관중석이 이어져 있는 700미터의 도로를 말한다. 이 퍼레이드는 저녁 9시에 시작되어 다음날 오전 5시까지 계속된

삼보드로무에서 펼쳐지는 삼바 스쿨의 화려한 퍼레이드

다. 리우 카니발은 이제 단순한 축제가 아닌 경쟁의 장이 되었다. 삼바 스쿨의 퍼레이드가 심사위원들에 의해서 순위가 매겨지기 때문이다. 그러나 이러한 경연대회 형태의 퍼레이드가 삼바의 발전에 공헌했다는 평가도 있다.

브라질은 세계에서 빈부 격차가 크고 가장 불평등한 나라 중의 하나다. 그러나 이 카니발 기간만큼은 모든 사람이 평등해진다. 카니발이 시작되면 부유한 사람이나 가난한 사람이나 모두 함께 어울린다. 잠시나마 빈부 격차와 불평등이 사라지는 순간이다. '없는 사람들'은 일 년에 며칠 동안만이라도 격렬한 삼바 리듬에 맞춰 이 '망할 놈의 사회'를 잠시나마 뒤집어엎기를 원한다. 그래서 리우 카니발은 다 함께 참여해 놀고, 먹고, 즐기면서 서로 다른 피부색과 역사를 초월하는, '브라질 정부가 공인한 난장판'이다.

태양의 축제, 페루의 인티라이미

인티라이미(Inti Raymi)는 태양신을 숭배했던 잉카인들의 중요한 제전이었다. '인티(Inti)'는 '태양', '라이미(Raymi)'는 '축제'를 의미한다. 한 해의 풍작을 기원하거나 이를 태양신에게 감사하는 축제였다. 잉카 제국 시대에는 황제가 이 축제를 직접 주관했다고 한다. 이날을 위해 모든 잉카인들은 3일 전부터 금식을 하고 몸을 정갈히 하며 제사를 준비했다.

잉카인들의 제사 의식에서 축제로 변신한 인티라이미

제사는 먼저 왕이 제단에 올라 태양을 향해 두 손을 번쩍 들어 올린 후 태양을 향해 경배를 드리는 것으로 시작된다. 이어 여자들은 손에 받쳐든 곡식을 불태운다. 각 지역에서 뽑혀온 수십 마리의 야마 중 건강한 야마 한 마리를 제단 위에 올린다. 왕은 칼로 야마의 배를 가르고 심장을 끄집어내 하늘 높이 들어 올린다. 이때 들어 올려진 심장이 거세게 꿈틀거려야 길조라 여겼다. 한때는 살아 있는 사람의 심장을 꺼내 바쳤다고도 한다. 제물이 완전히 태워져서 연기가 되어 하늘로 올라가면 제사는 끝난다. 제사를 마친 후에 잉카인들은 9일 동안 격렬한 춤을 추며 축제를 즐겼다.

이 제사 의식이 잉카 제국의 수도였던 페루 쿠스코에서 재현되었다. 매년 6월 24일에 열리는 이 축제는 잉카 시대의 태양 신전이었던 코리칸차를 시작으로 아르마스 광장을 거쳐 쿠스코 인근의 요새인 삭사이우아망까지 이어진다. 이 기간 동안 전통 의상을 입은 왕족, 귀족, 평민 등 다양한 계층의 사람들이 모두 어우러져 축제를 즐겼다. 이 축제는 1994년에 재현된 이래, 세계 각지의 수많은 관광객들을 불러들이는 라틴아메리카 3대 축제 중의 하나가 되었다.

성녀와 악마의 대립, 볼리비아의 오루로 카니발

해발 약 3,700미터에 위치한 오루로는 17세기 초에 은광이 발견되면서 발전한 광산 도시다. 수도 라파스에서 약 230킬로미터 떨어져 있다. 인구가 27만 명 남짓한 이 중소도시에 2월 중순에서 3월 초가 되면 볼리비아뿐만 아니라 전 세계에서 수많은 사람이 몰려든다. 바로 오루로 카니발(Carnaval de Oruro)을 보기 위해서다.

오루로는 원래 안데스 원주민의 종교적 성소였다. 이곳에서 원주민들은 대지의 여신인 파차마마(Pachamama)를 위한 의식을 행했다. 그러다 17세기 초 스페인의 정복자들이 은 채굴을 위해서 이곳에 왔다. 그들은 원주민들을 광부로 고용하고 전통적인 신앙 대신에 가톨릭을 믿게 했다. 이에 대해 원주민들은 자신의 전통과 종교를 지키기 위해서 가톨릭 신앙을 믿는 척했다. 스페인 사제들은 원주민들의 이러한 행동을 못마땅하게 여겼지만 그나마 확보한 신자들의 이탈을 우려했기 때문에 모른 체했다. 대신 더 많은 원주민을 가톨릭으로 개종시키기 위해서 가톨릭 축제 날에 원주민들의 전통 춤과 음악을 즐길 수 있게 했다. 자연스럽게 원주민의 전통 축제와 가톨릭의 축제가 한 자리에서 만나게 되었다. 오루로 카니발은 이렇게 시작되었다.

이 카니발과 관련된 이야기로는 1756년에 오루로의 은광산에서 성모 마리아가 그려진 벽화가 발견되었다는 전설에서부터 거의 죽기 직전에 있던 도둑을 살려준 칸델라리아 동정녀의 형상이 그 도둑이 죽은 후에 그의 머리 위에서 발견되었다는 전설까지 매우 다양하다. 오루로 카니발은 이 칸델라리아 동정녀를 기리기 위해서 시작되었다. 이 칸델라리아 동정녀는 '소카본 동정녀'라고도 부른다. '소카본(Socavón)'은 '우묵한 곳' 또는 '동굴'을 뜻하기 때문에 소카본의 동정녀는 광부들의 수호 성모를 가리킨다. 소카본 성녀와 함께 오루로 카니발에 등장하는 또 다른 형상은 '티오(Tío)'이다. 티오는 '아저씨' 또는 '삼촌'을 뜻하는 스페인어다. 원주민 광부들은 이 티오를 자신의 안전을 보장해주는 수호신이자 광산에서 채굴하는 모든 은의 소유자로 믿었다. 원주민들은 티오가 노여워하지 않도록 카니발 기간 동안 티오에게 맥주, 음식, 담배, 코카 등을 선물한다.

19세기 초 볼리비아가 독립하자 이 카니발은 찬밥 신세가 되었다. 정권을 잡은 상류계층의 무관심 때문이었다. 그러다 사회주의 정권이 들어선 1940년대부터 카니발은 본격적으로 활성화되기 시작했다. 안데스 원주민의 전통과 문화를 국가 정체성의 핵심에 두고자 했던 정권의 입맛에 딱 맞아떨어진 축제이기 때문이었다. 이후 오루로 카니발은 볼리비아를 대표하는 축제로 자리 잡았다.

오루로 카니발의 백미인 디아블라다

카니발 기간 동안에 볼리비아 원주민을 대표하는 약 2~3만여 명의 댄서들이 50여 개의 그룹으로 나뉘어 다양하고 화려한 퍼레이드를 펼친다. 이 퍼레이드에서 가장 눈에 띄는 춤은 '악마의 춤'이라 불리는 '디아블라다(Diablada)'다. 이는 소카본 동정녀에 보내는 원주민들의 애정에 대하여 지하세계의 수호신인 티오가 질투하지 않을까 하는 원주민들의 두려움에서 탄생했다. 그래서 오루로 축제에서의 소카본의 동정녀와 악마들 간의 대립은 갈등이 아닌 일종의 유희이자 화합의 제스처이다.

남자들은 화려한 의상을 입고 금색과 은색으로 번쩍거리는 가면을 쓴다. 이 가면들은 뱀, 개구리, 도마뱀, 개미 등을 악마로 형상화한 것이다. 이 때문에 오루로 축제를 색채의 향연이요, 디자인의 향연이라 부르기도 한다. 또한 오루로 축제는 소리의 향연이라고도 한다. 행진할 때 귀청을 울릴 정도로 크게 연주하는 금관 악기들 때문이다. 차랑고(charango, 안데스 지방의 줄이 10개인 현악기)나 마트라카(matraca, 소리를 내는 목기(木器)) 역시 축제의 주연이다. 특히 마트라카는 수시로 드르륵드르륵 소리를 내는 노예들의 쇠사슬 소리를 재현하기 위해서 사용된다. 오루로 카니발은 이처럼 화려한 의상과 요란한 소리를 통해서 억압으로 인한 고통과 설움을 한꺼번에 날려 보내고자 하는 원주민들의 퍼포먼스다.

망자를 기리는 '죽은 자의 날'

2015년 개봉한 '007시리즈'의 24번째 작품인 〈007 스펙터〉의 오프닝 장면에 이상한 퍼레이드가 등장한다. 무대는 멕시코시티의 소칼로 광장. 행진에 참가한 사람들의 모습이 예사롭지 않다. 모두 각양각색의 해골 분장을 하고 있다. 이 퍼레이드가 바로 멕시코의 대표적인 축제인 '죽은 자의 날'에 열리는 행사다. 2018년에 개봉된 애니메이션 〈코코〉 역시 멕시코의 '죽은 자의 날'을 기념하는 색종이 장식에서 시작된다.

죽은 자의 날은 해마다 10월 31일부터 11월 2일에 거행된다. 말 그대로 죽은 사람들을 기리는 명절이다. 멕시코인들은 죽음을 있는 그대로 받아들인다. 멕시코인들에게 삶은 '죽음이 연장된 것'에 불과할 뿐이다. 축제를 통해 죽음을 제대로 느껴보고자 하는 것 같다. 죽은 사람들이 자신들을 만나기 위해서 일 년에 한 번씩 세상에 온다고 믿

'죽은 자의 날' 제단

는 멕시코인들은 첫날에는 제단을 마련하고, 다음 날에는 죽은 아이들을 위해, 마지막 날에는 죽은 어른들을 위해 기도한다. 제단에 고인의 사진, 옥수수, 설탕 해골 인형, 죽은 자들의 빵, 도넛 모양의 빵, 전통 옥수수 음료인 아톨레(atole) 등을 놓는다. 특히 아즈텍 제국 시절에는 설탕 해골이 아니라 실물 해골을 놓았다고도 한다. 이는 이 해골을 통해서 고인이 돌아온다는 믿음 때문이다. 그래서 설탕 해골은 제단에 빠져서는 안 되는 '필수품'이 되었다. 제단 한편에 물, 비누, 면도칼, 수건 등을 놓기도 하는데 이는 먼 길을 오느라 후줄근해졌을 죽은 자를 위한 일종의 배려다.

이날 도시의 광장에서는 화려한 퍼레이드가 벌어지고, 공동묘지는 금잔화로 뒤덮인다. 셈파수칠(cempasúchil)이라고 하는 이 노란 꽃은 멕시코에서 지천으로 피는 꽃이다. 이 꽃은 모든 것의 근원인 태양의 광채를 상징한다. 살아 있는 사람들은 죽은 자들이 이 금잔화의 향기를 따라 자신들을 찾아온다고 믿었다. 이날에는 죽은 자가 생전에 좋아했던 음식을 나눠 먹고 즐겨 들었던 음악을 연주하며 춤추고 노래한다. 이날에는 공동묘지가 산 자와 죽은 자들이 만나는 축제의 공간이 된다. 살아있는 사람들은 묘지에서 밤을 새우면서 죽은 사람들을 기다리며 한바탕 축제를 벌인다.

이렇게 죽음의 축제를 즐기는 멕시코 사람들을 보면서 생각해 본다. '지금 여기' 살아 있다는 사실만으로 기뻐하고 다가올 죽음을 의연히 받아들이며 살아야 하지 않을까? 젊은 나이에 세상을 떠난 영화배우 제임스 딘의 말처럼 '영원히 살 것처럼 꿈꾸고, 내일 죽을 것처럼 사는 것'이 진정한 삶을 사는 게 아닐까.

21

미국 내 히스패닉

히스패닉이 없으면 패닉이 된다

● 1990년 1,730만 명, 2007년 2,810만 명, 2017년 5,800만 명, 2050년 1억 3백만 명(추산). 미국 내에 거주하는 히스패닉의 인구 변화다. 미국의 인구가 2018년 기준으로 3억 3천만 명이니, 2050년이 되면 히스패닉이 미국 인구의 40%를 차지한다는 얘기다.

히스패닉(hispanic)은 '미국에 거주하는 라틴아메리카인'을 말하며, 라티노(latino)라고도 부른다. 이들은 주로 멕시코, 푸에르토리코, 쿠바계 이민자로 캘리포니아, 텍사스, 뉴욕, 플로리다 등지에 거주하고 있다. 19세기 중반부터 멕시코계 사람들이 미국으로 이주하기 시작했다. 그 뒤를 이어 푸에르토리코계 사람들은 1950년대에, 쿠바계 사람들은 1959년 쿠바 혁명 이후에 미국으로 들어왔다. 1980년대에는 중앙아메리카의 내전과 1990년대 라틴아메리카의 경제 위기로 히스패닉의 국적이 더욱 다양해졌다. 특히 최근 들어 엘살바도르, 과테말라, 온두라스 출신의 이민자들이 증가하고 있다. 히스패닉들은 '자유롭게 일하고, 마음 편히 먹고살기 위해서' 목숨을 건 미국행을 택하고 있다.

영화 〈멕시코인이 없는 하루〉

〈델마와 루이스〉와 〈쇼생크 탈출〉, 이 두 영화의 공통점은? 바로 멕시코다. 좀 더 구체적으로 말하면, 이들 영화의 주인공들은 하나같이 누군가에게 쫓기는데 도피의 최종 목적지가 바로 멕시코였다. 이처럼 할리우드 영화에서 쫓기는 사람들의 도피처는 늘 멕시코였다. 이들은 파라다이스를 꿈꾸며 도망가던 중 경찰에 의해 장렬히 사망하거나, 아니면 멋지게 탈주에 성공해서 파라다이스에서 산다. 이 파라다이스는 바로 '현실적으로는 아무 데도 존재하지 않는 이상의 나라'인 유토피아 '멕시코'다. 이처럼 멕시코를 위시한 라틴아메리카 국가들은 모든 미국의 범법자들이 꿈꾸는 파라다이스였다. 그만큼 편법과 불법이 난무해서 라틴아메리카는 '돈만 있으면 안 될 게 없는' 곳이라는 인식이 강하다.

그런데 이런 '무법천지'의 나라에서 온 사람들이 미국에 하루라도 없다면 어떤 일이 벌어질까? 2004년에 개봉된 〈멕시코인이 없는 하루(A Day without a Mexican)〉가 바로 이런 상황을 그린 영화다. 멕시코 출신의 감독 세르히오 아라우는 너무나 당연해서 사람들의 눈에 '보이지 않는' 히스패닉 이민자들의 존재를 '보이게' 하고 싶은 소망으로 영화를 찍었다고 했다. 자신이 조달한 자금과 멕시코의 각종 단체에서 받은 지원금을 바탕으로 제작된 최초의 멕시코산 영어 영화다.

어느 날 아침 깨어보니, 캘리포니아의 모든 히스패닉이 사라져버렸다. 이들 히스패닉에 전적으로 의존하면서 살고 있는 미국 사회는 그야말로 멘붕에 빠졌다. 쓰레기가 넘쳐나는 거리, 스스로 식사를 해결하는 백인 상류층 부인, 수준이 현저히 떨어진 미국 메이저리그 등 그야말로 '히스패닉(hispanic)이 없으면 패닉(panic)'이 된다는 사실을 적나라하게 묘사했다. 이 영화는 사회의 밑바닥에서 일하는 불법 이주노동자를 비롯해서 그래도 성공한 교사, 경찰관, 야구선수, 주지사 등 히스패닉들이 모두 사라진 캘리포니아 지역의 혼돈 상태를 그려냈다. 신랄한 풍자와 코미디를 곁들여 만든 이 가짜 다큐멘터리 영화는 독특한 성격의 '재난 영화'라는 평을 듣기도 한다.

멕시코인들의 미국으로의 이주

로스엔젤레스(Los Ángeles), 샌프란시스코(San Francisco), 샌디에고(San Diego), 엘패소(El Paso), 라스베이거스(Las Vegas), 네바다(Nevada), 콜로라도(Colorado)…. 모두 미국 내 지명이지만 영어가 아닌 스페인어 지명이다. 이들 도시나 주의 명칭은 주로 미국의 남서부 지역에 집

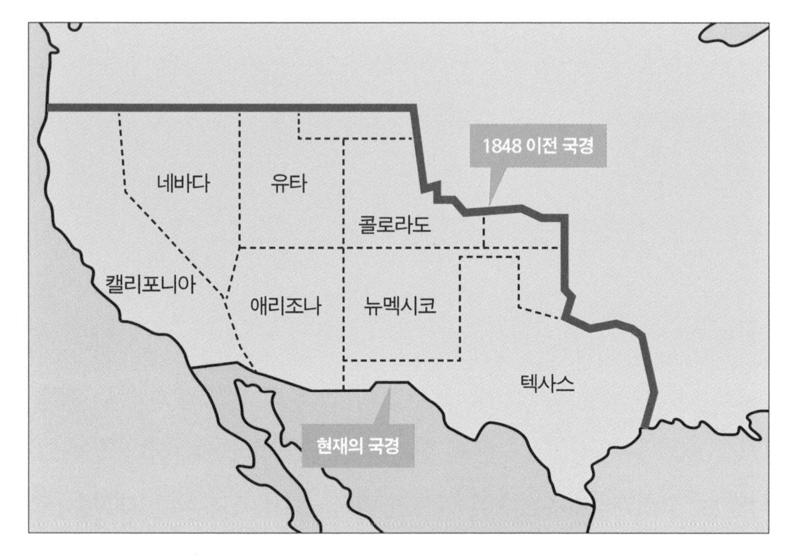

지금의 미국 남서부는 원래 멕시코 영토였다.

중되어 있다. 이곳이 과거에 미국이 아닌 멕시코 땅이었기 때문이다.

16세기에 스페인 사람들이 미국의 남서부 지역을 탐험하면서 영향력을 확대했고, 멕시코가 스페인으로부터 독립한 이후에 이 지역은 멕시코 땅이 되었다. 그러나 이후 미국은 스페인으로부터 플로리다를, 프랑스로부터 루이지애나를 사들이면서 영토를 확장해나가기 시작했다. 1836년에는 텍사스가 멕시코로부터 독립해 공화국을 세웠지만 미국은 1845년에 텍사스 공화국을 병합했다. 1846년에는 미국이 멕시코를 침입해서 전쟁을 일으켰다. 결과는 멕시코의 참패였다. 전쟁 후 맺은 '과달루페 이달고 조약'(1848)으로 미국은 멕시코에게 약

1,600만 달러를 주고 지금의 뉴멕시코, 애리조나, 캘리포니아, 유타, 네바다, 콜로라도 등을 매입했다. 1에이커당 5센트라는 헐값이었다. 이로써 리오그란데 강이 두 나라의 국경이 되었다. 멕시코의 입장에서는 영토의 40%를 상실한 것이다. 이곳에 매장되어 있던 풍부한 광산물과 드넓은 목장 역시 미국의 소유가 되었다. 미국에게는 축복이었지만 멕시코에게는 재앙이요 비극이었다.

이 지역에 살던 멕시코인들 역시 경제적인 몰락을 겪으면서 하층 노동인구로 전락했다. 이후 1920년까지 멕시코 사람들은 농업뿐만 아니라 광산, 제조업, 서비스업 등 미국 사회의 다양한 분야에서 저임금 노동력을 제공했다. 이들은 20세기 중반이 되어서야 미국의 시민권을 갖게 되었다. 1930~1940년대 사이의 미국의 대공황 시기에는 멕시코 노동자의 수가 대폭 감소했지만, 2차 세계대전 이후에 멕시코와 협정을 맺은 미국은 멕시코 노동자들을 계속 받아들였다. 그러나 노동조건이나 최저임금제 등은 협정대로 제대로 지켜지지 않았다. 미국은 노동력이 필요할 때마다 멕시코 노동자들을 불러오고 여건이 안 맞으면 다시 돌려보냈다.

멕시코는 1980년대 외환위기, 1990년대 페소화 위기 등을 겪으면서 경제 상황이 점점 나빠졌다. 1994년 북미자유무역협정을 통해서 해외투자를 유치하고 제조업을 활성화하겠다는 비전을 가졌으나 양극화 현상은 더욱 심화되었다. 국내 일자리가 없어지면서 멕시코인들이 미국으로 불법 월경하는 사례가 급증했다. 이 과정에서 많은 희생

국경 순찰대 차량이 미국 캘리포니아주 샌디에고와 멕시코 티후아나 사이의 국경 울타리를 따라 순찰하고 있다.

자가 발생했다.

티후아나와 샌디에이고 사이에 설치된 국경 장벽에는 관(棺)들이 매달려 있다. 이 국경을 통해 미국으로 넘어가려다 목숨을 잃은 사망자 수와 해당 연도가 관 뚜껑에 비문처럼 적혀 있다. 미국으로 밀입국하려다 숨진 사망자 수는 1994~2013년 사이에 약 7,500명으로 추산된다. 이들은 대개 애리조나 사막의 44~50도를 넘나드는 더위나 이 사막에 서식하는 뱀, 전갈, 퓨마 등에 의해서 목숨을 잃었다.

1990년대 이후 들어서도 멕시코인들의 불법 이주는 줄어들지 않고 있다. 글로벌 자본의 이동과 신자유주의 경제 정책으로 인해 경제 규모는 늘어났지만 그 과실은 노동자에게 돌아가지 않았기 때문이다. 트럼프 대통령은 취임 이후, 강경한 반(反)이민 정책을 고수하며 일명 '트럼프 장벽' 건설에 약 100억 달러, 우리 돈으로 약 11조 6,000억 원에 이르는 막대한 예산을 쏟아부었다. 트럼프 장벽은 멕시코 국경을 따라 819킬로미터에 이르는 거리에 5~9미터 높이의 강철과 콘크리트로 건설되었다. 우리나라 휴전선의 약 4배의 길이에 해당하는 이 장벽은 여전히 죽음과 통곡의 장벽으로 남아 있다.

마이애미의 리틀 아바나

미국 남부에는 카리브해를 향해서 삐죽 나와 있는 반도가 있다. 바로 플로리다반도다. 플로리다의 중심 도시인 마이애미는 미국에 있는 '라틴아메리카의 수도'라 불린다. 이곳에는 쿠바계 이주민들의 거주지인 '리틀 아바나'가 있다. 리틀 아바나는 쿠바의 수도 아바나에서 따온 이름이다.

쿠바인들은 19세기에 담배 사업, 혹은 정치적인 목적으로 뉴욕이나 플로리다에 거주했다. 당시에는 플로리다와 아바나를 오가는 증기선이 운행될 정도로 교류가 활발했다. 1959년, 쿠바에서 피델 카스트로를 중심으로 한 사회주의 혁명이 성공하자, 두려움을 느낀 많은 쿠바인들이 미국으로 탈출했다. 당시 이주한 210만 명 중, 상당수의 쿠바인들은 경제적으로 부유한 중상류층이거나 전문직이었다. 이들은 미국 정부로부터 은행 대출, 의료 및 교육 서비스, 이중 언어 프로그램 등 각종 혜택을 제공받아 '황금 난민'이라 불리기도 했다. 이런 혜택에 힘입어 이 쿠바인들은 금융업, 건설업, 의류제조업 등 다양한 분야에서 성공을 거두었다.

벽화가 인상적인 리틀 아바나 내 쿠바 레스토랑

이들은 주로 지리적으로 가

쿠바의 아바나와 가까운 미국 플로리다주 마이애미

까운 마이애미에 정착해 자기들만의 마을을 형성했다. 이것이 바로 리틀 아바나의 시작이다. 리틀 아바나에는 해마다 100만 명 이상의 관광객이 찾아온다. 흥겨운 라틴 음악과 달콤한 과일 향기, 그리고 시가와 모히토 등 역동적인 쿠바 문화를 느낄 수 있는 곳이기 때문이다.

경이로운 자연과 찬란한 문명을 간직한 매혹의 대륙

Latin America

Part 3

자연과 문명, 문화가 만든 걸작

건축과 예술

22

피라미드
고대 문명이 품은 천공의 꿈

보통 피라미드라고 하면 왕의 무덤 용도로 만들어진 이집트의 뾰족한 피라미드를 연상한다. 현대에 들어와 프랑스 파리의 루브르 박물관 앞마당이나 미국 라스베이거스의 룩소르 호텔에 세워진 피라미드도 있다.

그런데 라틴아메리카, 정확히 말해서 멕시코, 과테말라, 온두라스 등에도 피라미드가 있다. 이곳은 아즈텍 문명과 마야 문명이 꽃피웠던 지역이다. 이곳에 있는 피라미드들은 인신 공양을 위한 제단이나 신이 거처하는 신전으로 사용되었다. 라틴아메리카의 대표적 피라미드로는 멕시코의 테오티우아칸과 치첸이차, 과테말라의 티칼 등이 있다.

태어난 것은 죽게 되고, 쌓아 올린 것은 무너지고, 높이 올라간 것은 아래로 떨어지게 마련인데, 이들은 왜 이렇게 높은 피라미드를 만들었을까?

피라미드가 있는 아즈텍과 마야의 고대 도시들

아즈텍, 태양을 움직이다

테오티우아칸(Teotihuacán)은 멕시코시티에서 북동쪽으로 약 80킬로미터 떨어진 곳에 있다. 테오티우아칸은 아즈텍인의 언어로 '신(神)들의 도시' 또는 '사람들이 신으로 변하는 장소'라는 의미다. 이곳에서 약 150~750년 사이에 사람들이 거주했는데, 특히 400~650년경에는 인구가 약 12~20만 명이나 되었다. 당시에는 콘스탄티노플을 제외하고는 유럽의 그 어떤 도시도 2만 명을 넘지 않았다고 하니 도시의 규모가 얼마나 컸는지 알 수 있다. 고고학자 레네 미욘에 따르면, 600년경에 세계 6위의 대도시였다고 한다. 이곳에는 다음과 같은 전설이 전해 내려온다.

세상이 창조되었지만 빛은 없었다. 모든 만물은 어둠 속에 있었다.

이를 해결하기 위해 신들이 테오티우아칸에 모였다. 이곳에 모였던 신들 중에서 두 신이 장작더미 속으로 뛰어들었다. 그러자 동쪽에서 태양이 떠올랐다. 곧이어 그 옆으로 달이 떠올랐다. 태양과 달이 함께 하늘을 밝히니 세상은 눈을 제대로 뜰 수가 없을 정도로 너무 밝았다. 신들은 고민에 빠졌다. 그중 한 신이 달에 토끼를 집어서 던졌다. 빛의 세기가 한결 약해졌다. 어느 정도 조화를 이루게 되었지만 태양과 달은 움직이지 않았다. 이때 영혼을 주관하는 케찰코아틀 신이 다른 신의 심장을 태양에게 바치자 태양이 움직이기 시작했다. 달을 비롯한 다른 별들 또한 태양과 일정한 거리를 유지하며 움직이기 시작했다. 이후 아즈텍인들은 바로 이 테오티우아칸에서 태양이 계속 움직이도록 사람의 심장을 바쳤다.

이곳에는 거대한 피라미드 두 개가 솟아 있다. 바로 태양의 피라미드와 달의 피라미드다. 태양의 피라미드는 높이가 아파트 20층 높이에 해당하는 63미터이고, 밑면은 각각 220미터와 230미터이다. 달의 피라미드는 높이가 45미터, 밑면이 각각 150미터와 140미터의 4층 구조물이다. 이집트에서 가장 큰 피라미드의 높이가 146미터이고 밑면이 230미터이니, 이곳 테오티우아칸 피라미드들의 규모도 만만치 않다. 특히 달의 피라미드에서 시작되는 약 4킬로미터에 이르는 넓은 길이 있는데, 바로 '죽은 자의 길'이다. 이 길을 따라 제물로 희생될 사람들이 달의 피라미드로 걸어 올라갔다. 이 길 양옆으로는 소규모의 피라미드들과 신전, 궁전 등이 늘어서 있다.

'죽은 자의 길'을 따라가면 산 사람을 제물로 바쳤던 달의 피라미드를 만날 수 있다.

이 피라미드의 주인공인 테오티우아칸 문명은 멕시코와 중앙아메리카 지역에서 막강한 영향력을 끼쳤지만 갑자기 역사에서 사라졌다. 그 원인으로는 대규모 화재로 인한 파괴와 약탈, 도시의 팽창으로 인한 생태계 파괴, 건축으로 인한 삼림 고갈 및 토양 침식, 인구 증가로 인한 식량 부족 등을 꼽는다.

우연히 발견된 마야의 피라미드

티칼(Tikal)은 과테말라 수도인 과테말라시티에서 525킬로미터 떨어진 곳에 있다. 마야 문명권에서 가장 큰 도시 중의 하나로 200~900년의 전성기에는 약 6만 명이나 살았던 대도시였다.

이곳에도 거대한 피라미드들이 있다. 티칼의 중심부인 대광장을 중심으로 티칼의 상징인 1호 신전(재규어 신전)과 2호 신전이 있다. 이어 나오는 3호 신전을 지나면, 티칼에서 가장 높은 피라미드인 4호 신전이 나온다. 이 피라미드는 높이가 64미터로 그 어떤 피라미드보다 경사가 급하다. 가파른 만큼 피라미드 꼭대기로 오르는 길이 흡사 하늘로 오르는 계단 같다. 계단 끝에는 신이 거처하는 신전이 있다. 이곳

과테말라에 있는 티칼 피라미드

에 오르면 밀림 위로 머리만 빼끔히 내민 피라미드들을 볼 수 있다.

티칼 유적지는 1696년, 스페인 선교사에 의해 우연히 발견되었다. 이 유적지에서는 지금도 발굴과 복원 작업이 진행되고 있다. 이곳은 영화 〈스타워즈 에피소드 4 : 새로운 희망〉과 〈007 문레이커〉에도 나왔다.

9세기 들어 티칼의 인구가 폭증하면서 더 많은 식량이 필요해졌다. 그러나 밀림 지역이기 때문에 식량을 생산할 수 있는 경작지 조성에는 한계가 있었고, 이는 식량 부족 사태로 이어졌다. 사회적으로 대혼란이 일어나 결국 티칼은 멸망했다. 이후 이곳에 살던 사람들 중 일부는 유카탄반도로 떠났다. 이들은 그곳에서 또 다른 마야 문명의 시대를 열었다. 바로 치첸이차의 시대다.

쿠쿨칸의 강림

치첸이차(Chichén Itzá)는 멕시코의 유카탄반도에 있다. '치첸이차'는 마야어로 '이차족이 지배하는 연못 입구'라는 뜻이다. 이곳에는 실제로 '세노테(Cenote)'라는 성스러운 연못이 있기 때문이다. 이곳은 무엇보다도 쿠쿨칸(Kukulkan) 신전으로 유명하다. 이 신전은 '성(城)'이란 뜻을 가진 '엘 카스티요(El Castillo)'로 더 잘 알려진 피라미드다.

이 건축물은 그 자체가 마야의 달력이다. 높이 30미터의 피라미드 한 면에는 91개의 계단이 있다. 여기에 피라미드의 네 면을 곱하면

364개이고, 꼭대기에 있는 제단 하나를 더하면 일 년을 의미하는 365개가 된다. 이 피라미드의 꼭대기 제단에서 인간의 심장을 제물로 바치는 의식이 행해졌다. 특히 이 피라미드에서는 밤낮의 길이가 같아지는 춘분과 추분에 놀라운 장면이 연출된다. 춘분과 추분의 늦은 오후, 피라미드의 모서리에 태양이 비치면 위에서 아래로 깃털 달린 뱀의 모양을 한 그림자가 드리워진다. 흡사 하늘에서 땅으로 내려오는 모습이다. 정교한 천문학적 지식이 없으면 만들어질 수 없는 이 신비로운 장면을 보러 전 세계의 관광객들이 몰려온다. 이 '깃털 달린 뱀'을 치첸이차가 있는 유카탄 지역에서는 '쿠쿨칸'으로 부르는 반면에, 아즈텍인들은 '케찰코아틀'로 불렀다.

'마야의 달력' 치첸이차 피라미드

멕시코의 시인 옥타비오 파스는 "멕시코는 윗부분이 잘린 거대한 피라미드의 형태가 되어 두 바다 사이에 솟아 있다. 피라미드의 네 개의 밑변은 동서남북 사방을 가리키고, 계단의 높이에 따라 각 지역의 기후가 결정되며, 가장 윗부분은 별과 태양의 집이다."라고 말했는데, 멕시코 땅을 치첸이차의 피라미드와 절묘하게 연관 지었다. 이 치첸이차에는 피라미드뿐만 아니라 구기장, 천문대 역할을 했던 카라콜, 전사(戰士)들의 신전 등 다양한 건축물들이 있다.

세노테의 비극

멕시코의 유카탄반도와 과테말라의 정글 속에 있는 세노테는 석회암 암반이 함몰된 곳에 지하수나 빗물이 고여 형성된 천연 샘이다. 건기에 물을 공급하는 유일한 수원(水源)이기 때문에 대개 세노테 주변에는 도시나 마을이 형성되었다. 가뭄이 들면 주민들은 신의 노여움을 달래기 위해 세노테 주변에서 의식을 행했다. 의식이 끝나면 처녀나 아이들을 세노테에 산 채로 바쳤다. 발견된 뼈의 80%가 어린이의 것이어서 희생자는 주로 어린이였으리라 추정한다. 치첸이차의 세노테는 직경이 60미터이고, 수심은 13미터나 된다. 물 표면에 닿으려면 지면에서 15미터를 더 내려가야 한다.

20세기 초, 미국 영사 에드워드 허버트 톰슨은 세노테에서 소녀들이 많이 희생되었다는 이야기를 들었다. 그는 샘 밑바닥에 '건질 것'이 많이 있을 것이라 생각하고 이곳을 구입했다. 20세기 초여서 충분히 가능한 일이었다. 그는 세노테의 물을 빼서 금, 세공된 옥, 도자기, 흑요석, 조개, 심지어 희생된 어린이들의 유골 등을 미국으로 반출해서 주로 매사추세츠의 피바디 박물관에 팔았다. 1926년 멕시코 정부는 '부동산'인 세노테를 되찾았지만, 톰슨이 반출한 '동산'들은 회수하지 못했다. 문화재보호법이 없던 시절에는 개인 소유의 세노테에서 발굴한 물건을 멕시코 밖으로 반출할 권리가 있다고 대법원이 판결했기 때문이다. 그러나 톰슨이 죽은 후, 멕시코 정부는 각고의 노력 끝에 결국 이 물건들을 모두 미국으로부터 돌려받을 수 있었다.

치첸이차의 천연 샘 세노테

23

적도탑

지구의 중심

● 각 나라의 이름은 보통 그 나라와 관련된 인물이나 지정학적인 위치, 역사 등을 바탕으로 지어진다. 역사적인 인물의 이름을 사용한 나라로는 라틴아메리카의 콜롬비아(탐험가 콜럼버스), 볼리비아(라틴아메리카 독립운동의 지도자 시몬 볼리바르), 아시아의 필리핀(스페인의 왕 펠리페 2세) 등이 있다. 지정학적인 위치에 기반한 나라 이름으로는 아프리카의 '코트디부아르(Côte d'Ivoire)'가 있다. 코트디부아르는 '상아(ivoire) 해안(côte)'이란 의미로, 15~18세기에 이 지역에서 상아 거래가 활발했기 때문에 붙여진 이름이다.

중앙아시아에는 우즈베키스탄, 카자흐스탄, 타지키스탄, 키르기스스탄, 투르크메니스탄과 같이 '-스탄'으로 끝나는 나라들이 있다. '스탄'은 '땅' 또는 '나라'라는 의미다. 이 나라들은 우즈베크인의 나라, 카자크인의 나라, 키르키스인의 나라, 타지크인의 나라, 투르크멘인의 나라 등으로 해석할 수 있다.

방향과 관련지어 작명한 나라로는 오스트레일리아, 노르웨이 등이 있는데 '오스트레일리아(Australia)'는 남쪽에 있어서 '남쪽'을 뜻하는 라틴어 '아우스트랄리스(australis)'에서 왔고, '노르웨이(Norway)'는 '북쪽 항로'를 의미하는 옛 노르만어 '노르레베크(norreveg)'에서 유래된 이름이다.

위치와 관련지어 작명한 나라로는 에콰도르, 적도 기니를 들 수 있다. 지구본을 돌려보면 적도에 많은 나라가 걸쳐 있다. 아시아에는 인도네시아, 아프리카에는 가봉, 콩고공화국, 콩고민주공화국, 우간다, 케냐, 소말리아, 아메리카에는 에콰도르, 콜롬비아, 브라질 등이 있다. 그러나 '적도'를 국가의 이름으로 사용하는 나라는 남미의 에콰도르(Ecuador)와 아프리카의 적도 기니(Guinea Ecuatorial) 뿐이다. 그러나 사실 적도 기니는 이름과는 달리 적도가 본토를 통과하지는 않는다.

적도탑은 적도에 없다

에콰도르의 수도 키토는 적도 위에 있다. 이를 기념해서 적도탑, 정확히 말해서 '지구의 중심(Mitad del Mundo)' 기념비를 키토에서 북쪽으로 22킬로미터 떨어진 곳에 세웠다. 이곳에는 북반구와 남반구를 구분하는 0도 0분 0초선이 있다. 18세기 프랑스 과학자들이 측정한 것이다. 이 선 위에 30미터 높이의 적도 기념탑을 세웠고 탑 꼭대기에

에콰도르 키토에 있는 적도탑. 진짜 적토선은 적도탑 인근을 지난다.

지구본을 올려놓았다. 그런데 실제 적도선은 이 기념탑에서 남쪽으로 240미터 지점임이 밝혀졌다. 20세기 들어 발달된 GPS 기술로 더 정확한 측정이 가능했기 때문이다.

이 기념탑 인근의 '진짜 적도선' 위에는 '인티냔 태양 박물관'이 있다. '인티냔(Intiñan)'은 '태양의 길'이라는 원주민 말이다. 이 박물관에서는 다양한 적도 체험을 할 수 있다. 보통 세면대에서 물이 빠져나갈 때는 소용돌이가 생긴다. 그런데 이곳 '진짜 적도선' 위에서는 물이 소용돌이 없이 그대로 빠져나간다. 이를 증명하기 위해서 가이드는 먼저 물이 채워진 작은 세면대에 나뭇잎을 띄운다. 먼저 이 세면대를 적도선 바로 위로 옮긴 후 물을 빼는데, 물은 소용돌이 없이 그대로 빠져나간다. 흔들림 없이 물과 함께 빨려 들어가는 나뭇잎으로 이를 알 수 있다. 그다음 세면대를 북반구 쪽으로 옮긴 후 물을 빼면, 물은 반시계 방향으로 소용돌이치면서 흘러 내려간다. 다시 세면대를 남반구 쪽으로 옮긴 후 물을 빼면, 물은 시계 방향으로 소용돌이치며 빠져 나간다. 적도선 위에서만 만날 수 있는 현상이다. 그밖에 적도에서 못 위에 계란을 세우는 체험도 할 수 있다. 이곳에서는 정말로 못 위에 계란을 세울 수 있다. 남반구와 북반구로부터 적도 중앙을 향해서 같은 힘이 작용하기 때문이다. 달걀을 세운 사람은 '달걀 장인'이라는 칭호를 받는다. 장난기 넘치는 마케팅 전략이다.

서늘한 적도, 에콰도르의 반전 매력

에콰도르의 면적은 한반도의 1.5배 정도다. 남아메리카에서는 작은 나라지만 열대와 온대, 안데스산맥, 아마존강, 해안 지역 등 다양한 기후와 지형을 갖고 있다. 독일의 세계적인 탐험가이자 지질학자인 알렉산더 폰 훔볼트가 "에콰도르 여행은 마치 적도에서 남극까지 여행하는 것 같다."고 말할 정도였다. 에콰도르는 산악지대인 시에라(Sierra), 해안지대인 코스타(Costa), 열대 우림 지역인 오리엔테(Oriente) 등 세 개의 지역으로 나뉜다.

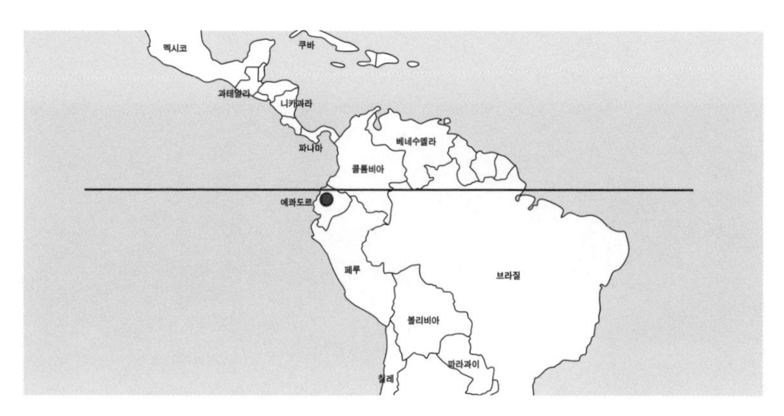

키토는 적도선에 걸쳐 있지만 안데스 고산지역에 위치해 덥지 않고 서늘하다.

중앙산악지대는 4천~6천미터의 고산이 20여 개나 연결되어 있다. 화산 폭발이 빈발하는 곳이어서 '화산의 길목'이라고도 불린다. 이곳에는 세계에서 가장 활발한 화산인 코토팍시 산(5,897미터)이 있다. 태평양에 면한 해안지대는 열대 저지대이지만 훔볼트 해류와 파나마 해류의 영향으로 연평균 기온이 25~28도 정도다. 그래서 이곳에서는 바나나와 커피 등이 생산된다. 안데스산맥 동쪽의 열대 우림 지역은 고온다습한 정글 지대다. 연중 비가 내리며, 진귀한 동식물의 보고로 아마존강의 발원지이기도 하다.

에콰도르의 수도 키토는 적도가 지나는 곳이라 날씨가 매우 더울 것 같지만 전혀 그렇지 않다. 키토는 해발 2,850미터의 안데스 고산 지역에 위치해 있기 때문이다. 연평균 기온은 섭씨 16도 정도다. 해발

에콰도르 키토에 있는 파시네요 언덕의 성모 마리아

고도 3,640미터의 볼리비아의 수도 라파스에 이어 수도로는 세계에서 두 번째로 높은 곳에 있다. 키토의 구시가지에는 광장, 교회, 왕궁, 박물관뿐만 아니라 스페인 식민지 시대의 건축물들이 잘 보존돼 있다. 도시 자체가 박물관이라 해도 과언이 아니다.

키토의 중심은 역시 독립광장이다. '대광장'이라 불리기도 하는 이 광장은 1535년에 조성되었다. 광장 서쪽에는 흰색의 신고전주의 양식의 대통령궁이 있다. 산프란시스코 대성당도 광장 한편을 차지하고 있다. 1535년에 지어진 이 성당은 남미에서 가장 오래된 성당이다. 이곳의 제단은 거울로 만들어졌는데, 원주민들이 거울을 금이나 은보다 더 소중하게 여겼을 뿐만 아니라 거울이 영혼을 비추는 것이라 믿었기 때문이다. 구시가지의 끝자락에는 바실리카 성당이 자리 잡고 있다. 두 개의 뾰족한 첨탑이 인상적인 이 성당 역시 키토를 대표하는 건축물 중의 하나다. 이 성당의 첨탑 꼭대기에서는 키토 시내를 조망할 수 있다.

여타의 라틴아메리카 대도시처럼 키토에도 거대한 성모 마리아상(像)이 있다. 파네시요 언덕(Cerro de Panecillo)에 있는 이 성모 마리아상은 41미터 높이로 1976년에 건립되었다. 모두 알루미늄으로 제작되었다. 파네시요(panecillo)는 '작은 빵' 또는 '부푼 빵'이란 의미인데, 이 언덕의 모습에서 유래되었다. 이곳은 원래 잉카 시대에 태양의 신전이 있던 자리였는데, 이곳 신전의 돌을 사용해서 성당을 만들었다고 한다.

키토 외곽지역에는 피친차 산이 있다. 이곳에는 2005년에 완공된 케이블카가 운행되는데 키토의 인기 관광지로 떠오르고 있다. 이 케이블카는 해발 2,950미터에서 4,100미터 지점까지 운행된다. 날이 맑으면 안데스산맥과 키토 시가지를 한눈에 볼 수 있다.

절벽 위 '세상의 끝 그네'

바뇨스(Baños)는 수도 키토에서 남쪽으로 약 200킬로미터 떨어진 소도시다. 바뇨스는 '온천욕'을 의미하는데 원래 이름은 '성스러운 물의 온천욕(Baños de Agua Santa)'이다. 이 지역의 온천수가 뛰어난 치료 효과를 보였기 때문에 붙여진 이름이다. 해발 고도 1,820미터에 있는 바뇨스의 연평균 기온은 섭씨 19도로 온천욕뿐만 아니라 주변이 폭포와 숲으로 둘러싸여 있어서 이를 활용한 각종 레포츠 활동이 가능한 곳이다. 아마존으로 가는 관문으로도 알려진 이곳은 에콰도르에서 아웃도어 액티비티의 성지로 떠오르고 있다.

이곳에는 세상에서 가장 높은 그네가 있다. 2013년 한 소셜 사이트에서 '세계에서 가장 초현실적인 여행지 20곳'을 선정했는데 바뇨스의 '세상의 끝 그네'가 포함되었다. 이 그네는, 여전히 용암을 뿜어대는 해발 5,023미터의 퉁구라우아(Tungurahua) 화산 기슭의 카사 델 아르볼(Casa del árbol, 나무의 집)에 있다. 입장료 1달러를 내면 '나무의 집'으로 들어가는 길이 나온다. 주변에는 짝퉁 그네들도 설치되어 있다. '나무의 집'에 있는 나무에 매달려 있는 '진짜' 그네 바로 앞에는 깎아지른 절벽이 입을 벌리고 있다. 그네에 올라 발을 구르면 발아래로 땅이 없어지고 낭떠러지 위를 나는 짜릿한 기분을 맛볼 수 있다. '초현실적인 여행지'까지는 아니지만 세상 어디서도 만날 수 없는 특이한 그네다.

절벽 위에서 하늘을 나는 것 같은 스릴을 느낄 수 있는 세상의 끝 그네

24

마추픽추

하늘과 맞닿은 공중도시

'버킷리스트(bucket list)'는 죽음을 앞둔 사람이 죽기 전에 하고 싶은 일을 적은 목록으로 일명 '소망목록'이라고도 한다. 많은 사람들이 '공중도시 마추픽추 방문'을 버킷리스트의 앞자리에 올린다. 그만큼 마추픽추는 사람들의 관심과 흥미를 불러일으키기에 충분한 곳이라는 얘기다.

1990년대 초 쿠스코 공항에 처음 도착했을 때, 너무 감격스러워 아무 말도 할 수 없었다.

'드디어 잉카의 심장에 왔구나! 그동안 말로만 듣던, 사진으로만 보던 마추픽추가 바로 지척에 있구나!'

그러나 마추픽추를 만난다는 설렘은 이내 고통으로 변했다. 세계맥주대회에서 2위를 차지했다는 쿠스코의 맥주 쿠스케냐에 혹해서, 그것도 해발고도 3,400미터에서 마셔댔으니…. 이후 꼬박 사흘을 아

잉카 문명의 상징인 마추픽추와 구름을 휘감은 와이나픽추

무것도 못 먹고 호텔방에 머물면서 '아! 지구 반대편에서 꽃다운 나이에 이 아름다운 세상을 떠나야 하는가?' 하는 두려움에 떨었던 기억이 30년이 지난 지금도 머릿속에 생생하다.

가까스로 몸을 추슬러서 도착한 마추픽추는 그야말로 상상 이상이었다. 사진으로 그토록 많이 보아 왔던 장면이었지만 직접 눈앞에 마주했을 때 '이 세상 어디에 이런 비현실적인 공간이 있을까' 하는 의문이 들 정도였다. 이후 두 번이나 더 마추픽추에 갔지만 '첫 경험'에서 느꼈던 감동과 환희에는 훨씬 못 미쳤다. 지금도 휴대폰이 울릴 때마다 배경화면으로 해놓은 마추픽추가 눈에 들어온다. 내게는 여전히 아련한 첫사랑 같은 곳이다.

마추픽추 가는 길

마추픽추(Machu Picchu)는 전 세계의 관광객들로 붐비는 명소여서 그만큼 유적의 훼손도 급속도로 진행되고 있다. 지반이 점차 가라앉고 있다는 연구 결과가 있을 정도다. 그래서 페루 관광청은 2019년부터 시간대별, 코스별로 입장 인원수를 제한하기 시작했다.

마추픽추 가는 방법은 보통 두 가지가 있다. 하나는 잉카 제국의 수도였던 쿠스코에서 마추픽추까지 자동차와 기차를 이용하는 방법이다. 쿠스코에서 콜렉티보(작은 버스)를 타고 오얀타이탐보까지, 이곳에서 기차를 타고 아구아스칼리엔테스까지, 다시 버스를 타고 마추픽추 입구까지 가는 방법이다. 여행자들이 가장 많이 이용하는 방법이다. 시간이나 비용 면에서 최적의 방법이기 때문이다. 물론 쿠스코에서 아구아스칼리엔테까지 럭셔리한 기차로 가는 방법도 있다.

페루 쿠스코 인근에 위치한 마추픽추

다른 하나는 잉카인들이 만든 잉카의 길을 따라 3박 4일 동안 걸어서 가는 방법이다. '잉카 트레일'이라고 한다. 수많은 잉카의 유적과 빼어난 안데스의 자연경관이 어우러져 있는 곳이다. 이 길은 전 세계의 트레커들이 꼭 걷고 싶어 하는 길이다. 이 트레킹에는 하루 최대 500명만 참여할 수 있다(순수한 트레커는 200명이고, 나머지는 가이드와 포터로 구성된다).

잉카 문명의 대신전, 마추픽추

유홍준은 "답사엔 초급, 중급, 고급이 있는데 불국사는 답사의 시작이자 마지막이다."라고 했다. 마추픽추는 불국사처럼 '남미 유적 답사의 시작이자 마지막'으로 부르기에 충분하다. 티티카카 호수가 잉카족의 기원에 해당하는 순례의 장소라면, 마추픽추는 주변의 모든 성소를 아우르는 대신전에 해당하기 때문이다.

잉카인의 언어인 케추아어로 '늙은 봉우리'를 의미하는 마추픽추는 쿠스코에서 북서쪽으로 약 80킬로미터 떨어진 곳에 있다. 그동안 '미국의 대학교수인 하이럼 빙엄이 1911년에 최초로 발견했다'는 것이 정설로 알려졌지만, 이에 대한 반론도 만만치 않다. 19세기에 이미 독일의 한 탐험가가 이곳에서 유물을 약탈해갔다는 사실을 보여주는 지도, 마추픽추의 토지 소유주가 이곳을 방문했던 기록 등 다양한 역사적인 사실이 있기 때문이다. 하이럼 빙엄을 최초의 발견자로 간주하기에 문제가 있다는 말이다.

마추픽추에 대한 설명은 지금까지의 수많은 연구에도 불구하고 그

잉카인들이 태양을 묶어 두었던 인티와타나

건설 이유에 대해서는 의견이 분분하다. 처녀를 태양신에게 바치던 신전, 잉카 제국의 9대 왕 파차쿠텍의 개인 별장, 아마존을 정복하기 위한 잉카인들의 전초기지, 스페인 침략에 대한 잉카인들의 마지막 저항지 등과 같은 추정과 가설만이 있을 뿐이다.

마추픽추는 가운데 설치된 수로를 중심으로 동쪽과 서쪽에 성격이 서로 다른 건축물들이 배치되어 있다. 서쪽에는 100여 개의 다랑이 밭이 있고, 높이 10미터가량의 석축이 이들을 지탱하고 있다. 동쪽에는 광장과 주거 지역, 그리고 태양의 신전, 달의 신전, 콘도르 신전 같은 종교 시설들이 밀집해 있다. 마추픽추에서 가장 중요한 구조물은 인티와타나(Intihuatana), 태양의 신전 그리고 세 개의 창문이 있는 방이다. 이들은 모두 잉카인들이 섬기는 태양신 인티를 위한 구조물이다.

원형의 성벽으로 둘러싸인 태양의 신전 앞에는 해시계로 알려진 '인티와타나'라는 돌기둥이 있다. '인티와타나'는 케추아어로 '태양을 끌어당기는 자리'라는 의미다. 태양을 숭배하는 잉카인들은 해마다 동지가 되면 이 돌기둥 바로 위에 떠 있는 태양을 붙잡는 의식을 치렀다고 한다. 즉 이 돌기둥은 '태양을 묶는' 역할을 했다. 이 의식은 계곡이 깊어서 일조량이 부족한 산악지대에서 농사를 짓는 데 필요한 날씨 예측을 위해서 행해졌으리라 추정한다.

유적지 뒤로 우뚝 솟은 봉우리인 와이나픽추는 '젊은 봉우리'란 뜻이다. 해발 2,690미터로 정상까지는 1~2시간 소요된다. 마추픽추의 해발 고도가 2,430미터이니 정상까지 약 260미터 정도만 더 오르면 된다. 대신 정상부는 거의 직벽에 가깝기 때문에 손과 발을 모두 사용해야 정상에 오를 수 있다. 이 산 정상에서는 깊고 깊은 우루밤바 계곡을 내려다 볼 수 있다. 천의 얼굴을 가진 마추픽추도 볼 수 있다. 구름이 잔뜩 낀 하늘이 맑아지면서 나타나는 마추픽추의 모습은 그야말로 장관이다.

잉카인들은 바퀴를 사용할 줄 몰랐다. 그럼에도 불구하고 이 엄청난 양의 돌들을 수십 킬로미터 밖에서 옮겨와 마추픽추를 건설했다. 돌로 쌓은 벽은 종이 한 장 들어갈 틈도 없이 정교하다. 뿐만 아니라 마추픽추의 위치 자체도 매우 드라마틱하다. 날카로운 산과 깎아지른 절벽에 둘러싸여 있어 산 아래에서는 이 마추픽추의 존재를 상상조차 할 수 없다. 마치 공중에 떠 있는 것만 같다. 그래서 마추픽추를 '공중의 도시'라고 하는지도 모른다.

마추픽추는 칠레의 시인 파블로 네루다, 아르헨티나의 혁명가 체 게바라 등 많은 인물들에게 아메리카 대륙의 슬픔과 한을 떠올리게 했다. 네루다는 마추픽추에서 잔혹한 식민 통치를 겪었던 아메리카인들의 아픔을 공감하고 자신 속에만 갇혀 있던 인식의 지평을 아메리카 전체로 확장시켰다. 체 게바라는 네루다의 시 '마추픽추의 산정'을 읊으며 마추픽추 곳곳에 스며있는 잉카인들의 한 서린 역사를 마주했다.

마추픽추는 인간의 치열한 삶을 담은 한 편의 서사시라고 한다. 구름과 콘도르가 쉬어가는 이곳에서 많은 사람들이 역사의 생명력을 읽고 그에 대한 상상력을 발휘했고, 또 오랜 세월 동안 간직해 온 숱한 영혼들의 이야기를 들으며 자신의 이야기를 썼기 때문이다. 그래서 마추픽추는 인간의 치열한 삶을 담은 한 편의 서사시라 할 수 있다.

나의 잉카 트레일

나의 잉카 트레일은 두 번째 마추픽추를 방문했던 2007년 1월로 거슬러 올라간다. 늘 꿈꿔왔던 곳이라 전날 밤잠을 설쳤다. 트레커들을 태운 버스가 아침 일찍 쿠스코를 떠나 '88km'에 도착했다. 쿠스코에서 88킬로미터 떨어진 곳이다. 이곳에서 까미노 잉카(Camino Inca), 즉 '잉카의 길' 트레킹이 시작된다. 잉카 트레일은 잉카인들이 만든 길을 따라 현대인들이 마추픽추까지 걸어가는 일종의 걷기 여행이다. 총 3박 4일 동안 약 80킬로미터를 걸으면서 안데스산맥의 위용을 느끼고 잉카 문명의 찬란함을 경험할 수 있다. 함께 걷는 팀원들의 국적은 다양했다. 페루인, 캐나다인, 핀란드인 각각 한 명, 노르웨이인 세 명, 아르헨티나인 네 명, 그리고 나까지 모두 11명이다. 그리고 가이드는 영어와 스페인어 가이드 각각 1명, 그리고 대표 가이드 1명으로

잉카 트레일에서 만난 사람들

구성되어 있었다.

첫째 날은 여권 심사대를 통과하면서 시작되었다. 일종의 체크 포인트다. 이어 나오는 흔들다리를 건너 우루밤바강을 우측에 두고 걸었다. 이내 제법 넓은 평원에 있는 약타파타(Llactapata) 유적이 나왔다. 잉카인들은 콘도르(하늘), 퓨마(땅), 뱀(지하) 등 세 가지 동물을 신성시했는데, 약타파타는 이 세 동물 중 뱀의 형상을 본뜬 모양새를 하고 있다. 이곳은 4개의 계곡이 만나는 교통의 요지이자 남부의 열대과일과 북부의 옥수수를 교환한 장터였다고 한다.

'신성한 계곡'을 따라 트레킹을 할 때는 나귀에 짐을 싣고 이동하는 주민들을 종종 마주쳤다. 꼭 네팔의 안나푸르나 트레킹을 연상케 했다. 첫 야영지 마을에 도착했다. 앞서간 포터들은 이미 텐트를 치고 트레커들에게 차를 대접한다. 왕이 된 느낌이다. 트레커들과 포터들 간의 대면의 시간을 가졌다. 돈으로 그들을 샀다는 생각이 들었지만 '그들도 우리 덕분에 먹고살 수 있지 않은가?'라는 철저한 자본주의적 사고로 무장하기로 마음을 고쳐 먹었다.

다음 날, 고도가 높아지면서 힘이 배로 들었다. 중간의 쉼터에서 쉬면서 에너지를 보충했다. 고도가 높아질수록 풍경은 황갈색으로 변했다. 가장 힘들다는 4,200미터 고갯길이 저 멀리 보인다. 일명 '죽어 있는 여자 고개'다. 고개의 모습이 등을 대고 누워 있는 여자와 닮았다고 해서 붙여진 이름이란다. 고개에 가까스로 올라와 모두들 기념촬영을 하려는데 노르웨이에서 온 왕성한 젊은 여인들은 벌써 저 아래로 내달리고 있다. 처음 보았을 때부터 범상치가 않았지만 이렇게 날아다닐 줄이야.

고개에서 한참을 내려오니 두 번째 야영장이 나왔다. 뒤쪽으로는 안데스산맥이 병풍처럼 둘러싸여 있고 앞쪽으로는 시야가 탁 트여 있다. 높은 산에서 흘러내리는 폭포도 장관이다. 안데스의 품에 제대로 들어온 느낌이다. 쏟아지는 별들, 높은 산으로 둘러싸여 있는 공간 등 우리나라의 산에서 느낄 수 없는 또 다른 분위기다.

다음날엔 출발부터 만만치 않았다. 급경사의 오르막이다. 그러나 간간이 등장하는 잉카의 유적들이 걷는 어려움을 잊게 해준다. 아침에 출발한 야영지는 벌써 계곡 아래에 내려앉아 있다. 군사초소이자 차스키(소식을 전하는 전령)의 쉼터인 유적을 지난다. 산 너머 높은 산에서 떨어지는 폭포가 장관이다. 구름 속에 싸여있던 안데스산맥의 고봉들이 모습을 서서히 드러냈다. 이어 '높이 솟은 마을'을 의미하는 사약마르카 유적지가 나왔다. 잠시 휴식을 취하고 길을 다시 재촉했다. 오늘 가야 할 거리가 16킬로미터이기 때문이다. 이어 이끼와 기생식물로 뒤덮인 열대 우림을 지난다.

이어 산지와 밀림의 경계에 있어서 생물 다양성이 풍부한 곳을 지나니 마지막 야영지가 나왔다. 앞선 두 번의 야영지와는 달리 상점과 샤워장이 있다. 건물 안에는 먼저 도착한 다른 팀들이 살사 파티를 열고 있다. 우리 팀도 그들과 어울려 안데스의 마지막 밤을 즐겼다. 우리 팀원 모두는 춤추면서 즐기고, 나는 맥주를 마시면서 그들의 노는 모습을 보면서 즐겼다. 그때 "헤이, 리!(Hey, Lee!)". 그들은 나를 광란의 장으로 불러냈다. 썩 내키지는 않았지만 그래도 3박 4일이나 동고동락한 팀원들이 불러주니 못 이긴 척 일어났다. 이내 그들과 한 몸이 되어 마지막 잉카 트레일의 밤을 보냈다.

마지막 날, 대망의 마추픽추 입성이다. 그러나 비가 내린다. 인티풍쿠에서 바라보는 마추픽추가 장관이라던데. 사위(四位)가 구름에 가려 답답하다. 나의 마추픽추 트레킹은 여기까지인가 보다 생각하고 모든 걸 내려놓았다. 그러다 갑자기 하늘이 열렸다. 안개가 사방에서 피어올라서 공중도시를 더욱 신비스럽게 만들었다. 마추픽추 입구에서 스탬프를 받고 유적지 내를 돌면서 가이드의 설명을 들었다. 함께 고생한 팀원들과 기념촬영도 하면서 아쉬움을 달랬다. 3박 4일 동안 걸으면서 모든 어려움을 극복하고 도착했을 때의 기쁨과 쾌감은, 예전에 버스와 기차로 마추픽추에 왔을 때와는 그 차원이 달랐다.

이제 헤어져야 할 시간. 다른 팀원들은 와이나픽추를 올라가지 않고 바로 인근 마을인 아구아스칼리엔테스로 돌아가 파티를 즐긴단다. 그러나 나는 다시 한 번 힘을 냈다. 마추픽추 뒤에 우뚝 솟은 와이나픽추로 향했다. 정상 부근은 역시 코가 땅에 닿을 정도로 가팔라서 현기증이 날 정도다. 정상에 올라서니 마추픽추가 구름에 가려 보이질 않는다. 1993년인가 처음 와이나픽추에 올랐을 때도 이와 비슷했던 기억이 났다. 그때에도 이렇게 마추픽추가 구름에 덮여 있다가 갑자기 모습을 드러냈는데…. 아니나 다를까, 갑자기 구름이 걷히면서 마추픽추가 거짓말처럼 나타났다. 마추픽추와 우루밤바강이 발아래 펼쳐졌다. '그래, 바로 이 맛이야!' 그동안 쌓였던 트레킹에서의 피로감이 일순간에 사라졌다. 이로써 잉카 트레일은 끝났다. 더 이상 걷지 않아도 된다는 안도감보다 더 이상 걸을 수 없다는 허무감이 더 컸다. 그러나 아구아스칼리엔테스에서 파티를 열고 있을 팀원들을 다시 만난다는 기대감을 안고 길을 재촉했다.

25
파나마 운하
아메리카와 유럽의 징검다리

● 파나마는 중미와 남미를 잇는 잘록한 허리 부분에 있다. 그래서 파나마는 스페인 식민 시대부터 아메리카와 유럽의 징검다리 역할을 했다. 파나마의 수도 파나마시티는 1519년 태평양 연안에 건설된 최초의 스페인 식민도시다. 태평양 연안의 잉카 제국에서 약탈한 황금 등을 이곳 파나마를 거쳐 대서양 쪽 항구인 포르토벨로로 운반한 후, 이를 다시 스페인으로 가져갔다. 그러다 20세기 들어 또 다른 징검다리가 생겼다. 바로 파나마 운하다.

더 많은 물자를 더 빠르게

파나마 운하는 파나마의 대표적인 랜드마크로 이집트의 수에즈 운하와 더불어 세계에서 가장 물동량이 많은 운하다. 태평양과 대서양

파나마 운하의 위치

을 연결하는 이 운하의 길이는 약 80킬로미터로, 1914년 개통된 이후 85년 동안 미국에 의해서 관리되다가 1999년 운하에 대한 모든 권리가 파나마로 이양되었다.

1815년에서 1860년 사이에 미국의 대외 교역은 비약적으로 증가했다. 특히 1849년에는 캘리포니아의 골드러시로 물자 운송의 중요성이 더 커졌다. 미국 기업들은 먼저 파나마 지협에 두 대양을 잇는 철도를 건설했지만 물자 운송에 한계를 느꼈다. 그래서 더 많은 물자를 빠르게 운송할 수 있는 운하 건설에 관심을 갖게 되었다.

드디어 1883년, 대서양과 태평양을 잇는 운하가 착공되었다. 당시에는 파나마가 콜롬비아의 영토였기 때문에 콜롬비아 정부가 수에즈 운하를 건설했던 프랑스 회사와 운하 건설 계약을 맺었다. 그러나 고

온다습한 열대 우림 지대, 복잡한 지형, 황열병 및 말라리아의 창궐 등으로 많은 인명 피해가 생겼다. 55개 나라에서 모집한 4만여 명의 인부들에게 운하 공사 현장은 그야말로 '지옥'이었다. 여기에 태평양 쪽 해수면이 대서양 쪽 해수면보다 20센티미터 낮다는 사실도 뒤늦게 알려져 운하 건설에 차질이 생겼다. 이후 미국의 방해, 미국인 철도원의 태업 등으로 인해서 건설을 위한 물자 운송이 불가능해졌고, 여기에 프랑스 회사의 부정부패까지 더해 운하 공사는 1889년에 중단되었다.

이후 1903년에 미국은 콜롬비아 정부와 운하 건설 관련 조약을 맺었다. 이 조약에는 "운하의 조차권은 100년간 미국이 갖고, 미군이 운하 구역에 주둔하며, 운하 관리비로 1,000만 달러를 지불하고 운하가 건설된 후에는 매년 25만 달러의 임대료를 지불한다."는 내용이 담겨 있었다. 그러나 콜롬비아 상원은 이 조약을 부결시켰다. 자국의 주권을 무시한 불평등 조약이라는 이유였다. 이러한 결정에 반발한 미국은 독립파들을 회유하여 1903년 11월, 파나마를 콜롬비아로부터 독립시켰다. 파나마가 독립하자, 미국은 "미국이 파나마의 독립을 보증하는 대신 미국은 파나마 운하 구역을 영구히 점령한다."는 조약을 파나마와 체결했다. 이는 미국이 파나마 운하를 통째로 차지하겠다는 것과 다름없었다.

파나마 운하는 1903년 파나마의 독립과 함께 공사가 시작되어 1914년 8월에 완공되었다. 운하는 1920년부터 정식으로 개통되었다.

파나마 운하

이 운하의 개통으로 대서양과 태평양 간의 항해 거리는 약 7,500킬로미터 단축되었다. 미국은 운하 구역 내에서는 미국 국기를 게양하고, 미국의 법률을 적용하는 등 이 구역을 치외법권적 식민지로 전락시켰다. 1960년에 아이젠하워 대통령은 개정된 조약에 따라 운하 구역 내에 파나마 국기의 게양을 허용했지만, 이마저 운하 구역 내 미국 거주민들의 반대로 무산되었다. 파나마 국민들은 반미 시위를 벌였다. 1964년에는 파나마 청년이 운하 구역에 몰래 들어가 파나마 국기를 게양하다가 발각되어 사살되었다. 이에 파나마 국민들은 격분하여 시위를 벌였고 이 시위로 400여 명의 사상자가 발생했다. 이후 미국을 규탄하는 시위를 벌이고 운하 반환 운동을 끊임없이 전개했다. 그 결과, 1999년 12월 31일에 운하는 파나마에게 반환되었다. 파나마 운하의 모든 행정과 기술 인력이 파나마인으로 대체되면서 운하에 대한 소유권이 미국에서 파나마로 완전히 넘어갔다.

파나마 운하의 확장

2000년대 이후, 해상물동량이 증가하면서 파나마 운하를 통과하는 선박이 늘어났다. 그에 따라 통과 시간이 지체되는 등 운하 확장의 필요성이 대두되었다. 이에 파나마 정부는 운하 확장을 추진했다.

파나마는 기존의 운하를 넓히는 대신 그 옆에 새로운 운하를 건설하는 방식을 택했다. 새로운 운하는 2007년 9월에 착공되어 9년 만인 2016년에 완공되었다. 파나마 운하를 이용하면 남미 대륙의 끝으로 돌아가는 경우보다 항해 일수를 23일가량 더 줄일 수 있다. 예를 들어, 부산에서 뉴욕까지의 운송 기간이 수에즈 운하를 경유하는 경로에 비해서 10일 정도 적게 소요된다. 파나마 운하의 효율성이 그만큼 더 커졌다는 얘기다. 파나마 정부는 새 운하 개통으로 파나마 운하의 세계 해상물류 시장 점유율이 높아지고, 그에 따라 통행료 수입이 대폭 증가할 것으로 기대하고 있다.

파나마 모자

파나마 모자를 만드는 모습

파나마 모자는 그 형태가 중절모와 비슷하다. 그러나 중절모를 보통 양모로 만드는 데 비해 파나마 모자는 '파하 토키야(paja toquilla)'라는 잎으로 만든 섬유로 제작된다. 파나마 모자는 밤이나 새벽에만 만든다. 모자의 재료인 섬유의 유연성을 유지하기 위해서는 습기가 필요한데, 낮에 작업하면 섬유가 말라버려서 유연성을 유지하면서 모자를 만들기 어렵기 때문이다. 이런 과정을 거쳐 제작되는 파나마 모자의 강점은 모자를 돌돌 말았다가 펴도 다시 원래의 형태로 복원되는 유연성에 있다. 다림질이 거의 필요 없을 정도로 구김이 생기지 않으며, 가벼우면서도 통풍이 잘된다.

사실 이 파나마 모자의 원산지는 파나마가 아니다. 남미 에콰도르다. 이름이 '파나마 모자'로 불린 유래는 여러 가지다. 1800년대 중반, 사람들은 금을 찾아 파나마를 통과하여 캘리포니아로 갔다. 이들은 에콰도르에서 수입된 모자를 파나마에서 구입하였고, 시간이 지나면서 이 모자는 원산지가 아닌 구입 장소의 이름으로 불리기 시작했다. 1855년에 파나마에 살던 한 프랑스인이 파리에서 열린 만국 박람회에 소개하면서 파나마 모자는 세계적으로 유명해졌다. 이 모자가 파나마 모자로 불리게 된 또 다른 이유는 파나마 운하에서 찍은 루스벨트 대통령의 사진 때문이라고도 한다. 1904년에 파나마 운하 건설 현장을 방문한 루즈벨트 대통령이 이 모자를 쓰고 찍은 사진이 언론을 통해 세계에 소개되면서 그 이름이 '파나마 모자'로 굳어졌다는 설이다. 이후 전 세계의 유명 회사들이 이 모자를 판매하기 시작했다. 파나마 모자는 윈스턴 처칠, 루즈벨트 대통령, 흐루쇼프, 험프리 보가트, 마이클 조던 같은 유명인들도 즐겨 썼다.

26

오페라 극장

아메리카, 유럽의 예술을 향유하다

● 라틴아메리카를 대표하는 오페라 극장으로는 아르헨티나 부에노스아이레스의 콜론 극장과 브라질 마나우스의 아마존 극장이 있다. 그리고 전문적인 오페라 극장은 아니지만 이에 버금갈 만한 극장으로 멕시코시티의 예술궁전이 있다. 이 중에서 콜론 극장은 세계 3대, 또는 세계 5대 오페라 극장에 포함된다고 한다. 이탈리아 밀라노의 라 스칼라, 미국 뉴욕의 메트로폴리탄, 오스트리아 비엔나의 빈 국립오페라극장, 프랑스 파리의 국립오페라극장, 영국 런던의 코벤트가든 로얄 오페라하우스 등과 어깨를 견줄 정도로 규모나 수준 면에서 손색이 없다는 평이다.

아르헨티나 경제 호황의 상징

부에노스아이레스에 이렇게 세계적인 극장이 들어서게 된 이유는 바로 아르헨티나 경제의 호황 때문이었다. 《엄마 찾아 삼만 리》에 나오는 수많은 유럽의 마르코 엄마들이 돈을 벌기 위해 아르헨티나로 향했다. 경제가 잘 돌아가니 인구도 늘었다. 그동안 아르헨티나의 소

아르헨티나 부에노스아이레스의 오페라 극장인 콜론 극장

들은 가죽이나 육포, 염장 소고기 등으로만 소비되거나 수출되었지만 냉동 설비의 등장으로 신선한 소고기가 유럽으로 수출되면서 돈이 그야말로 쏟아져 들어왔다. 이로 인해서 20세기 초에 아르헨티나는 세계 5위의 부자 나라로 등극하기까지 했다.

이에 따라 아르헨티나의 상류층들은 유럽을 동경했고 파리로 여행을 떠났다. 그의 자식들 역시 파리로 유학을 보냈다. 이들의 문화적인 향유 욕구 역시 유럽인들 못지않게 컸다. 1850년대에 많은 유럽의 오페라단이 부에노스아이레스를 찾았다. 당시 유럽의 오페라단에게 부에노스아이레스 공연은 하나의 유행이었다. 계절이 북반구와 달랐기 때문이다. 유럽에서는 시즌 오프지만 남반구의 부에노스아이레스는 그 반대였다. 유럽의 유명한 가수나 지휘자가 부에노스아이레스에서 공연하는 것은 어쩌면 당연한 일이었다. 1854년 한 해만 해도 유럽의 오페라단이 50여 편의 오페라를 공연했다고 한다. 그러나 극장은 많았지만 그 규모는 협소해서 이들 공연에 걸맞은 더 넓은 무대가 필요했다.

콜론 극장(Teatro Colón)은 이렇게 해서 탄생했다. 아르헨티나가 한창 잘 나갈 때인 1908년이다. 콜론 극장은 1층에서 6층까지 최대 4,000명을 수용할 수 있는 규모로 내부에는 대리석 계단과 돔, 화려한 색깔로 제작된 유리, 700여 개의 전구로 장식된 샹들리에 등이 있어서 건물 자체가 하나의 예술품으로 평가받는다. '콜론(Colón)'은 콜럼버스의 스페인어 명칭이다. 아메리카 대륙을 '발견'한 콜럼버스를 기념하기 위해서 명명되었다.

유럽의 오페라단이 남미 순회공연을 할 때 가장 먼저 공연하는 장소가 바로 콜론 극장이었다. 이 극장에서 공연이 끝나면, 공연은 브라질의 리우데자네이루, 우루과이의 몬테비데오, 칠레의 산티아고로 이어졌다. 콜론 극장은 이렇게 세계 최고 오페라단과 성악가들을 초청하면서 세계적인 오페라 극장에 버금가는 극장으로 자리 잡았다.

그러나 아르헨티나의 만성적인 경제 위기는 콜론 극장을 가만 놔두지 않았다. 국민들은 가뜩이나 경제가 어려운데 콜론 극장에 예산을 쏟아붓는 것에 곱지 않은 시선을 보냈다. 그만큼 자신들에게 돌아가는 몫이 줄어들기 때문이었다. 콜론 극장은 한동안 방치되어 있다가 2006년이 되어서야 정부의 지원을 받아 보수작업에 들어가 2010년 5월 24일에 문을 다시 열었다. 아르헨티나 독립 200주년의 해였다. 2019년 현재, 콜론 극장은 그 명성에 걸맞게 다채롭고 수준 높은 공연들을 무대에 올리고 있다.

밀림 속의 오페라 하우스

아마존 극장(Teatro Amazonas)은 브라질의 아마존강 한복판의 도시인 마나우스에 있다. 마나우스는 네그루강과 아마존강이 합류하는 지점에 위치해 있다. 열대 밀림 한가운데에 있는 마나우스는 연중 습하고 비가 자주 내리는 곳이다. 그래서 마나우스 사람들은 "이곳 날씨는

밀림 속 거대한 예술 작품이 된 아마존 극장

둘 중 하나다. 매일 비가 오거나, 하루 종일 비가 온다."라고 까지 말한다.

마나우스는 19세기 중반부터 세계적인 고무 생산지였다. 20만 명에 가까운 사람들이 고무나무 수액을 채취하기 위해서 마나우스로 몰려들었다. 도시는 번창하기 시작했다. 남아메리카 최초로 전기가 들어오고 전화가 가설되었다. 도심지에는 전차가 다녔다. 고무 생산으로 부를 쌓은 사람들은 대저택을 짓고 호화로운 생활을 했다. 오페라를 포함하여 각종 문화를 향유하기 위해서 유럽을 자주 오갔다. 그러다가 유럽의 오페라 하우스와 똑같은 극장을 갖고 싶은 욕심이 생겼다.

공사는 1885년에 시작되었다. 필요한 자재는 유럽에서 대서양을 건넌 후, 다시 아마존강을 따라 1,300킬로미터를 더 거슬러 올라와 마나우스에 도착했다. 지붕 타일, 샹들리에, 가구, 집기 등은 프랑스에서, 계단과 기둥을 위한 대리석은 이탈리아에서, 철제품은 영국에서 들여왔다. 아마존 극장은 예정보다 11년이 더 지난 1896년에 겨우 완공되었다. 극장의 돔에는 독일에서 들여온 3만 6천 개의 장식 타일을 사용하여 브라질 국기를 그렸다. 극장의 천장이나 커튼에는 다양한 그림들이 장식되었다. 이렇게 건설된 아마존 극장은 아마존의 밀림 속에 있는 하나의 거대한 예술작품이었다.

극장이 완공된 후, 이탈리아, 프랑스, 포르투갈, 스페인의 성악가나 오페라단들이 와서 푸치니나 베르디 등 유명 작곡가의 작품들을 공연했다. 그러나 1920년대 들어 고무 산업이 침체되면서 마나우스의 경제는 곤두박질쳤다. 오페라 하우스 역시 과거의 영화는 온데간데없이 사라졌다. 극장의 별관들은 창고로 사용되었고, 무대는 실내 축구 경기장으로 사용되기까지 했다.

이후 마나우스는 아마존의 자연을 보러오는 관광객들로 인해서 경제가 회복되기 시작했다. 아마존 극장 역시 경제 상황이 좋아짐에 따라 대대적인 보수 공사를 거쳐 화려했던 옛 모습을 되찾았다. 1974년의 일이다. 아마존 극장은, 비록 거대한 아마존과 싸우느라 나이보다 훨씬 늙어버렸지만 예전의 품격은 여전히 남아 있다는 평이다.

이 아마존 극장을 배경으로 한 영화로는 〈피츠카랄도〉가 있다. 아마존 밀림에 오페라 하우스를 세워 당대 최고의 테너 엔리코 카루소를 초청해서 무대에 올리겠다는 허황된 계획을 밀어붙이는 주인공 피츠카랄도의 집착과 광기를 다룬 영화다. 특히 거대한 증기선이 산을 넘는 장면이 오래도록 기억에 남는다. '배우를 말려 죽이는 감독'으로도 악명 높은 베르너 헤어조크의 뚝심이 느껴지는 장면이다. 그는 이 작품으로 1982년 칸 영화제에서 감독상을 수상했다.

독재가 시작해 혁명이 완성하다

멕시코시티의 예술 궁전(Palacio de Bellas Artes)은 앞서 말한 아르헨티나 부에노스아이레스의 콜론 극장이나 브라질 마나우스의 아마존 극장처럼 큰 규모는 아니다. 그러나 내외부의 장식 면이나 시설 면에서는 이들 극장에 결코 뒤지지 않는다.

1876년부터 1911년까지 멕시코를 통치했던 독재자 포르피리오 디아스(José de la Cruz Porfirio Díaz Mori)의 지시에 의해 이 예술궁전의 건축이 시작되었다. 1904년에 공사를 시작하여 독립 100주년의 해인 1910년에 완공하려 했지만 지반이 침하되고 멕시코 혁명이 일어나는 등의 이유로 공사가 지연되었다. 그러다가 1931년에 공사가 재개되어 1934년에 완공되었다. 멕시코 근대사를 관통하는 20세기 초에 30년 동안 지어진 이 건물은 그 자체가 바로 멕시코 근대사의 증인이라 할 수 있다.

멕시코시티의 예술 궁전

외부의 황금빛 천장 돔과 하얀 대리석 벽이 예술 궁전의 품격을 보여준다. 내부에는 국내외 저명한 예술가의 작품들이 있다. 특히 1층과 2층 내부 벽에는 멕시코 벽화 운동을 대표하는 디에고 리베라, 호세 클레멘테 오로스코, 다비드 알파로 시케이로스 등의 벽화가 있다. 마리아 칼라스와 플라시도 도밍고 등 세계 유명 성악가들이 공연하면서 이 예술궁전은 멕시코를 대표하는 극장으로 자리매김했다.

에리히 클라이버와 카를로스 클라이버

지금도 '베토벤의 7번 교향곡'이라고 하면 카를로스 클라이버(Carlos Kleiber)가 지휘한 연주를 최고로 꼽는다. 이 독일 출신의 최고의 지휘자는 지구 반대편, 아르헨티나의 콜론 극장과 밀접한 관련이 있다. 그의 아버지는 당대 최고의 지휘자였던 에리히 클라이버(Erich Kleiber)다. 그는 베를린 국립 오페라의 음악 총감독이었다. 그러나 나치 정권에 반기를 들고 1935년 아르헨티나로 건너왔다. 그는 자신의 다섯 살짜리 아들의 이름을 독일식 이름인 '카를(Karl)'이 아닌 스페인어식 이름인 '카를로스(Carlos)'로 바꾸었다. 파시즘에 대한 그의 사무친 원한을 엿볼 수 있는 대목이다.
아르헨티나에 온 에리히 클라이버는 콜론 극장과 인연을 맺어 연주 활동을 계속했다. 유럽의 정상급 가수와 연주자들은 에리히 클라이버와 연주하기 위해서 아르헨티나를 찾았다. 아르헨티나를 넘어 쿠바와 칠레 등 남미 전역에서 활발한 연주 활동을 편 에리히 클라이버는 1948년에 유럽으로 다시 돌아와 당대 일류 오케스트라를 지휘하면서 명성을 떨쳤다. 이후 베를린 국립 오페라단을 재건하기 위해서 노력했으나 당시의 복잡한 정치 사정으로 인해서 그 뜻을 이루지 못했다. 그는 결국 1956년에 스위스 취리히에서 심장마비로 사망했다.
이후, 그의 아들인 카를로스 클라이버는 세계 유수의 오케스트라를 지휘하면서 명성을 쌓았다. 그는 슈투트가르트 가극장의 음악감독직을 사임했던 1973년부터 세상을 떠나던 2004년까지, 적어도 생애의 마지막 30년간 어디에도 몸을 담지 않았던 '은둔의 프리랜서'였다. 그러나 '은둔형 마에스트로'라고도 불리는 카를로스 클라이버는 빈 필하모닉이든 베를린 필하모닉이든 세계 정상의 오케스트라를 지휘해 '특별한 명연'을 남겼다.

27

박물관

찬란한 문명의 발자취

● 미국 실용주의 철학자 존 듀이는, 박물관은 잘못하면 '생기 없는 문명의 미장원'이 될 수 있다고 경고한 적이 있다. 프랑스의 미술평론가 테오필 토레 역시 박물관을 제대로 대접하지 않으면 '명작의 공동묘지'나 '사후의 피난처'가 된다고 일갈했다.

멕시코 국립인류학박물관이나 보고타 황금박물관은, '생기 없는 공동묘지'가 아니다. 찬란하게 빛났던 문명을 품은 '살아 있는 보고'이며 세계 유수의 박물관들과 당당히 어깨를 겨룰만한 규모와 품위를 갖춘 박물관들이다.

멕시코인의 자부심, 국립인류학박물관

멕시코 국립인류학박물관은 멕시코시티의 차풀테펙 공원 내에 있다. 지상 2층 규모의 ㅁ자형 건물이다. 총 24개의 전시실과 함께 도서관, 연구실, 극장, 강당 등의 부대시설을 갖추고 있다.

1964년 9월 17일에 개관한 이 박물관에는 건립에 얽힌 일화 한 가지가 전해 내려온다. 페드로 라미레스 바스케스라는 건축가가 아돌포 로페스 마테오스 노동부 장관의 집을 지었다. 집이 완공되자, 장관은 건축가에게 "당신의 꿈은 무엇입니까?"라고 물었다. 이에 그는 "박물관 건축입니다."라고 대답했다. 그로부터 몇 년 후인 1958년, 바로 그 노동부 장관이 멕시코의 대통령이 되었다. 대통령은 축하 인사차 들른 그 건축가에게 "우리는 이제 박물관을 지을 수 있게 되었소."라고 흥분된 목소리로 말했다. 1910년 혁명 이후 멕시코는 원주민과 메스티소와 백인으로 이루어진 다문화 사회 구성원들의 정체성 함양을 위한 교육 장소가 필요했다. '멕시코'라는 이름 아래 하나로 통합하고자 하는 목적에 부합하는 곳이 바로 박물관이었다. 건축가 페드로 라미레스는 영국의 대영박물관, 프랑스의 루브르 박물관, 스페인의 프라도 박물관을 답사하는 등 평소 박물관 건축에 관심이 많았다. 1962년, 대통령은 이 건축가에게 "박물관을 나설 때 우리 국민들이 멕시코인이라는 자부심을 느낄 수 있어야 합니다. 사람들이 '극장이나 영화관에 갔었나요?'라고 일상적으로 묻듯이 '박물관에 가보았어요?'라고 물을 정도로 멋지게 만드시오."라고 당부했다고 한다.

이 에피소드는 이성형 교수가 말한 '박물관 민족주의'와 그 궤를 같이한다. "박물관은 이 나라 민족의 정체성을 담아 놓은 거대한 저수지다. 박물관은 이 나라 민족의 정체성을 비추는 거울이다. 메스티소 민족주의의 모성적 뿌리인 원주민 문명을 분류하고, 발굴하고, 전시한 공간이다. (중략) 이곳 인류학박물관의 1층에는 죽은 과거의 문명이, 2층에는 살아 있는 원주민 문명이 전시되어 있다." 멕시코는 이처럼 국립인류학박물관을 민족주의의 고양에 적극 활용했다.

박물관에 들어서면 먼저 거대한 우산의 모습을 한 '생명의 나무'를 만난다. 지하, 지상, 천상의 삼계를 상징하는 나무다. 그 앞에는 마야 문명에서 신성시하는 연못인 세노테가 있다. 지하에서 올라오는 생명

멕시코의 국립인류학박물관

아즈텍 사회의 우주관이 담긴 태양의 돌(좌)과 아프리카인의 형상이라 불리는 거대한 두상(우)

의 젖줄을 의미한다.

이 박물관에서는 관람객이 다른 전시실로 가려면 반드시 건물 한가운데의 넓은 안마당으로 나와야 한다. 이 박물관을 설계한 건축가 페드로 라미레스는 "관람객은 자신이 보고 싶은 유물이 전시된 방을 쉽게 찾을 수 있어야 하고, 때로는 답답한 실내에서 벗어나 바깥 공기를 마시면서 휴식을 취하고 기분전환도 할 수 있어야 한다."고 말했다. 그의 전시실 배치의 철학을 알 수 있는 대목이다.

이 박물관에 전시된 여러 유물 중 백미는 단연 아즈텍 문명을 대표하는 '태양의 돌'이다. 무게 24톤, 두께 1.22미터, 직경 3.6미터의 압도적인 규모를 자랑하는 이 거대한 둥근 돌은 '아즈텍의 달력'이라 불린다. 아즈텍 사회의 우주관이 담겨 있기 때문이다. 1250년에서 1521년 사이에 제작된 것으로 추정되는 이 태양의 돌은 1790년 말에 멕시코시티의 소칼로 광장을 조성하기 위한 터를 닦을 때 발견되었다. 눈길을 끄는 또 다른 전시물은 거대한 두상이다. 입술은 두툼하고 주먹코에 쌍꺼풀이 살짝 있는 모습을 하고 있다. 한눈에 봐도 흑인같이 생겼다. 일부 학자들은 에티오피아인 혹은 아프리카인의 형상이라 부르면서, 이 두상을 아메리카와 아프리카가 기원전부터 교류한 증거라고 주장하기도 한다. 그러나 이 두상은 아메리카 지역에서 가장 오래된 올메카 문명의 작품이다. 1862년에 최초로 발견된 이후 현재 모두 17개의 두상이 발견되었다. 큰 것은 무려 50톤, 높이도 보통 남성의 키보다 더 크다.

박물관 1층 전체는 멕시코 지역의 고대 문명 유물관이다. 인류의 탄생, 문명 이전의 시대, 그리고 올메카, 톨테카, 테오티우아칸, 팔렝케, 아즈텍, 마야 등 멕시코 전역에서 꽃피웠던 고대 문명의 유물들이 시대순으로 전시되어 있다. 2층은 민속박물관으로 조성되어 있는데, 이곳에서는 멕시코에 살았던 다양한 원주민들의 생활 모습과 전통문화 등을 살펴볼 수 있다.

세계에서 규모가 가장 큰 황금박물관

대만 타이페이의 진과스 황금박물관, 중국 자오위안의 중국황금실경박람원, 페루 리마의 황금박물관, 콜롬비아 보고타의 황금박물관, 코스타리카 산호세의 프리콜럼비안 황금박물관 등은 세계적으로 유

콜롬비아 보고타의 황금박물관

명한 황금박물관이다. 이중 세계에서 규모가 가장 큰 황금박물관이 바로 콜롬비아의 수도 보고타에 있다.

콜롬비아 지역은 2천 년 전부터 주로 사금을 이용해서 장신구 등을 제작했다. 16세기 초부터 19세기 말에 이르기까지 해마다 평균 3,500킬로그램의 금이 생산되었다는 통계가 있을 정도로 콜롬비아는 한때 세계에서 가장 많은 금을 생산하는 나라이기도 했다. 이곳에 살았던 원주민들은 황금을 가장 신성시했다. 황금이 시체의 부패를 막고 영혼을 보호한다고 믿었기 때문이다. 그래서 내세에서의 삶을 위해서 죽을 때 황금을 시신과 함께 묻거나 시신 속에 넣었다.

1939년에 개관하여, 1968년에 현재의 위치로 옮긴 이 박물관에는 스페인 침략 이전에 콜롬비아에서 번성했던 문명의 황금 세공품이 무려 34,000점이나 전시되어 있다. 이외에도 13,000점의 도자기 및 3,000점의 조개껍데기와 화석 유물 등을 소장하고 있다. 1층에는 원주민의 역사와 관련된 유물이 전시되어 있고, 2층에서는 원주민들의 도금 및 연금술을 소개하고 있는데 특히 종잇장같이 얇은 금박과 머리칼처럼 가는 금줄로 만든 제품들이 눈길을 끈다. 3층은 금속 공예품 전시장으로 이곳에 천 년 전에 죽은 부족장의 묘를 복원해 놓았다. 누워있는 부족장의 머리는 금모자, 얼굴은 금가리개, 귀는 금귀고리, 목은 12개의 금목걸이, 팔목과 발목은 금팔찌와 금발찌로 장식되어 있다. 시신 주변에는 금으로 된 용기들이 놓여 있다.

관람 내내 보는 작품들이 모두 황금으로 되어 있어서 아마도 사람들은 박물관을 나설 때쯤이 되면 '견금여석(見金如石)', '황금 보기를 돌 같이' 하는 마음을 갖게 될지도 모른다.

자연이 만든 미라

미라 박물관은 멕시코의 과나후아토(Guanajuato)에 있다. 과나후아토는 멕시코시티에서 북쪽으로 약 300킬로미터 떨어진 소도시다. 멕시코의 대표 화가 디에고 리베라가 태어난 곳이기도 하다. 이 박물관에 전시된 미라들은 과나후아토 공동묘지를 정비하면서 발굴된 미라들이다. 전시되어 있는 미라의 수만 해도 110여 구 이상이나 된다.

이 미라들에 대한 사연은 다음과 같다. 1933년부터 창궐하기 시작한 콜레라로 인해서 많은 사람들이 죽었다. 공동묘지에는 이들을 묻을 자리가 부족했다. 이를 해결하기 위해서 과나후아토 시당국은 돈을 받고 죽은 사람을 매장해 주고, 일정 기간이 지나면 다시 돈을 받고 매장 기간을 연장할 수 있는 매장세를 시행했다. 이를 이행하지 못하면 시당국은 임의로 시신을 파냈다. 대부분의 사람들은 돈을 지불할 능력이 없었다. 그래서 묘지의 90% 이상이 파헤쳐졌다고 한다. 그런데 파헤쳐진 시신들은 썩지 않고 지금의 미라 형태로 남아 있었다. 이는 과나후아토의 건조한 기후와 토양 때문이다.

발굴 초기에는 공동묘지의 지하묘실에 보관되어서 방문객들이 관리인과 함께 미라가 양옆으로 선 채로 전시되어 있는 통로 가운데로 지나가면서 미라를 직접 만져볼 수 있었다고 한다. 이후 많은 사람들이 이 미라들을 보려고 몰려들었다. 특히 1970년에 개봉한 영화 〈과나후아토의 미라들에 대항하는 성인(El Santo contra las momias de Guanajuato)〉이 개봉되면서 방문객이 증가하기 시작했다. 이에 시당국은 효율적인 미라의 보존을 위해서 미라 박물관을 건립했다.

멕시코 과나후아토의 미라박물관

이 박물관에는 늙어서 죽은 사람, 젊어서 죽은 사람, 엄마의 자궁을 떠나지 못한 채 엄마와 함께 죽은 태아, 물에 빠져 죽은 사람, 교수형 당한 사람, 칼에 찔려 죽은 사람, 생매장당한 사람 등 각기 다양한 사연을 지닌 미라들이 전시되어 있다. 이곳에 전시된 미라는 이집트의 미라처럼 방부 처리한 후에 붕대와 밀랍으로 꽁꽁 싸맨 것이 아니라, 매장될 때의 복장 그대로의 모습을 하고 있다. 얼굴의 주름, 반점, 머리 색깔부터 입고 있던 옷의 자수 문양, 바느질 자국까지 그대로 남아 있다.

이곳을 방문하는 관람객들은 엄숙하기보다는 여느 박물관에 온 것처럼 기념사진도 찍고, 깔깔거리며 '전시물'들을 즐겁게 감상한다. 죽음이란 '아무것도 남기지 않는 허무이고, 인간이 극복할 수 없는 한계'라는데, 관람하는 사람들의 표정에서는 이 죽음에 대한 엄숙함과 비장함은 찾아보기 힘들다. 이곳에는 인간이 삶의 끝자락에서 경험하는 고통과 상실의 순간으로써의 죽음이 아닌 단순히 보고 즐기는 구경거리로서의 죽음만이 있는 듯하다.

28

라틴 음악

혼합된 문화가 만든 흥겨운 리듬

● 라틴 음악은 라틴아메리카의 원주민, 유럽의 백인, 아프리카의 흑인 문화가 섞여서 만들어진 음악이다. 여러 나라, 다양한 풍토에서 태어나고 발전해 왔다는 말이다. 이 라틴 음악은, 미국에 정착한 쿠바, 푸에르토리코, 자메이카 등 카리브해 출신의 이민자들에 의해서 소개되었고, 이후 전 세계에서 선풍적인 인기를 끌었다. 아무래도 미국이 전 세계 상업 음악의 중심지였기 때문일 것이다. 라틴 음악의 대표 선수는 '세상의 모든 음악이 새롭게 태어나는 곳', 바로 카리브해의 섬나라 쿠바다.

쿠바의 음악은 강처럼 흐른다

누군가 쿠바 음악을 '스페인의 기타와 아프리카의 타악기와의 애정

행각'이라 불렀다. 여기에는 물론 아랍 문화까지 포함되어 있다. 스페인은 오랫동안 아랍의 지배를 받았기 때문이다. 그래서 쿠바 음악에는 아프리카, 아랍, 유럽 등 세 가지의 문화가 온전히 담겨 있다고 말한다. 쿠바는 지정학적으로 유럽과 아프리카를 잇는 교차점이었다. 스페인과 미국의 식민 지배를 받았던 나라이기도 하다. 세상의 다양한 문화들이 들락날락했던 곳이기에 '세상의 모든 음악이 새롭게 태어나는' 것은 어쩌면 당연한 일인지도 모른다.

쿠바 음악은 특히 아프리카 흑인 음악의 영향을 많이 받았다. 바로 '아프로-쿠바(Afro-Cuba)' 음악이다. 이 음악에는 콩가, 팀발레스, 클라베, 봉고 등 강렬한 타악기에서 나오는 아프리카의 영혼이 담겨 있다. 손(Son)이나 단손(Danzón)처럼 차분하고 로맨틱한 음악부터 맘보, 차차차, 룸바, 아바네라 등 경쾌한 리듬을 지닌 음악까지 아프로-쿠바 음악은 전 세계인에게 많은 즐거움을 선사했다. 특히 쿠바에서 탄생한 아바네라(Habanera)는 아르헨티나 탱고의 바탕이 된 리듬이다.

음악이 강처럼 흐른다는 쿠바. 음악을 향유하려는 사람만 있을 뿐, 음악을 지배하려는 권력자가 없는 곳이라는 쿠바. 예술가들에게 많은 영감을 주는 공간인 쿠바에 뿌리를 둔 음악이 있다. 바로 살사(Salsa)다. 살사는 여러 대중 매체에도 많이 등장할 뿐만 아니라 살사 바, 살사 클럽, 살사 동호회 등을 통해서 우리의 일상에도 깊숙이 들어와 있다.

살사, 인생의 맛을 더하다

살사의 뿌리는 쿠바이고, 살사의 탄생지는 뉴욕이다. 이유는 다음과 같다. 쿠바의 음악은 유럽과 아프리카의 음악이 합쳐진 음악이다. 이 쿠바의 음악이 뉴욕으로 건너가 미국의 재즈와 만나 맘보가 탄생했다. 맘보는 1950년대에 크게 유행한, 라틴 밴드에 관악기를 포함시키면서 태어난 신나는 댄스 음악이다. 이 음악은 멕시코에서 인기를 끌다가, 이후 미국으로 건너가 대중음악계를 장악했다. 이때부터 전 세계에 맘보 음악의 열풍이 불었다. 여기에 푸에르토리코, 도미니카 공화국, 콜롬비아 등 카리브해 국가의 리듬이 섞여 '살사'가 태어났다.

살사는 이처럼 다양한 리듬이 혼합된 음악이다. 그래서 살사를 '혼합의 혼합(mixture of mixture)의 음악'이라 부르기도 한다. 쿠바 혁명 이후, 셀리아 크루스를 비롯해 상당수의 쿠바 예술가들이 미국으로 망명했다. 이들은 1960~1970년대 미국에서 활동하고 있던 푸에르토리코 등 다른 카리브해 출신의 음악인들과 함께 밴드를 결성해서 카리브 음악을 클럽에서 연주하기 시작했다. 이 음악은 뉴욕을 중심으로 인기를 끌었다. 미국 대중음악계의 흥행사들은 이들의 음악에 '살

아바나 거리의 살사를 추는 커플

사'라는, 기억하기 좋고 부르기 좋은 명칭을 붙여 대대적으로 홍보했다. 이 마케팅 전략은 대성공을 거두었다.

스페인어로 '소스(sauce)'란 의미의 '살사'를 사용한 이유에는 몇 가지 설이 있다. 우선 1930년대, 이그나시오 피녜로의 히트곡 '그곳에 살사를 뿌려!'에서 차용했다는 설이다. '소스'란 의미지만 흥미나 활기, 자극을 주는 것이란 의미에 중점을 둔 것이다. 또 다른 설은 1967년, 베네수엘라에서 열린 콘서트에서 사회자가 콘서트를 후원해 준 토마토소스 회사를 홍보하기 위해서 "자, 음악에 살사를 칩시다!"라고 말한 이후, 살사가 되었다고도 한다. 근원이야 어찌 되었든, 살사라는 춤이 인생의 맛을 더해준다는 점에서는 꽤 설득력 있는 명칭이다.

멕시코 밴드 마리아치

멕시코의 수도 멕시코시티나 제2의 도시 과달라하라를 여행하다 보면 마리아치(Mariachi) 밴드를 자주 볼 수 있다. 마리아치는 차로(Charro, 말몰이꾼) 복장에 챙이 넓은 모자인 솜브레로를 쓴 밴드로 멕시코를 대표하는 상징이다. 이들은 레스토랑이나 술집, 또는 거리에서 손님들의 주문에 따라 노래를 불러주고 팁을 받는다. 마리아치 밴드는 악기의 수에 따라 5~12명으로 구성된다. 기본 악기로는 기타, 기타론(큰 기타), 비우엘라, 바이올린, 트럼펫 등이 있다. 마리아치 음악은 18세기에 멕시코의 서부 지역에서 유행하다가 과달라하라와 같

멕시코 전통 밴드 마리아치

은 대도시에 전해졌다. 이 음악은 20세기 초반에 라디오를 통해서 전국적으로 알려지게 되었다. 이후 왈츠나 폴카 등의 영향을 받아 레퍼토리가 다양해졌다.

마리아치는 1905년에 멕시코시티에 처음 소개되었는데 이는 멕시코 혁명 기간에 많은 농장 노동자들이 멕시코시티로 몰려들었기 때문이다. 이들은 주로 멕시코시티의 가리발디 광장 주변에서 활동했다. 때마침 정부는 혁명 후 멕시코인의 정체성을 고양하고 멕시코를 국제적으로 알리고자 했고, 그 수단으로 마리아치를 활용했다. 라디오나 레코딩, 더 나아가서 영화 등을 통해서도 마리아치를 홍보했다. 지금도 과달라하라에서는 매년 국제 마리아치 페스티벌이 열리며, 멕시코시티에서는 수천 개 이상의 마리아치 밴드가 활동하고 있다.

빌라로부스, 브라질풍의 바흐

브라질은 대중음악의 나라지만 클래식 음악의 나라이기도 하다. 바로 빌라로부스(Heitor Villa-Lobos) 때문이다. 그는 라틴아메리카 클래식 음악의 거장으로 평가받는다. 어려서부터 유럽의 클래식 음악을 배운 빌라로부스는 서양 클래식 작곡가들의 음악에서 느낄 수 없는 독특한 사운드를 만들어냈다. 그 바탕에는 아프리카의 리듬과 아메리카의 선율, 그리고 여러 선율을 동시에 살리는 바흐의 대위법이 있었다.

그는 처음에는 카페에서 쇼루(Choro) 음악에 반주를 해주며 대중적인 감각을 익혔다. '쇼루'는 브라질 라디오 채널에 쇼루 채널이 따로 있을 정도로 브라질에서 인기 있는 기악 연주 음악이다. 즉 원래 '우는', '흐느끼는'이란 의미를 지닌 쇼루는 왈츠, 폴카, 마주르카와 같은 유럽적인 요소가 브라질의 지역적인 서정과 결합하여 만들어진 브라질 최초의 대중음악이다. 서양 클래식 음악에 정통했던 빌라로부스는 음악을 모방하는 게 아닌 이러한 쇼루를 바탕으로 한 자신만의 음악을 창조하고 싶어 했다. 이를 위해서 브라질 전역을 여행하며 각 지역의 민요나 민속 음악을 수집했다. 그는 1930년에 쿠데타로 집권하여 민중의 지지가 필요했던 바르가스 정권 아래에서 대중의 애국심을 고취하는 음악을 만들기도 했다. "나 자신이 민속이다."라고 말할 정도로 브라질 민속 음악에 자부심을 가진 빌라로부스는 브라질의 정체성을 담은 음악을 만들었다. 바로 '브라질풍의 바흐'다.

브라질 리오데자네이루의 빌라로부스 흉상

이 곡은 유럽, 라틴아메리카, 아프리카, 이 세 대륙의 특성을 조화시켜 브라질의 모습을 상징적으로 담아냈다는 평가를 받고 있다. 빌라로부스는 "이 세 대륙의 특성이 공존하는 곳이 브라질이기 때문에 진정한 브라질 음악을 만들기 위해서는 이러한 다양성을 살리는 음악을 만들어야 한다."고 역설했다. 이 음악으로 빌라로부스는 세계적인 거장의 반열에 올랐다.

29

탱고

육체로 쓰는 영혼의 시

● 문화평론가 하재봉은 탱고를 '육체로 쓰는 영혼의 시'라 했다. 아르헨티나 출신의 작곡가이자 시인인 엔리케 산토스 디세폴로는 탱고를 '춤으로 표현할 수 있는 슬픈 생각'이라고도 했다. 그만큼 탱고에는 아르헨티나로 이주했던 유럽 이민자들의 외롭고 서글픈 영혼이 오롯이 담겨 있다는 뜻이다. 탱고는 한없이 흥청거리면서 모든 것을 다 보여주는 라틴아메리카의 다른 춤들과는 다르다. 그래서 누군가 "탱고는 관능적이지만 모든 것을 다 보여주지 않는 '은폐된 열정'을 지니고 있다."고 했는지도 모른다.

탱고의 발생

탱고는 부에노스아이레스의 보카 지구에서 탄생되었다는 것이 거의 정설로 받아들여지고 있다. 19세기 유럽에서 오는 배들은 모두 보카 항구로 들어왔다. '보카'는 '입', '입구'를 뜻한다. 당시 아르헨티나는 약속의 땅이었다. 그러나 드넓은 땅을 개간할 사람이 부족했다. 유럽의 이민자들, 그중에서도 이탈리아나 스페인 출신의 농부와 도시 노동자들이 자신의 땅을 갖겠다는 희망을 안고 가족을 고국에 남겨둔 채 아르헨티나로 건너왔다. 이민자들은 원래 내륙지방이나 팜파 지역에 정착하기로 되어 있었다. 그러나 그곳에는 대농장을 소유한 지주들이 여전히 남아 있었다. 이는 이민자들이 자신의 땅을 소유하기보다는 소작농으로 전락할 가능성이 더 컸다는 얘기다. 그래서 이들은 대도시로, 그중에서도 가장 '먹을 것이 많았던' 부에노스아이레스로 몰려들었다.

부에노스아이레스에서도 특히 보카 지역은 고향을 떠나온 사람들이 많았다. 이민자뿐만 아니라 부두 노동자, 밀수꾼, 뱃사람들까지 한데 뒤섞여서 북적댔다. 아르헨티나로 들어오는 관문이었기 때문이다. 자연스럽게 타향살이의 애환을 달래 주는 선술집이 많이 생겼다. 그들은 이곳에서 술을 마시거나 웃음 파는 여인들과 춤을 추면서 향수를 달랬다. 탱고는 이렇게 태어났다.

그래서 탱고를 흔히 '유럽, 아프리카, 라틴아메리카 문화의 혼합체'라 부른다. 탱고의 근원으로 밀롱가(Milonga), 아바네라, 칸돔베(Candombe) 등의 춤곡들을 꼽는다. 탱고는 처음부터 독자적으로 만들어진 춤이 아니라는 말이다. 밀롱가는 19세기 중엽 아르헨티나와 우루과이에서 발생한, 경쾌한 리듬과 빠른 템포를 지닌 춤이었다. 초기에는 부에노스아이레스 인근의 농촌 지역에서 즐겼던 노래 형식이었으나 이후 부에노스아이레스로 전해져서 춤곡이 되었다. 밀롱가는 춤곡의 일종이기도 하지만 탱고를 추는 장소를 일컫는 말이기도 하다. 아바네라는 쿠바의 수도 아바나에서 유래한 말로 '아바나의 춤'이란 뜻이다. 식민시대에 스페인에서 쿠바로 들어왔던 콘트라단사(Contradanza), 즉 수많은 커플이 동시에 추는 춤이 들어오면서 만들어진 우아한 춤곡이다. 아바네라는 라틴아메리카의 다른 나라는 물론이고 스페인에도 전해졌다. 칸돔베는 아프리카 흑인의 리듬으로 주술 의식을 계승한 카니발 음악이다. "탱고는 아바네라로부터는 깊은 서정성과 멜로디를, 밀롱가로부터는 춤 동작을, 칸돔베로부터는 끊어질 듯 이어지는 느릿한 음색과 리듬을 이어받았다."라고 했던 아르헨티나의 작가 에르네스토 사바토의 말이나, "탱고는 부에노스아이레스의 라플라타강에 있다. 아버지는 우루과이의 밀롱가, 할아버지는 쿠바의 아바네라다."라고 했던 아르헨티나 출신의 대문호 호르헤 루이스 보르헤스의 말에서 알 수 있듯이 탱고는 결국 아바네라, 밀롱가, 칸돔베라는 세 리듬이 혼합된 음악이라 할 수 있다.

부에노스아이레스에 오는 많은 관광객들은 탱고의 발상지라 할 수 있는 보카 지구로 간다. 이 쇠락하고 침울했던 항구지역이 '카미니토

아르헨티나 부에노스아이레스에 있는 탱고의 발상지 보카 지구

(Caminito, 골목)'라는 문화 재건 사업을 통해 생기 넘치는 관광명소로 거듭났다. 이곳에는 울긋불긋한 색깔로 칠한 양철판이나 나무판자로 지은 집들이 많다. 원래 이 지역에 살던 이민자들이나 노동자들이 페인트 살 돈이 없어서 조선소에서 쓰다 남은 페인트를 조금씩 얻어다가 집 단장을 했는데, 얻어온 페인트의 양만큼 칠하다 보니 하나의 집에도 여러 가지 원색을 사용해서 칠할 수밖에 없었기 때문이다. 이러한 원색의 울긋불긋한 집들이 지금은 보카 지구의 트레이드마크가 되었다.

탱고의 거장들

아르헨티나의 축구에 디에고 마라도나와 리오넬 메시가 있다면, 아르헨티나의 탱고에는 카를로스 가르델과 아스토르 피아졸라가 있다. 탱고의 거장으로 평가받는 인물들이다.

탱고를 노래한 가수, 카를로스 가르델

언젠가 부에노스아이레스 시내 여행을 위해서 지하철 노선도를 펼쳤다. 그런데 역 이름이 '카를로스 가르델'이다. 우리나라에는 비록 없지만, 굳이 만들자면 아마 '조용필 역'이나 '이미자 역'쯤 될 것이다. 역 이름이 탱고 가수의 이름이라니, '카를로스 가르델'이란 사람이 도대체 누구 이길래.

카를로스 가르델(Carlos Gardel)은 아르헨티나가 낳은 국보급 대중가수다. 프랑스 툴루즈에서 태어난 그는 어릴 때 어머니를 따라 부에노스아이레스로 왔다. 그의 유년기와 청소년기에 대해서는 알려진 것이 없다. 단지 불우했을 거라는 추측만 할 뿐이다. 주로 이별, 설움, 그리움을 테마로 한 노래를 불렀기 때문이다.

탱고가 춤이 아닌 노래로서 획기적으로 발전한 데는 카를로스 가르델의 역할이 매우 컸다. 아니 절대적이었다. 가르델은 1917년에 발표한 'Mi noche triste(나의 슬픈 밤)'로 아르헨티나 국민가수로서의 입지를 다졌다. 이후 가르델은 멋진 중절모를 쓰고 항상 미소 짓는 부드러운 이미지를 보여주었다. 수려한 외모를 가진 그는 독특한 목소리와

카를로스 가르델 지하철 역 인근에 있는 카를로스 가르델 동상

창법으로 아르헨티나 사람들의 심금을 울렸다. 술이나 마약을 멀리하여 자기 관리에도 충실했다. 때마침 아르헨티나에 들어온 라디오 방송과 음반 산업의 덕도 보았다. 사람들이 굳이 카페나 바에 가지 않고도 탱고 가수의 노래를 들을 수 있게 된 것이다. 그는 라틴아메리카뿐만 아니라 유럽이나 미국 등지로도 연주 여행을 다녔다. 이렇듯 카를로스 가르델은 '아르헨티나의 연인'이라 불릴 정도로 독보적인 탱고 가수 겸 작곡가였다. 그는 우리에게 잘 알려진 영화 〈여인의 향기〉에 나오는 '포르 우나 카베사(Por una cabeza, 간발의 차이로)'의 작곡자이기도 하다. 퇴역 장교인 프랭크 역의 알파치노가 휠체어에 앉아 여인과 탱고를 출 때 흘러나왔던 음악이다.

'그는 가르델이야!' 한 분야에서 최고의 경지에 오르거나 대중들의 사랑을 독차지하는 사람을 일컬을 때 아르헨티나 사람들이 쓰는 말이다. 카를로스 가르델은 그만큼 아르헨티나 사람들에게는 영웅이었다.

이렇게 잘 나가던 가르델은 1935년 6월 24일, 콜롬비아 메데인에서 비행기 사고로 죽었다. 이 사고로 비행기에 타고 있던 다른 탑승객들도 전원 사망했다. '카를로스 가르델'이라는 국보급 가수를 잃은 아르헨티나 사람들은 목 놓아 울었다. 그를 추모하는 행렬은 끝이 없었다. 그의 유해는 콜롬비아에서 뉴욕과 리우데자네이루를 거쳐 아르헨티나로 돌아왔다. 현재 부에노스아이레스의 라 차카리타 공동묘지에 묻혀 있다.

'누에보 탱고'의 창시자, 피아졸라

기타를 '거리의 악기'에서 '콘서트장의 악기로' 만든 사람이 스페인 출신의 안드레스 세고비아라고 한다면, 탱고를 '반주를 위한 음악'에서 '감상을 위한 음악'으로 격상시킨 사람은 바로 아르헨티나 출신의 아스토르 피아졸라(Astor Pantaleón Piazzolla)다. 피아졸라는 '새로운 탱고', 즉 '누에보 탱고(Nuevo tango)'의 창시자다. 피아졸라는 탱고에 클래식과 재즈를 접목시켜 탱고를 새롭게 만든 장본인이다.

피아졸라는 아르헨티나에서 태어났지만 어렸을 때 뉴욕으로 이주했다. 피아졸라는 갱단에 들어가 나쁜 짓을 일삼는 불량소년이기도 했다. 아버지는 이런 아들에게 탱고의 반주 음악에 없어서는 안 될 악기인 반도네온을 선물했다. 음악을 통해서 바른길을 가기 원했기 때문이었다. 이후 피아졸라는 카를로스 가르델의 반주자가 되어 활동하거나 가르델의 영화에 출연하기도 했다.

17세가 되던 해 피아졸라는 부에노스아이레스에서 뛰어난 반도네온 연주자로 이름을 날렸다. 그러나 사실 피아졸라는 탱고를 천박한 음악으로 여겼고 재즈나 클래식을 더 좋아했다. 클래식을 연주하고 작곡하고 싶었지만 생계를 위해서는 탱고 연주를 계속해야만 했다.

그러던 중 피아졸라는 어느 콩쿠르에서 입상하여 그 부상으로 일년 동안 프랑스에서 당대 최고의 음악교육자였던 나디아 블랑제의 지도를 받게 되었다. 그렇지만 블랑제의 인정을 받지 못했다. 심혈을 기울여 작곡한 피아졸라의 작품들을 본 블랑제는 "잘 썼군. 그런데 여기는 스트라빈스키, 여기는 바르톡, 그리고 여기는 라벨이군. 대체 피아졸라는 어디 있지?"라고 말했다. 피아졸라의 곡에는 유명 작곡가들의 흔적만 있을 뿐 피아졸라의 진정한 모습이 없다는 혹평이었다. 그때가 되어서야 비로소 피아졸라는 자신이 카바레에서 탱고 음악을 연주했다는 '과거'를 털어놓았다. 그리고 블랑제 앞에서 자신이 작곡한 탱고 음악을 연주했다. 이를 들은 블랑제는 "진정한 피아졸라는 탱고 음악 속에 있었군!"이라는 말로 피아졸라를 격려했다. 그녀는 피아졸라에게 자신만의 특성이 담긴 음악을 주문했다.

아르헨티나로 돌아온 피아졸라는 오케스트라를 다시 조직했다. '듣는 탱고'로 혁명을 일으키겠다는 생각이었다. 그러나 피아졸라는 생명의 위협을 느꼈다. 기존의 탱고를 망가트린다고 생각하는 사람들 때문이었다. 부에노스아이레스의 택시기사가 승차를 거부할 만큼 피아졸라의 탱고 음악에 대한 거부감은 컸다. 그러나 피아졸라는 이에 굴하지 않고 자신만의 탱고 음악을 만들기 위해서 매진했다.

1958년에 뉴욕으로 간 피아졸라는 탱고 5중주단을 조직하여 어느 정도 성공을 거두었다. 그러나 미국 무대에서 탱고 음악으로 완전한 성공을 하는 데는 한계가 있었다. "여기서 뭐하는 거죠? 여기는 당신이 있을 곳이 아니에요."라고 했던 아르헨티나 출신 팬의 말에 큰 충격을 받기도 했다. 설상가상으로 아버지가 세상을 떠났다. 1960년에 다시 아르헨티나로 돌아온 피아졸라는 5중주단을 결성하여 탱고 음악을 연주했다. 이번에는 클래식 음악이 접목된 탱고 음악이었다. 탱고가 '춤 추기 위한 음악'이 아닌 '감상을 위한 음악'으로 거듭난 것이다. 피아졸라는 당시 싸구려 춤곡에 지나지 않았던 탱고를 지구촌 최고의 음악의 반열에 올려놓았다. 이때가 피아졸라의 최전성기였다.

이후 심장마비, 부인과의 별거 등으로 많은 어려움을 겪었지만 누에보 탱고 5중주단을 결성, 연주 활동을 하면서 재기에 성공했고, 유럽과 북미에서 큰 인기를 얻어 세계적인 스타가 되었다. 피아졸라는 '내게 있어 탱고는 언제나 발보다는 귀를 위한 것'이라고 선언했다. 그는 1990년 파리에서 뇌출혈로 쓰러졌다. 아르헨티나의 대통령은 자신의 전용기를 보내 피아졸라를 아르헨티나로 모셔왔지만 결국 1992년에 세상을 떠났다. 피아졸라의 '아디오스 노니노', '항구의 사계', '망각', '리베르탕고' 등 우리에게 귀에 익은 음악은 지금도 라디오에서, 밀롱가에서 연주되고 있다.

탱고의 영혼, 반도네온

초창기 탱고는 바이올린, 플루트, 기타로 연주되는 3중주의 형태였다. 이후에는 플루트 대신 반도네온이 들어왔다. 반도네온은 원래 독일 농촌 지역에서 찬송가를 보급하기 위해 만들어진 악기였다. 독일의 이민자들이 이 악기를 아르헨티나로 가지고 왔다. 반도네온은 네모난 모양의 긴 주름상자 형태로 되어 있다. 크기만 작았지 형태는 아코디언과 비슷하다. 반도네온은 탱고 연주에서 멜로디 파트를 이끈다. 반도네온의 구슬픈 음색이 탱고와 잘 어울려서, 사람들은 반도네온을 '탱고의 영혼'이라 부르기도 한다.

소설가 정여울은 반도네온을 "베일을 한 겹 드리운 듯한 아스라한 음색으로 직접적인 울림

탱고 댄서들 뒤에서 반도네온을 연주하는 연주자

보다는 멀리서 들려오는 풍경(風磬) 소리 같은 숨결을 지닌 악기다. 그래서 더욱 구슬프고 청승맞은 느낌을 주지만, 동시에 엄청나게 화려하고 은밀하며 신비로운 목소리를 지닌 악기"라고 평했다. 더 나아가 반도네온의 이미지를 "악기의 이미지도 매혹적이다. 반도네온은 그 외모만 보면 악기라기보다는 변화무쌍한 예술작품처럼 보인다. 가지런하게 접어놓은 상태로 보면 휘황찬란한 고서(古書)들을 차곡차곡 세워놓은 것 같고, 최대한 길게 늘여놓으면 호화로운 병풍이나 현란한 부채처럼 찬란한 속내를 드러내 보인다."라고 표현하고 있다. 이어서 그녀는 "반도네온의 연주는 흡사 사연 많은 여인의 깊은 한숨 같은 그윽한 숨결을 토해내는 것 같다."는 평으로 반도네온을 향한 연서(戀書)를 마무리 짓는다.

30

미술

현실에 맞선 의지

● 에드워드 루시-스미스는 《20세기 라틴아메리카 미술》에서 "최근까지 20세기 라틴아메리카 미술은 미국이나 유럽의 평론가들에 의해 과소평가되어 왔다. 그리고 20세기 라틴아메리카 미술은 미국과 서유럽의 모더니즘에서 파생되었거나 그것을 모방한 것으로 치부되는 모욕적인 대접을 받아 왔다. 또한 20세기 라틴아메리카 미술은 유럽이나 미국의 모더니즘에 비해 매우 빈약한 전통들로 뒤섞인 '튀기 문화'로 오인되기도 했다."라고 라틴아메리카 미술의 '억울함'을 토로했다. 그러나 이어 "이와 같은 편견에도 불구하고 유럽에서도 이제 이러한 혼혈문화가 라틴아메리카 미술이 가지는 장점의 일면을 설명해주며, 라틴아메리카 미술의 생명력, 독창성, 놀라운 불변의 힘의 근원이 되기도 한다는 사실을 깨닫기 시작하고 있다."라는 '안도감'도 내비치고 있다. 이처럼 라틴아메리카 미술

은 유럽의 미술에 편승하는 미술 사대주의에 빠지지 않고 자신들만의 세계를 발전시켜 새로운 흐름을 만들어낸 용감한 예술혼을 지니고 있다는 평이 지배적이다.

라틴아메리카 미술을 이야기할 때 세트로 언급되는 운동과 인물들이 있다. 바로 멕시코 벽화 운동과 디에고 리베라, 그리고 프리다 칼로다. 사물이나 인물을 뚱뚱하게 그리는 화가로 유명한 콜롬비아 출신의 화가 페르난도 보테로 역시 우리에게 잘 알려진 인물이다.

멕시코의 벽화 운동

수도 멕시코시티나 제2의 도시 과달라하라에 가면, 보는 이를 압도하는 규모의 거대한 벽화들을 볼 수 있다. 특히 이 벽화들은 공공건물에 많이 그려져 있다. 이렇게 거대한 벽화들이 유독 멕시코에 많이 그려진 이유는 뭘까?

멕시코시티는 혁명의 도시다. 1910년에 '한 자루의 감자'인 농민들이 분연히 들고 일어났다. 당시 멕시코 전체 토지의 95% 이상을 소수의 농장주들이 소유하고 있었다. 농민 대부분은 이들 밑에서 신음해야 했다. 밟힌 '지렁이'의 꿈틀거림에 독재자 포르피리오 디아스의 35년 독재가 무너졌다. 마침내 독재 정권의 압제에서 벗어난 것이다.

혁명으로 정권을 장악한 정부는 이러한 혁명의 기운이 점점 사그라드는 게 불안했다. 혁명 정부는 혁명의 성과를 극대화하기 위해서 이 불씨를 살리려 애썼다. 그러나 지지 세력인 민중들은 거의 글을 읽지 못했다. 당시 교육부 장관이었던 호세 바스콘셀로스는 이들을 위해서 전국에 1,000여 개의 학교를 세웠다. 이들의 기초 교육을 강화하면서 혁명의 불씨를 되살리려는 의도였다. 그러나 문맹률이 높은 상황에서 단순히 기초 교육의 강화만으로는 그 불씨를 살리기에 너무 많은 시간이 걸릴 것이 뻔했다. 바스콘셀로스는 이를 극복하기 위한 대안을 벽화에서 찾았다. 비록 글은 몰라도 혁명을 이해하고 혁명에 동참하게 하는 데는 벽화가 안성맞춤이었다. 무언가 '한 방'을 찾았던 혁명 정부와 '일거리'가 필요했던 예술가의 이해관계가 제대로 맞아떨어졌다.

유럽에서 공부하고 온 전위 예술가들 역시 멕시코 사회 전체에 충만한 혁명의 열기에 고무되었다. 이들은 1923년, 다음과 같은 선언문을 낭독했다. "우리는 이제 이젤 페인팅과 과도하게 지적인 화실의 예술을 거부하고, 공적 유용성을 지닌 공공건물의 예술을 재현하는 것을 옹호한다. 우리는 수입된 모든 미학적 표현이나 민중의 느낌에 거슬리는 것이 부르주아적이므로 사라져야 한다고 선언한다. (하략)" 혁명 정부의 입맛에 딱 맞는 선언이었다.

이 벽화 운동의 대표적인 작가로는 호세 클레멘테 오로스코(José Clemente Orozco), 다비드 알파로 시케이로스(David Alfaro Siqueiros), 디에고 리베라(Diego Rivera) 등 3인방이 있다. 오로스코는 "가장 위대하고 합리적이며 가장 순수하고 강한 그림의 형태는 벽화다. 벽화는 개인 소유가 될 수 없고, 소수 특권층의 이익을 위해 감추어질 수 없으므로 가장 공평한 형태의 그림이다."라고 했다. 이러한 찬사와는 달리 시케이로스는 멕시코 벽화 운동의 실패를 고백했다. 그 실패의 원흉으로 벽화 운동의 또 다른 한 축이었던 디에고 리베라를 지목했다. 그는 디에고 리베라를 "보헤미안, 속물, 기회주의자, 백만장자들의 화가이며, 공공예술로써의 벽화가 지닌 혁명적 성격을 외면했다."고 맹비난했다. 그러나 이러한 논쟁은 '혁명의 이상 완수'라는 대의 아래에서는 제대로 힘을 쓰지 못했다.

디에고 리베라의 〈멕시코의 역사〉

디에고 리베라는 비록 시케이로스로부터 비판을 받기는 했지만, 누가 뭐라 해도 멕시코 벽화 운동의 대표 주자였다. 그는 우리에게 잘 알려진 멕시코의 여류화가 프리다 칼로(Frida Kahlo)의 남편이기도 했다.

디에고 리베라는 미라 박물관이 있는 광산 도시 과나후아토에서 태어났다. 어릴 때부터 미술에 재능을 보였다. 열 살의 나이임에도 불구하고 최고의 미술 교육기관인 산 카를로스 아카데미에서 교육을 받았다. 이후 파리로 건너가 피카소, 브라크를 비롯한 입체파 화가들과 교류했다.

혁명이 일단락된 1929년에 멕시코 정부는 혁명 이후 국가의 과거,

대통령궁 계단에 그려진 디에고 리베라의 〈멕시코의 역사〉

현재, 미래를 확실하게 홍보하고 싶었다. 이들의 구미에 맞았던 화가가 바로 디에고 리베라였다. 리베라는 이미 많은 공공건물에 원주민 문명과 멕시코 혁명을 예찬하는 벽화를 그렸다. 디에고 리베라는 정부의 요구 사항을 누구보다 잘 알고 또 이를 제대로 표현할 줄 알았던, 뛰어난 어용화가였다.

가장 대표적인 벽화는 대통령궁 계단에 그린 〈멕시코의 역사〉란 작품이다. 벽화에는 1521년의 스페인 침략자들로 인한 아즈텍 제국의 정복부터 1910년의 멕시코 혁명까지 400여 년의 멕시코 역사가 파노라마처럼 펼쳐져 있다. 리베라는 이 벽화에서 정복 전쟁의 과정에서 일어난 아즈텍인들과 스페인의 침략자들 간의 충돌, 원주민에 대한 스페인 침략자들의 영혼의 정복, 원주민의 고통과 슬픔, 독립전쟁, 프랑스와 미국의 침공, 포르피리오 디아스의 독재, 이에 반기를 든 혁명에 이르기까지 멕시코의 파란만장한 역사를 담대하게 묘사했다. 1929년에 발행된 멕시코판 국정 역사교과서라 해도 과언이 아니었다. 이성형 교수는 이 '국정교과서'를 "인디오 사회(정), 400년의 갈등(반), 산업사회(합)란 3분 도식을 띠고 있다."라고 간결하게 정리했다.

디에고 리베라는 이 벽화 작업을 하기 전인 1923년, 국립예비학교의 벽화를 작업하던 중 그곳 학생이던 프리다 칼로를 처음 만나 1929년에 결혼했다. 작고 가냘픈 22세의 프리다가 코끼리와 같은 덩치를 지닌 42세의 디에고를 만난 것이다. 이때 디에고는 이미 두 번 이혼한 네 아이의 아버지였다. 프리다와 결혼 후, 디에고 리베라는 화가로서

프리다 칼로의 재능을 높이 평가해서 화가의 길을 걷도록 격려했다. 하지만 두 사람의 결혼생활은 순탄치 못했다. 디에고 리베라는 유명 여배우와, 심지어는 프리다의 여동생과도 바람을 피우는 등 여성 편력이 심했다. 사랑하는 여인을 불행하게 만든 남자였다.

그러나 디에고 리베라는 원주민 문화의 역사성과 예술성을 꿰뚫는 혜안을 지닌 예술가로 평가받는다. 그는 타락한 유럽 문명을 모방하기보다는 건강한 원주민 문명을 이어받아 새롭게 탄생한 메스티소의 영혼을 정화해야 한다고 주장하면서 벽화에 자신의 예술혼을 마음껏 펼쳤다.

고통의 자화상, 프리다 칼로

프리다 칼로하면 '고통'을 빼놓고 얘기할 수 없는 화가다. 18세 때 그녀가 탄 전차가 버스와 충돌해서 버스의 쇠 난간이 그녀의 배를 뚫고 들어왔다. 척추와 골반뼈가 부러졌다. 그녀는 평생 자신의 힘으로 걷질 못했다. '비둘기와 코끼리'의 만남이라 불렸던 디에고 리베라와의 결혼 또한 '대형 사고'였다. 프리다 칼로는 "내 평생 겪은 두 차례의 대형 사고는 전차가 나를 들이받은 것과 디에고를 만난 것이다."라고 말했다. 전차 사고가 그녀의 육체에 고통을 남겼다면, 디에고 리베라와의 만남은 그녀의 영혼에 아픔을 더했다.

프리다 칼로는 복수를 하기 위해 딴 남자와 바람을 피우기도 했고,

프리다 칼로 박물관으로 사용되는 카사 아술

동성애를 즐기기도 했다. 자신이 겪은 슬픔과 고통을 잊기 위해 천장에 거울을 붙여두고 자신의 모습을 그렸다. 그러나 늘 자신에게 고통을 주었던 디에고 리베라를 떠나지 못했다. 프리다 칼로에게 디에고 리베라는 행복과 불행, 기쁨과 슬픔을 동시에 안긴 존재였다. "나는 당신과는 살 수 없어, 하지만 당신 없이도 살 수 없어."라고 말할 정도로 디에고 리베라는 그녀에게 애증의 존재였다. 이런 디에고 리베라는 프리다를 위해 개인전을 열어줬다. 걸을 수 없었던 그녀를 위해 침대를 통째로 전시장에 옮겨 주기까지 했다.

프리다 칼로는 멕시코시티의 코요아칸 지역에 위치한 '카사 아술(Casa Azul, 푸른 집)'에서 만날 수 있다. 그녀는 이곳에서 태어나서 자라고, 리베라와 결혼생활을 하고, 또 자신의 예술혼을 불태웠다. 이곳은 초현실주의의 창시자인 앙드레 브르통, 러시아 혁명운동가 레온 트로츠키, 조각가 헨리 무어 등 다양한 계층의 명사들이 모여 토론했던 장소이기도 했다. 1930~1940년대에 근대 멕시코 지성사를 수놓은 명소였다. 지금은 박물관으로 꾸며져서 관광객들을 맞이하고 있다.

익살스러운 작품으로 사회를 비판하는 작가, 페르난도 보테로

페르난도 보테로(Fernando Botero Angulo)의 그림이나 조각을 바라보면 자연스레 미소 짓게 된다. 대상을 뚱뚱하고 익살스럽게, 하지만 관능적으로 표현했기 때문이다. "나는 한 번도 뚱뚱한 사람을 그린 적이 없다. 색감과 양감(量減), 그리고 관능미를 표현하기 위해 풍만함을 강조했을 뿐이다."라고 항변하는 보테로. 그는 다른 작가들과 달리 작품을 팔지 않고 기부했다. 콜롬비아의 수도 보고타에 있는 그의 박물관은 무료입장이다. 이는 "예술은 일상의 고단함으로부터 영혼을 쉴 수 있게 해준다."는 그의 예술 철학이 반영된 결과다.

보테로는 몸의 양감을 극대화시켜서 곧 터질 것처럼 조각하고 그렸다. 턱은 거의 사라지고, 입술은 얼굴 크기에 비해 우스꽝스럽게 작다. 눈은 옆으로 퍼져 있다. 통통함을 넘어 뚱뚱한 여자들의 풍만한 살덩

이만 있을 뿐이다. 그러나 보테로의 작품은 마냥 우스꽝스럽지만은 않다. 얼핏 평화로워 보이지만 사회를 짓누르는 경직된 사회 분위기, 인종 차별이나 사회적 불평등을 보테로는 인물의 표정이나 시선으로 표현했다.

보테로와 관련된 일화 한 가지. 1995년, 보테로는 자신의 고향인 메데인에서 '새(Pájaro)'라는 조각품을 시에 기증했다. 그런데 그 속에 숨

보테로의 작품 〈새〉. 폭파된 왼쪽 작품 옆에 새로운 작품을 설치했다.

겨져 있던 폭탄이 터져 조각품 주위에 있던 많은 사람들이 죽거나 다치는 사고가 일어났다. 당시에는 정부군과 반정부군 간의 무력투쟁이 심화되었을 때였다. 보테로는 이 테러에 대한 항의 표시로 '평화의 새(El pájaro de la paz)'라는 조각상을 만들어 메데인 시(市)에 기증했다. 이 조각상은 폭파된 조각상 바로 옆에 설치되어 있다.

보테로는 2016년에도 콜롬비아 정부와 반정부 게릴라 단체(Fuerzas Armadas Revolucionarias de Colombia, FARC, 콜롬비아무장혁명군)와의 평화협정에 대한 지지의 표시로 '평화의 비둘기(La paloma de la paz)'라는 이름의 조각상을 정부에 기증했다. 보테로는 단순히 뚱뚱함을 표현한 예술가가 아니라 사회의 폭력과 불평등에 대한 불편함을 작품을 통해서 거침없이 비판하는 의식 있는 작가다.

31

문학

사랑하고 노래하고 투쟁하라

● 문학은 흔히 타인의 경험을 엿봄으로써 체험하지 않고도 그것을 우리 것으로 만들게 하는 역할을 한다고 한다. 이는 문학 작품을 통해서 현실의 속박에서 벗어나 보다 자유롭고 다양한 삶을 누릴 수 있다는 말이리라. 그러나 라틴아메리카에서의 문학은 이런 사치를 누릴 만한 공간을 갖지 못했다. 라틴아메리카는 목숨을 부지하기 위해 치열하게 살아야 하는, 결코 바뀔 수 없을 것 같은 계급의 불평등을 그저 담담히 받아들여야만 하는 민중들의 생존 현장일 뿐이었다. "라틴아메리카에 제대로 된 작가는 도대체 있는 거야? 없는 거야?" 언젠가 불문과 친구가 했던 타박성 질문의 바탕에는 역시 이러한 라틴아메리카 현실에 대한 부정적인 인식이 자리하고 있었을지도 모른다.

그러나 라틴아메리카에는 우리에게 생소하지만, 세계적으로 인정받은 보석 같은 작가들이 즐비하다. 불평등과 차별 속에서 태어난, '써먹을 수 없기 때문에 오히려 유용한' 문학이 진정으로 살아 있는 곳이 바로 라틴아메리카다.

라틴아메리카의 노벨 문학상 수상자들

과테말라 여행 중이었다. 수도 과테말라시티의 어느 도서관 로비에 이 나라 출신의 노벨 문학상 수상자의 흉상이 있었다. "아! 그렇지. 과테말라는 노벨 문학상 수상자 배출 국가였지. 바로 미겔 앙헬 아스투리아스!" 깜빡 잊고 있었다. 우리나라가 그렇게 공들이고 있는 노벨 문학상 수상 작가를 배출한 나라가 과테말라라는 사실을. 그때까지 나는 '과테말라는 가난하고 위험해서, 여행 다닐 때 극도로 조심해야 하는 나라'라는 고정관념에 사로잡혀 있었다. 이는 경제적인 '앞섬'만으로 다른 분야까지 싸잡아 낮게 보는 나의 저급한 인식의 소산이었다. 깊은 자책감이 들었지만, 한편으로는 이를 깨닫게 해준 걸어 다니는 독서인 '여행'에 대한 고마움을 다시금 갖게 되었다. 노벨 문학상 수상이 곧 그 나라 문학의 수준을 평가하는 척도는 아니지만, 그래도 전 세계인의 공감을 얻었기에 수상하지 않았을까 하는 생각을 해본다.

라틴아메리카 출신의 노벨 문학상 수상자로는 가브리엘라 미스트랄(칠레, 1945), 미겔 앙헬 아스투리아스(과테말라, 1967), 파블로 네루다(칠레, 1971), 가브리엘 가르시아 마르케스(콜롬비아, 1982), 옥타비오 파스(멕시코, 1990), 마리오 바르가스 요사(페루, 2010) 등이 있다. 이들은 모순덩어리 라틴아메리카에서 나고 자라면서 라틴아메리카의 어두운 현실을 작품으로 표현했다. 라틴아메리카의 문학은 바로 이런 현실을 치열하게 고민한 끝에 나온 결실이라 할 수 있다.

'마술적 사실주의'의 선구자

1982년, 대학교 2학년 때였다. 과 대표가 흥분된 얼굴로 강의실에 뛰어 들어왔다. "얘들아! 마르케스가 노벨 문학상을 탔대!" 강의실은 순간 술렁거렸다. 그 당시만 해도 스페인어에 대한 인식이 거의 없던 때라, 스페인이나 라틴아메리카와 관련된 뉴스가 나올 때마다 흐뭇했던 시절이었다. 1980년대 초에는 하루가 멀다 하고 매스컴을 장식했던, 스페인의 바스크 분리 독립을 위한 테러 뉴스조차 반가울 정도였으니. 그런데 테러 소식이 아닌, 그것도 스페인이 아닌 남미 콜롬비아 작가의 노벨 문학상 수상 소식이라니, 스페인어 전공자에게 자부심을 갖게 하기에 충분한 '빅 뉴스'이자 '굿 뉴스'였다. 며칠 뒤, 과 대표는 우리의 동의도 얻지 않고 《백년의 고독》의 원서인 《Cien años de soledad》을 강매했다. 원어로 된 책을 통째로 복사해서 허접하게 제본한 책이었다. "선배들이 그러는데, 이 정도는 읽어줘야 진정한 전공자가 된다고 하던데, 알겠지? 모두 구입? 끝!" 나의 마르케스와의 첫 만

남은 이렇게 시작되었다. 이후 원어로 작품을 읽어보고, 문학을 공부하면서 라틴아메리카 문학에 대한 매력을 느끼기 시작했다.

가브리엘 가르시아 마르케스(Gabriel García Márquez)의 대표작은《백년의 고독》이다. 이 작품을 읽다 보면 "뭐 이런 게 다 있어?"라고 할 만한 대목들을 자주 접하게 된다. 날아다니는 양탄자, 신부의 공중 부양, 밤새 내리는 노란 꽃비, 근친상간으로 돼지 꼬리를 달고 태어나는 아이, 번데기처럼 오그라드는 노파, 4년 11개월 2일 동안 쉬지 않고 내리는 비 등이 그것이다. 이는 '마술적 사실주의'와 관련된 대목들이다.

'마술적 사실주의'는 서양인에게는 '마술적'으로 보이는 것이 라틴아메리카인에게는 '일상적'이고 '사실적'으로 보인다는 현실을 바탕으로 한다. 마술적 사실주의는 탈출구가 없는 열악한 현실 속에서 마술이 자연스럽게 현실이 되고, 또 그 현실이 또 다른 마술이 되는 라틴아메리카 사람들의 정서 구조에서 나온 것이다.《백년의 고독》의 화자는 현실적인 것을 말할 때나 마술적인 것을 말할 때나 태연자약하다. 김현균 교수는 이 작품의 소설적 본질이 "'옛날 옛적에'로 시작되는 구조와 그로 인한 즐거움을 갖고 방바닥에 배를 깔고 누워 낄낄거리며 읽는 것에 있다."고

《백년의 고독》의 작가 가브리엘 가르시아 마르케스

했다. 이는 '철저하게 진지함이 결여된 작품'이라고 했던, 《백년의 고독》에 대한 마르케스의 자평과 그 맥을 같이 한다.

마르케스는 "당신의 소설은 무엇을 다루었느냐?"라는 질문에 대해서 "돼지 꼬리가 달린 아이가 태어나기를 원치 않는 가족의 이야기"라고 답하길 좋아했다. 그는 또한 독자들에게 작품을 해석하려 들지 말고 독서의 즐거움에 몸을 맡기라는 충고도 잊지 않았다.

"책꽂이에 가르시아 마르케스의 《백년의 고독》을 꽂아 두고 어찌 소설의 죽음을 이야기할 수 있는가?"(밀란 쿤데라), "창세기 이후 모든 인류가 읽어야 할 첫 번째 문학 서적"(윌리엄 케네디) 등의 극찬을 굳이 들지 않더라도, 그는 스페인어권의 가장 위대한 작가이자 마술적 사실주의의 선구자였다.

마르케스는 1927년에 콜롬비아의 작은 해안 마을 아라카타카에서 태어났다. 마르케스는 여덟 살 때까지 이곳에서 외조부모를 비롯한 외가 친척들과 함께 살았다. 이런 분위기는 마르케스에게 문학적 자양분을 제공해 주었다. 마르케스는 《백년의 고독》에서 사용한 초자연적이고 환상적이면서도 자연스러운 문체가 어린 시절 외할머니가 이야기를 들려줄 때 사용했던 어조라고 밝혔다.

1982년 10월 21일, 스웨덴 아카데미는 마르케스를 노벨 문학상 수상자로 선정했다. 마르케스는 그해 12월의 수상 연설에서 라틴아메리카를 바라보는 서양의 관점을 비판했다. 그는 "우리 현실을 타인의 방식으로 해석하는 행위는 갈수록 우리를 이해하지 못하고, 갈수록 우리를 덜 자유롭게 하며, 갈수록 고독하게 만드는 데 이바지할 뿐이다."라고 말했다. 유럽 지성인에게 자신의 사회를 재단하는 잣대와는 다른 관점에서 라틴아메리카를 이해하라는 주문이다.

마르케스는 2014년에 향년 87세로 세상을 떠났다. 우리가 세월호 침몰 사건으로 심리적 공황 상태에 빠져 있던 4월 17일이었다. 후안 마누엘 산토스 콜롬비아 대통령은 "가장 위대한 콜롬비아인이었던 마르케스의 죽음에 천 년의 고독과 슬픔을 느낀다."며 사흘간의 국장과 조기 게양을 지시했다. 버락 오바마 미국 대통령도 "세계는 위대한 선견지명을 지닌 작가 한 명을 잃었다."며 "그의 작품은 세대가 바뀌고 또 바뀌어도 변함없이 살아 있을 것"이라고 말했다. 마르케스는 죽었지만 많은 사람들의 가슴 속에 그의 정신과 철학은 여전히 건재하다.

네루다, 라틴아메리카의 아픔과 희망을 노래하다

파블로 네루다(Pablo Neruda)는 칠레 사람들이 좌우를 막론하고 가장 존경하는 인물이다. 네루다는 초기에 아름다움, 낭만 등을 주로 노래하는 순수시를 썼다. 그러나 1936년에 일어난 스페인 내전을 계기로 그의 시풍은 바뀌었다. 내전으로 절친한 친구였던 스페인 출신의 시인 페데리코 가르시아 로르카를 잃었기 때문이었다. 이후, 네루다는 인류의 양심과 지식인의 사회적 의무를 치열하게 고민하기 시작

이슬라 네그라에 있는 파블로 네루다의 집에서 바라본 태평양

했다. 평론가 김현의 말대로 '한 편의 아름다운 시를 향유하는 자에게 그것을 향유하지 못하는 자에 대한 부끄러움을, 한 편의 침통한 시를 읽는 자에게 인간을 억압하고 불행하게 만드는 것에 대한 자각을 불러일으키는' 그런 시를 쓰기 시작한 것이다.

1945년에 네루다는 현실정치의 장에서 자신의 이상을 펼치고자 공산당에 가입했다. 이어 상원의원이 되었다. 1948년에는 좌파 탄압에 앞장선 대통령을 탄핵하는 연설로 검거당할 위기에 처하기도 했지만, 네루다는 망명을 떠나지 않고 조국 칠레에 남았다. 《총가요집》의 집필을 끝내기 위해서였다. 이 작품은 라틴아메리카 역사의 아픔과 미래에 대한 희망을 노래한 15부 231편 13,000행이 넘는 시 모음집이다. 이 작품을 완성한 후, 그는 이탈리아로 망명을 떠났다. 그러나 이탈리아 정부는 칠레 정부와의 불필요한 외교적 마찰을 피하기 위해 네루다를 추방시키기로 결정했다. 이에 이탈리아 국민들은 네루다를 지지하는 시위를 벌였다. 그 덕분에 네루다는 1952년까지 이탈리아에 머물 수 있었다.

귀국 후, 네루다는 이슬라 네그라(Isla Negra)에 정착하여 시작(詩作)에 몰두했다. '이슬라 네그라'는 '검은 섬'이란 뜻이지만 섬은 아니다. 주변의 바위가 모두 검은 색을 띠고 있어서 붙여진 이름이다. 이 마을은 수도 산티아고에서 남서쪽으로 130킬로미터 떨어진 해안가에 위치해 있다. 그런데 현실정치는 이 작은 마을에서 시만 쓰려는 네루다를 가만히 두지 않았다. 그는 1969년에 공산당의 대통령 후보가 되었다. 그러나 1970년 좌파 후보의 단일화를 위해 대통령 후보직을 사퇴하고 아옌데 대통령의 당선을 위해서 발 벗고 뛰었다. 마침내 아옌데가 대통령에 당선되었고, 네루다는 프랑스 대사직을 맡아 아옌데 정부를 도왔다. 그

칠레 수도 산티아고 인근에 위치한 이슬라 네그라

러나 지병으로 1972년에 다시 이슬라 네그라로 돌아왔다. 그 후 피노체트가 일으킨 군사 쿠데타로 인해 아옌데 대통령이 사망했고, 얼마 지나지 않아 네루다도 세상을 떠났다. 네루다는 현재 태평양이 바라다 보이는 이슬라 네그라에 부인과 함께 묻혀 있다.

김현균 교수는 "결코 낮은 목소리로 노래할 수 없었던 이 시기의 네루다는 신념 없이는 예언할 수 없으며 아메리카는 광기 없이는 정복되지 않는다는 사실을 누구보다 잘 알고 있었던, 잉크보다 피에 가까운 시인이었다."라고 했다. 네루다는 이처럼 핍박받는 라틴아메리카 민중들을 보호하기 위해 앞장선 시인이었다.

네루다와 관련된 영화 〈일 포스티노〉는 시인이자 좌파 정치인이던 네루다의 유럽 망명 생활을 모티프로 해서 작가 안토니오 스카르메타의 《네루다의 우편배달부》라는 소설을 기반으로 만들어졌다. '일 포스티노'는 '우편배달부'라는 의미의 이탈리아어다. 칠레 공산당 소속의 상원의원이던 네루다는 정부의 탄압을 피해 이탈리아로 망명해 1952년 나폴리 앞에 있는 카프리섬에 한동안 머물렀는데, 영화는 이 시기를 배경으로 하고 있다. 실제 촬영지는 카프리섬이 아니라 나폴리 앞에 있는 프로치다 섬이다. 1971년 노벨 문학상을 받은 네루다는 이 섬에서 어부의 아들이자 우편배달부인 마리오를 만난다. 그는 겨우 글자만 읽을 줄 아는 무식쟁이였다. 그러나 네루다와의 교류를 통해서 언어의 리듬과 은유를 배운 마리오는 이를 무기로 시를 써서 베아트리체라는 처녀를 자신의 배필로 만든다. 더 나아가 어부들이 착취당하고 있는 현실에 눈을 뜬 마리오는 사회를 위해서 헌신하는 인물로 변모한다. 비록 픽션을 바탕으로 한 영화지만 사회의식이 거의 없던 어부의 아들이 시를 통해 말의 아름다움을 배우고, 네루다처럼 이웃에 대한 사랑을 실천하는 과정을 잘 그려냈다는 평을 받았다.

이슬라 네그라에 묻힌 파블로 네루다

네루다는 자서전《사랑하고 노래하고 투쟁하다》에서 치열했던 자기 삶의 여정을 이렇게 표현하고 있다. "고통받으며 투쟁하고 사랑하며 노래하는 것은 내 몫이었다. 승리의 기쁨과 패배의 아픔을 세상에 나누어 주는 것도 내 몫이었다. 빵도 맛보고 피도 맛보았다. 시인이 그 이상 무엇을 더 바라겠는가? 눈물에서 입맞춤에 이르기까지, 고독에서 민중에 이르기까지, 그 모든 것이 내 시 속에 살아 움직이고 있다." 고통받는 민중의 아픔을 어루만져주는 대(大)시인 네루다는 여전히 칠레 국민의 마음속에, 아니 칠레를 넘어 라틴아메리카 민중의 마음속에 살아 숨 쉬고 있다.

Latin America

Part 4

찬란한 문명을 간직한 빛나는 가능성의 나라

역사와 정치

32

아즈텍 문명

신에게 바치는 살아 있는 심장

국기에는 그 나라의 역사가 담겨 있다. 스페인 국기는 그 바탕이 노란색과 빨간색이다. 노란색은 국토를, 빨간색은 국토를 지킨 피를 상징한다. 그 위에 있는 두 개의 헤라클레스 기둥 사이로 5개의 옛 왕국을 나타내는 문장(紋章)들이 새겨져 있다. 아르헨티나 국기의 바탕은 하얀색과 하늘색이다. 이는 스페인 식민군과의 전투에서 승리한 아르헨티나 병사들의 군복 색깔이었다. 가운데의 태양은 아르헨티나 독립의 단초가 된 1810년 5월 혁명의 '5월의 태양(Sol de Mayo)'을 의미한다. 아즈텍 문명의 나라 멕시코도 건국 설화가 담겨 있는 국기를 사용한다.

멕시코 국기에 새겨진 아즈텍 건국 신화

멕시코의 국기 한가운데에는 선인장 위에 독수리가 뱀을 물고 앉아 있는 형상이 있는데 이는 아즈텍 제국의 건국과 관련이 있다. 아즈텍인들은 멕시코의 북쪽 지역인 아스틀란에 살고 있었다. 어느 날 한 선지자가 아즈텍인들에게 나타나 "모두 여기를 떠나 새로운 곳에 자리 잡아야 할 때가 되었다."라고 말했다. 그 새로운 곳은 '선인장 위에 독수리가 뱀을 물고 앉아 있는 곳'이어야 했다. 이 말에 따라 아즈텍인들은 남쪽으로 내려오는 도중에 "너희들을 인도할 분은 우이칠로포츠틀리(Huitzilopochtli)다."라는 예언을 들었다. 그들은 천신만고 끝에 멕시코 중앙의 고원 지대에 도착했지만, 그곳에 살고 있던 부족과의 싸움에서 패했다. 패배 후, 동굴에 숨어 살게 된 아즈텍인들은 신에게 물었다. "우이칠로포츠틀리 신은 언제 우리에게 나타납니까?"

이 질문에 대한 답은 코아틀리쿠에라는 여신에게 있었다. 이 여신이 바로 아즈텍인들이 기다리던 우이칠로포츠틀리를 잉태하고 있었던 것이다. 그러나 이는 이미 자식들이 있었던 코아틀리쿠에가 부정을 저질렀음을 의미했다. 이 여신의 자식들은 자신의 어머니가 임신했다는 사실을 알게 되자 어머니를 죽여 신들에게 제물로 바치려 했다. 이런 우여곡절 속에서도 코아틀리쿠

멕시코 국기

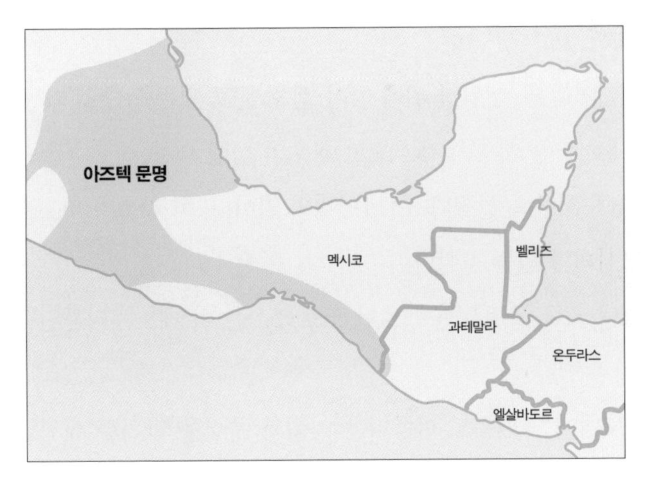

지금의 멕시코 중부 지역에 위치했던 아즈텍 문명

에는 결국 우이칠로포츠틀리를 낳았다. 세상에 나온 우이칠로포츠틀리는 자신의 어머니를 제거하려 했던 배다른 형제들을 모두 죽이고 그들의 팔, 다리, 심장 등을 모두 조각내서 사방에 흩뿌렸다. 그중 심장이 떨어진 곳에서 선인장이 솟아올랐고 그 위에 뱀을 물고 있는 독수리 한 마리가 내려앉았다. 마침내 예언 속의 그 장면이 나타난 것이었다. 이것이 멕시코의 여권 출입국 스탬프나 공문서 날인의 문양이 '선인장 위에서 뱀을 물고 있는 독수리'인 이유다. 아즈텍인들은 이곳에 도읍을 세우고 제국을 확장해나갔다.

아메리카의 베니스

아즈텍인들은 '선인장 위에 앉아 뱀을 물고 있는 독수리'가 있던 곳인 멕시코 중앙 계곡의 텍스코코 호수의 섬에 터를 잡고 '테노치티틀란'이란 도시를 건설했다. 1344년경의 일이다. 이 장소가 바로 지금의 멕시코시티가 있는 곳이다.

아즈텍 제국을 정복한 에르난 코르테스는 이 테노치티틀란을 다음과 같이 말했다.

"이 도시에는 너무도 아름다운 사원과 우상을 안치한 신전들이 많습니다. (중략) 대단히 높고 아름다운 탑이 40개 정도 있으며, 가장 높은 꼭대기까지는 50단이나 됩니다. 이것은 세비야 대성당의 탑보다 훨씬 높습니다. 이 도시의 많은 광장에서는 시장이 계속 열려서 상거래가 활발하게 이루어집니다. 특히 살라망카(스페인의 도시)의 두 배쯤 되는 대규모 광장도 있습니다. (중략) 그곳에서는 매일 6만 명이 넘는 사람이 모여 제국에서 생산되는 모든 종류의 상품을 사고팝니다."

이런 아즈텍 제국에 대한 코르테스의 찬탄으로 보아, 스페인의 정복자들이 호수 위에 세워진 이 도시를 '아메리카의 베니스'라 불렀다는 사실은 어쩌면 당연한 일인지도 모른다.

1430년, 아즈텍인들은 주변에 있는 도시 국가들과 동맹을 맺어 세력을 넓혀나갔다. 이후, 목테수마 1세가 등장하여 오늘날의 과테말라, 엘살바도르, 온두라스, 니카라과까지 영토를 확장했다. 그는 명실상부한 아즈텍 제국의 기틀을 마련한 황제였다. 정복당한 부족들이 제국에 공물을 바치기 시작하면서 제국은 날로 부강해졌다. 1502년, 목테수마 1세의 뒤를 이어 목테수마 2세가 왕위에 올랐다. 이 시기가 아즈텍 제국의 최고 전성기였다. 이 전성기는 1521년, 스페인의 침략자 에르난 코르테스에게 패배할 때까지 지속되었다.

에르난 코르테스의 보고서

아즈텍의 신전이었던 멕시코시티 템플로 마요르의 해골벽

아즈텍인들은 태양의 소멸에 대한 두려움을 항상 갖고 있었다. 태양이 없어지면 비가 내리지 않고 그에 따라 땅도 메말라서 결국 세상의 종말이 온다고 믿었다. 아즈텍인들은 이를 막기 위해 태양에게 끊임없이 피를 공급해야 한다고 생각했다. 이를 위해서는 살아 있는 제물이 필요했다. 제물을 얻기 위한 방법은 전쟁 밖에 없었다. 이후 전쟁은 일상화되었다. 전쟁에서 획득한 포로들은 제물로 바쳐졌다. 아즈텍인들은 흑요석으로 만든 칼로 살아 있는 사람의 가슴을 갈라 펄떡이는 심장을 태양신에게 바치는 일을 하루도 거르지 않았다. 일 년에 2만 명 이상을 인신 공양의 제물로 바쳤다는 기록이 있을 정도다.

에르난 코르테스가 국왕에게 쓴 보고서에는 아즈텍인들의 인신 공양에 대한 이야기가 다음과 같이 쓰여 있다.

"(중략) 너무나도 가공스럽고 구역질 나는 관습을 가지고 있는데, 그것은 우상들에게 뭔가를 청할 때 자신들의 소원이 더 잘 받아들여지도록 여러 명의 소년, 소녀들, 혹은 어떤 경우에는 성인들을 신전으로 데려와 살아 있는 상태에서 가슴을 갈라 심장과 내장을 꺼내 우상 앞에서 그것을 태우고 그 연기를 우상에게 제물로 바치는 것입니다. (중략) 인디오들은 인신 공양 의식을 자주 거행했는데 우리가 이곳에 와서 수집한 정보에 의하면, 한 신전에서 1년에 최소한 50명 이상이 제물로 바쳐집니다. (중략) 우리가 머물고 있는 이 땅의 면적이 상당히 넓고, 많은 신전들이 산재해 있으므로 우리들 판단으로는 이 지역에서만 1년에 적어도 3~4천 명이 희생되는 것 같습니다."

아즈텍의 지도자들은 이런 형태의 인신 공양을 통해서 통치의 걸림돌이 되는 위험인물들을 제거하기도 했다. 인신 공양은 공포를 통해서 자신의 통치 행위를 용이하게 하는 통치 수단이었던 것이다.

33

마야 문명

시간을 지배하는 자의 두 개의 달력

● "이 기념물들은 열대림 한복판에 엄숙하고 조용히 서 있다. 조각품은 뛰어나고 장식도 다양해서 다른 사람들의 것과 너무나 다르다. 상형문자로 모든 것을 설명하는데, 그 내용을 전혀 해독할 수 없어 그 용도나 역사는 알 수 없다. 그래서 나는 이 기념물들 자체에 대해서 어떤 의견도 제시할 생각이 없다. 그것을 바라보노라면 내 상상력이 힘겨울 정도다."

19세기, 온두라스에 있는 마야 문명의 중심지 코판을 방문한 미국의 탐험가 존 로이드 스티븐스의 말이다. 마야 문명에 한껏 매료된 그는 코판을 "로맨스와 경이가 가득한 계곡에 있으며 솔로몬 왕에게 시중드는 사람들이 만든 것처럼 생각되었다."라고까지 했다.

이처럼 마야 문명은 비록 사람이 살 수 없을 것 같은 열대림 속에 있었지만 건축, 조각, 수학, 천문학 분야에서 최고의 수준을 보였다.

마야 문명의 발전과 쇠락

마야 문명은 과테말라와 멕시코의 유카탄반도, 이 두 지역에서 시차를 두고 발전했다. 전기에는 티칼을 중심으로 한 과테말라 지역에서, 후기에는 유카탄반도를 중심으로 한 멕시코 지역에서 문명의 꽃을 피웠다.

열대 밀림 저지대인 과테말라 티칼은 당시 약 5만 명의 인구를 가진 대도시였다. 이 시기는 마야 문명 최고의 황금기였다. 과테말라의 티칼뿐만 아니라, 멕시코의 팔렝케, 온두라스의 코판 등도 이 시기에 형성된 도시 국가다. 서기 250년에서 900년 사이에 이 지역에 살았던 마야인들은 상당한 수준의 농업 기술을 갖고 있었고, 장거리 교역에도 활발히 참여했다. 이들은 건축이나 과학 분야에도 뛰어난 재능을 보였다.

이렇게 발달한 문명이 9세기 중엽에 갑자기 멸망했다. 학자들은 멸망의 가장 대표적인 원인으로 가뭄과 같은 기후의 변화를 꼽는다. 농업 기술의 발전과 관개 시설의 개선으로 식량 생산이 증가했다. 그에 따라 인구가 늘어나게 되었고 이들이 먹을 식량을 생산하기 위해서 더 많은 경작지가 필요하게 되었다.

팔렝케 유적지의 비석에 새겨진 마야 언어

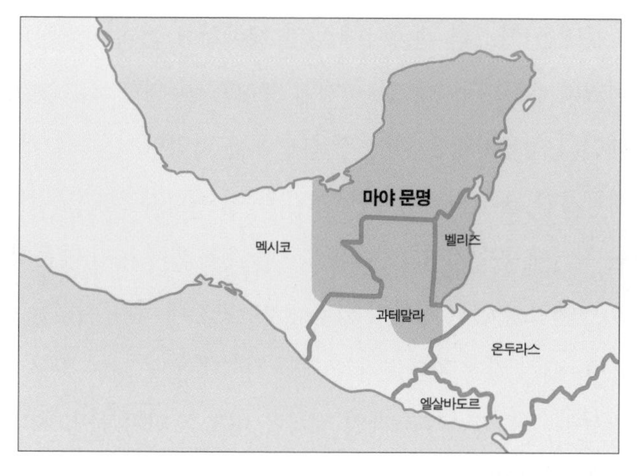

지금의 과테말라와 멕시코 유카탄반도에서 꽃피운 마야 문명

경작지 확보를 위한 삼림의 벌채는 가뭄을 유발했고, 가뭄으로 농산물의 생산이 줄어들었다. 이에 따라 주민들은 동요하고 통치자의 권위가 상실되었다. 그 후 주민들이 반란을 일으키거나 먹을 것을 찾아 다른 곳으로 이주하면서 번성했던 티칼 지역의 마야 문명이 사라졌다는 얘기다.

과테말라 티칼 지역의 멸망 이후, 서기 900년경에 멕시코의 유카탄반도에 치첸이차라는 도시 국가가 생겨났다. 이들은 주변의 부족들과 동맹을 맺어 유카탄반도 북부 지역을 통치했다. 그러나 계속되는 반란과 소요 등으로 동맹이 붕괴되고, 1441년에는 주변 도시 국가와의 전쟁으로 도시 전체가 파괴되면서 마야 문명의 쇠락이 시작되었다.

마야 문명은 아즈텍 제국이나 잉카 제국처럼 거대한 제국의 형태는 아니었다. 도시 국가들 간 동맹의 형태를 띤 연합 국가였다. 그래서 스페인의 정복자들은 마야 정복에 애를 먹었다. 아즈텍 제국이나 잉카 제국처럼 왕을 사로잡으면 '게임 끝'이 아니라 열대 우림 지역이나 고산 지역에 흩어져 있는 여러 부족을 정복해야 했기 때문이다. 결국 1546년에 스페인의 정복자들이 유카탄반도의 북부 지역을 점령했고, 이후 17세기 말에 과테말라의 페텐 지역에 일부 남아 있던 마야인들을 완전히 정복하면서 스페인 제국은 비로소 마야 문명 지역을 수중에 넣을 수 있었다.

시간을 지배하는 자

마야 문명은 수학, 천문학, 역법 분야에서 다른 고대 문명을 훨씬 앞섰다. 특히 수 체계 분야에서 뛰어났다. 마야인들은 1, 5, 20을 수의 기본 단위로 사용했는데, 이를 표시하기 위해서 세 가지 상징인 점, 막대, 조개를 사용했다. 1은 점으로, 5는 막대로, 0은 조개 모양으로 표시했다. 마야인들은 또한 0을 포함한 20진법 숫자 체계를 사용했다. 특히 0의 사용은 인도나 아라비아보다 수백 년 앞섰다고 한다. 천문학 역시 당대 최고 수준을 자랑했다. 태양, 달, 금성에 대한 천문학적인 지식을 바탕으로 날씨를 파악하고 가뭄과 홍수 같은 천재지변에 대비하는 능력이 있었다.

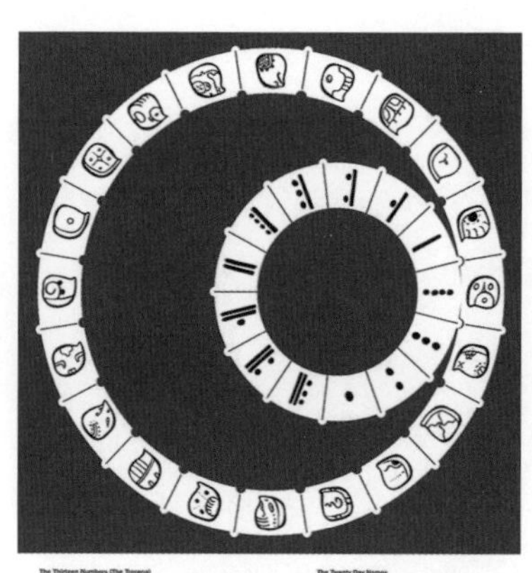

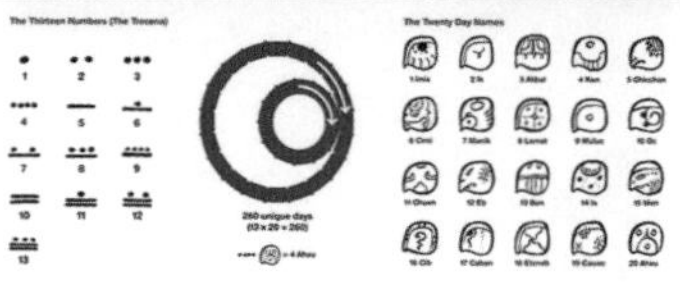

13개의 숫자와 20개의 기호를 조합해 만든 마야 달력

이렇게 발달된 수학과 천문학은 정확하고 체계화된 달력을 제작하는 데 활용되었다. 마야인들은 두 종류의 달력을 사용했다. 하나는 260일을 1년으로 하는 달력이다. 이는 13개의 숫자와 20개의 기호를 조합해서 만들었다. 마야인은 이 달력으로 제례 의식의 날짜를 잡고, 태어나는 아이들의 이름을 지었다. 또 다른 달력은 365일로 이루어진 태양력이다. 20일을 한 달로 해서 1년을 18개월로 나누었다. 여기에 신이 관장하지 않는 불길한 날인 5일을 더하여 365일을 만들었다. 이 5일 동안에는 액운이 깃든다고 생각했기 때문에 모든 불필요한 활동을 금지했다. 이 달력은 현재 우리가 사용하는 그레고리우스력보다 훨씬 더 정확하다는 평가를 받는다.

마야인들이 이렇게 정확한 달력을 사용한 이유는 '시간을 셀 수 있는 힘을 지닌 자는 곧 신들과 소통할 수 있는 힘을 지닌 자'라고 생각했기 때문이다. 그들에게 시간을 이해하는 것은 바로 삶과 죽음의 차이를 이해하는 것이고, 시간을 지배하는 것이야말로 삶의 지속성을 확인하는 것이었다. 그래서 마야의 주술사들은 시간을 '신들이 등에 지고 다니는 짐'이라 생각했다. 한 시기가 끝날 무렵 신이 자신이 지고 있던 짐을 다른 신에게 넘겨주면, 그 다른 신은 다시 그 짐을 짊어지고 시간 여행을 계속한다는 것이다. 그리고 어떤 날 혹은 어떤 해의 행복과 불행은 그 당시 시간을 짊어진 신의 자비로움 여부에 달려 있다고 믿었다. 마야인들은 이렇게 자신들의 발달된 수학과 천문학을 바탕으로 시간을 이해하고 지배하려고 끊임없이 노력했다.

마야 문명의 과거와 현재

옥수수 인간

마야의 신들은 대지를 창조한 뒤 사슴, 새, 재규어, 뱀 등을 만들었다. 그러나 신들은 이 동물들이 자신들을 섬길 줄 모른다는 사실을 매우 아쉬워했다. 신들은 "너희들은 아버지이자 어머니인 우리 모두를 찬양하라."고 명령했지만 이들은 신의 이름도 말하지 못한 채 그저 소란스럽게 떠들기만 했다. 이에 신들은 자신들을 섬길 인간을 창조하기로 결심했다. 처음에는 진흙을 빚어 만들었는데, 힘이 없어서 움직이지도 못할 뿐만 아니라 신들의 말을 잘 알아듣지도 못했다. 더욱이 비가 오면 금세 허물어졌다. 그래서 이번에는 나무를 깎아 인간을 만들었다. 인간의 모양을 한 나무 인간은 집도 짓고 자식도 낳아서 잘 사는 듯 보였다. 그러나 이들에게는 영혼이 없었다. 신들을 숭배하기는커녕 누가 자기들을 창조했는지조차도 기억하지 못했다. 이에 신들은 홍수를 일으켜 이들을 파멸시켰다. 이후 신들은 고심 끝에 옥수수로 인간을 만들었다. 하얀 옥수수와 노란 옥수수를 반죽하여 살과 피가 있는 사람을 창조했다. 이들은 나무 인간과 달리 신들을 알아보고 숭배할 줄 알았다. 신들은 옥수수 인간을 진정한 인간으로 인정했다. 이후 마야인들은 스스로를 '옥수수의 후예'라고 불렀다.

신혼여행지의 핫플레이스, 멕시코 칸쿤

대부분의 사람들은 마야 문명이 어디에서 태어났고 어떻게 발전했는지는 몰라도 칸쿤(Cancún)은 안다. 신혼여행지의 핫플레이스로 떠오른 곳이기 때문이다. 후기 마야 문명이 꽃피웠던 유카탄반도의 끝자락에 있는 칸쿤은 우리나라 사람뿐만 아니라 미국인들도 신혼여행지로 가장 선호하는 곳이다. '칸쿤'은 마야어로 '뱀의 둥지'를 의미하는데, 이는 해가 뜰 때 '7'자 모양의 섬이 태양에 반사되면서 붉게 물든 뱀의 형태를 나타내기 때문에 붙여졌다. 칸쿤은 비록 수도인 멕시코시티에서 1,700킬로미터나 떨어져 있지만 날씨가 좋고 자연이 아름다울 뿐만 아니라 주변에 마야 유적지들이 많아서 개발이 시작된 1970년대 중반부터 이미 세계적인 관광지가 되었다.

리조트와 호텔이 즐비하게 늘어선 칸쿤의 아름다운 해변

칸쿤은 두 개의 지역, 즉 다운타운 지역과 이슬라 칸쿤(혹은 호텔 지역)으로 나뉜다. 관광객들이 주로 묵는 곳은 이슬라 칸쿤 지역이다. 이곳의 해변가는 그 길이가 20킬로미터가 넘지만 모두 호텔로 가로막혀 있다. 칸쿤의 해변으로 들어가려면 호텔이나 리조트 로비를 지나야만 한다.

'올-인클루시브(All - Inclusive)'는 이곳 칸쿤의 호텔들이 시행하는 정책이다. 말 그대로 '모두 포함'이라는 뜻이다. 24시간 룸서비스를 누릴 수 있을 뿐만 아니라 바와 로비 라운지, 풀장 등에서도 모든 음료를 무제한으로 즐길 수 있다. 식사 역시 모두 무료다. 게다가 살사나 요가 등 다양한 프로그램에도 무료로 참가할 수 있다. 매일 밤 극장에서 열리는 각종 공연 관람도 가능하다. 굳이 밖으로 나가지 않아도 호텔 안에서 먹고 마시고 즐길 수 있는 곳이 바로 칸쿤이다.

34

잉카 문명

태양의 후손이 세운 신비의 문명

● 잉카 제국은 14세기 중반에 페루 고원 지대에서 시작되어 16세기 중반 고대 아메리카에서 가장 강력한 제국으로 성장했다. 물론 잉카 문명은 갑자기 하늘에서 뚝 떨어진 문명이 아니다. 안데스산맥 주변과 해안 지방에 이미 자리 잡고 있던 문명들, 즉 해안 지역의 차빈, 나스카, 모치카 문명, 안데스 고산지대의 티와나쿠, 우아리 문명의 계승자였다. 잉카인들은 이들 문명의 영향을 받아 거대한 잉카 제국으로 발전시켰다.

잉카 문명의 기원

잉카 제국을 말할 때 빠지지 않는 곳이 있다. 바로 티티카카 호수와 쿠스코다. 티티카카 호수는 페루와 볼리비아 양국에 걸쳐 있다. 남미에서 가장 큰 호수로 제주도의 4.5배나 되며 한라산의 두 배 높이인 해발 3,820미터에 있다. 하늘과 가까워 '하늘 호수'라고 불린다. 하늘을 품고 있어 '산 위의 바다'로 불리기도 한다.

티티카카 호수는 잉카 신화에서 인간 탄생의 배경이 된 곳이다. 태고의 암흑 속에 창조자인 '비라코차'가 나타났다. '콘 티키 비라코차'라 불리기도 한다. 천지가 창조되면서 가장 먼저 생겨난 티티카카 호수 위로 비라코차가 태양의 모습으로 호수에 나타나 물결을 만들었다. 그 물결 한가운데서 거품이 일고 그 속에서 남자와 여자가 손을 맞잡고 밖으로 나왔다. 최초로 태어난 한 쌍의 인류다. 남자는 '망코 카팍', 여자는 '마마 오크요'라 불렸다. 세상에 나온 두 남녀가 하늘을 올려다보니 비라코차가 흐뭇한 표정으로 최초의 인류를 바라보고 있었다. 태양신 비라코차는 망코 카팍과 마마 오크요에게 황금 지팡이를 주면서 그 지팡이가 안 보일 정도로 깊이 박힐 만큼 비옥한 곳에 나라를 세우도록 명령했다.

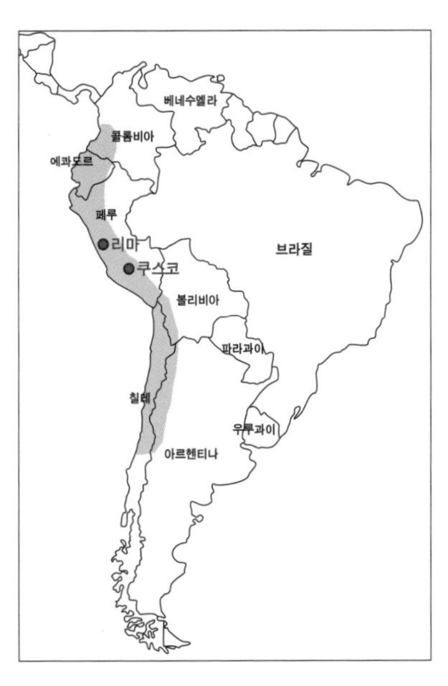

안데스 지역을 다스렸던 잉카 제국

이들은 수개월 동안 나라를

세울만한 적당한 장소를 찾아 헤맸다. 그러던 어느 날, 구름 사이에 태양이 밝게 빛나고 구름 건너편에는 무지개가 떴다. "아, 망코 카팍! 정말 황홀한 광경이에요. 어서 그 지팡이로 한 번 확인해보세요." 드디어 황금지팡이의 손잡이가 안 보일 정도로 땅에 쑥 들어갔다. 그 이후로 제국의 건설은 일사천리로 진행되었다. 그들은 황금지팡이를 꽂았던 곳을 수도로 정했다. 지금의 쿠스코다.

쿠스코는 티티카카에서 약 380킬로미터 떨어져 있다. 잉카인의 언어인 케추아어로 '배꼽'이라는 의미다. 쿠스코가 잉카의 수도로 자리 잡은 이유는 외적의 침입을 쉽게 막을 수 있고, '성스러운 계곡'이란 곡창지대가 바로 옆에 있기 때문이었다. 도시는 퓨마의 모습을 띠고 있다. 쿠스코 인근에 있는 삭사이우아망 요새가 퓨마의 머리이고, 두 강을 끼고 있는 시가지가 몸체와 꼬리에 해당한다.

쿠스코에는 특히 잉카인들의 돌 다루는 솜씨를 볼 수 있는 유적들이 많이 있다. 가장 대표적인 것이 '12각 돌'이다. 잉카인들은 수십 톤에 달하는 돌을 12각으로 깎아 석축의 일부로 만들었다. 돌은 레이저 광선으로 쪼갠 것 같이 정교하게 절단되어 있지만 실제로 사용된 연장은 돌망치, 손도끼 정도였다. 이렇게 정교하게 만든 건출물들을 스페인의 침략자들은 무자비하게 파괴했다. 그 위에 '영혼의 정복'의 완성을 위한 성당을 건립했다. 1650년 5월, 진도 7.7의 대지진으로 스페인의 침략자들이 세운 건축물들은 부서졌지만 잉카인들의 석축은 무너지지 않았다. 원시적인 도구로 제작된 석축이지만 지금까지 일어난

손으로 깎아 만든 정교한 12각 돌을 통해 잉카인들의 돌 다루는 솜씨를 엿볼 수 있다.

몇 차례 강진에도 끄떡없이 옛 모습을 그대로 간직한 채 지금에 이르고 있다.

까미노 레알과 차스키

잉카 제국은 북쪽으로는 콜롬비아 남부, 남쪽으로는 칠레 중부, 동쪽으로는 아르헨티나 북부에 걸쳐 있었다. 이 넓은 영토를 통치하기 위해서 쿠스코에 있는 중앙정부는 지방정부와의 원활한 소통을 중요시했다. 이를 위해서 거미줄 같은 길을 만들었다. 바로 까미노 레알(Camino Real), 즉 '왕도(王道)'라 불리는 도로망이었다. 그런데 길의 폭

차스키가 왕의 명령을 전달하던 길인 까미노 레알

은 1~6미터로 비교적 좁은 편이다. 잉카인들은 바퀴를 이용한 운송 수단을 사용할 줄 몰랐기 때문이다. 물론 쿠스코를 중심으로 제국 전체에 뻗어 있는 왕도는 단지 커뮤니케이션 통로의 역할만 한 것은 아니었다. 행정구역을 구분하는 경계선이기도 했다. 이 도로는 길이가 약 23,000킬로미터에 이른다는 연구 결과도 있다.

잉카 제국은 까미노 레알을 통해서 각 지방과 연락을 취하고, 교역이나 물자를 수송하고, 군사력을 이동시켰다. 이러한 제국 경영에는 보다 정교한 시스템이 필요했다. 바로 탐보(tambo)와 차스키(chasquí)다. 탐보는 숙박시설과 창고가 있던 곳을 지칭한다. 이것이 바로 잉카 제국에 오얀타이탐보(Ollantaytambo, '망루'나 '감시탑'이라는 의미)나 탐보마차이(Tambomachay, '휴식하는 장소'라는 의미)처럼 '탐보'가 들어간 지명이 많은 이유다. 차스키는 중앙과 지방 사이의 연락을 담당하는 사람이었다. 바통을 주고받으면서 달리는 릴레이 경기 주자를 연상하면 된다.

차스키는 국가의 기밀을 취급했기 때문에 출신 성분이 좋은 귀족의 아들 중에서 선발했다. 차스키들은 일정한 거리마다 설치된 집에서 24시간 대기했다. 연락을 받은 차스키는 전력 질주해서 전달할 내용을 다음 차스키에게 전달했다. 소식은 이런 방식으로 전해져 아무리 먼 지역이라도 이틀이면 쿠스코나 각 지방에 전달되었다. 해안가에서 잡은 생선을 싱싱한 상태로 하루 만에 쿠스코에 있는 황제의 식탁에 올릴 정도였다고 한다. 황제는 차스키를 통해서 제국의 곳곳에서 일어나는 일들을 파악하고, 이에 대한 명령을 하달했다. 잉카의 도로는 이처럼 사람들이 걸어 다니는 단순한 길일 뿐만 아니라 권력이 오고 가는 특별한 길이기도 했다.

압도적 규모의 지상화, 나스카 라인

나스카 라인(Nazca Lines)은 페루의 수도 리마에서 남쪽으로 약 450킬로미터 떨어진 사막 지대에 있다. '나스카의 지상화', '나스카 문양', '수수께끼의 지상화' 등으로 불려서 많은 여행자들의 호기심을 불러일으키는 곳이다. 이곳에는 직선과 삼각형, 사다리꼴과 같은 도형, 이들을 이용한 기하학적 문양들, 벌새, 펠리컨, 원숭이, 고래와 같은 생명체 등 다양한 문양과 형상이 그려져 있다. 그림의 길이는 4미터부터 370미터까지 다양하다. 이 지상화들이 차지하는 면적은 약 750평방킬로미터에 달하는데, 서울의 면적이 605평방킬로미터이니 그 규모가 얼마나 큰지 알 수 있다. 이 그림들은 사막의 검은 돌과 모래를 손이나 막대기로 긁어내 안쪽 밝은 색의 흙을 드러내는 방식으로 그려졌다. 오랜 세월이 흘러도 이 그림들이 원형 그대로 보존될 수 있었던 까닭은 이곳이 1년 내내 비가 거의 내리지 않는 건조한 지역이기 때문이다.

하늘에서 내려다 본 압도적 규모의 나스카 라인. 엄청난 크기의 벌새가 그려져 있다.

이 그림들을 감상하는 방법은 두 가지다. 지상의 전망대에서 보는 방법과 소형비행기를 타고 하늘에서 감상하는 방법이다. 대부분의 여행자들은 소형비행기를 타고 하늘에서 감상하는 방법을 택한다. 지상의 전망대에서는 지상화의 규모가 너무 커서 전체 모습을 볼 수가 없기 때문이다.

"왜 이런 수수께끼 같은 그림들을 사막 한복판에 그렸을까?" 그 이유에 대해서는 다양한 설들이 있다. 폰 데니켄이라는 학자는 '우주인들이 우주선 착륙에 이용한 표지판과 착륙장'이라고 주장했다. 이를 뒷받침하는 근거로 우주인처럼 생긴 사람의 그림을 들었다. 이 그림에 대한 의문을 가진 또 다른 사람은 독일 출신의 고고학자이자 수학자인 마리아 라이헤다. 그녀는 이 수수께끼 같은 그림에 대한 의문을 풀기 위해 무려 40년 동안이나 나스카 사막에서 탐사와 연구를 진행했다. 라이헤는 "우주인 그림은 나스카 문명의 도자기에 자주 등장하는 부엉이 사람의 이미지이고, 직선은 태양과 달과 별이 지나가는 길이고, 동물과 기하학적 형상들은 별자리"라는 결론을 내렸다. 그녀는 또한 '나스카 라인은 스페인 정복 이전에 나스카인들이 남긴 다큐멘터리 역사이며, (중략) 당시 중요한 천문지리의 변화를 기록한 기본서'라고 주장했다. 그녀의 이러한 주장은 현재 나스카 라인의 제작 이유에 대한 정설로 받아들여지고 있다.

35

스페인의 라틴아메리카 정복

고대 제국의 멸망

● 스페인의 역사가 프란시스코 로페스 데 고마라는 콜럼버스의 신대륙 도착을 "예수의 탄생을 제외하고 천지창조 이후 인류 역사상 가장 위대한 사건이다."라고 평했다. 반면에 이탈리아의 철학자 조르다노 브루노는 콜럼버스를 "타인의 평화를 파괴하고 (중략) 국가의 죄악을 증대시키고, 폭력에 의한 새로운 어리석음을 확산시키고 (중략) 자기들끼리 죽고 죽이는 새로운 기술과 수단을 가르친 것이 전부인 뻔뻔스러운 항해가 중 한 사람에 지나지 않는다."라고 비난했다. 상반된 평가다. 그러나 콜럼버스의 신대륙 도착이 아메리카 원주민들에게 그야말로 '날벼락'이었음은 여러 역사적인 사실을 통해서 이미 입증되어 있다.

원주민들은 콜럼버스가 오기 훨씬 전부터 자신들만의 고유한 문명을 꽃피우고 있었지만, 콜럼버스의 항해 '한 방'으로 유럽인의 노예가 되었다. 많은 원주민들은 전염병이나 가혹한 착취로 인해서 죽어 나갔다. 그러나 원주민에게 재앙이었던 신대륙 도착은 스페인과 포르투갈 사람들에게는 축복이었다. 신대륙에서 스페인어와 포르투갈어가 사용되고, 가톨릭이 전파되었다. 그리고 무엇보다도 황금을 얻을 수 있었다. 콜럼버스를 후원한 가톨릭 왕들도 콜럼버스의 신대륙 도착으로 인해서 이렇게 거대한 제국을 건설할 수 있으리라고는 꿈도 꾸지 못했다.

만약에 콜럼버스가 1492년에 아메리카 대륙을 '발견'하지 못했다면, 라틴아메리카는 지금 어떤 모습을 하고 있을까? 부정부패와 불평등 문제가 이렇게까지 심각했을까? 오직 먹고 살기 위해서 조상 대대로 살아오던 나라를 떠나 국경을 넘어야 했을까? 그것도 목숨을 걸고? "한때 '산유 부국' 베네수엘라, 극심한 연료난에 중앙은행 금까지 팔아치워", "꼭 안은 채 익사한 부녀…. 멕시코 국경 비극 언제까지" 등 라틴아메리카와 관련된 기사를 보면서 이런 부질없는 가정을 해본다.

콜럼버스의 신대륙 도착

1492년 10월 12일에 콜럼버스는 신대륙에 '도착'했다. 그러나 콜럼버스가 신대륙으로 가기까지는 많은 우여곡절이 있었다. 콜럼버스는 먼저 포르투갈 왕에게 신대륙 항해를 위한 원조를 요청했으나 거절당했다. 이후 스페인으로 가서 이사벨 여왕을 만났다. 힘겨운 협상 끝에 가까스로 원조를 받아 항해를 떠날 수 있었다.

1492년 8월 3일, 드디어 콜럼버스는 세 척의 배를 이끌고 스페인 남부의 팔로스 항을 떠났다. 대서양에 있는 카나리아 군도의 고메라 섬에 기항하여 물과 식량을 보충하고 다시 항해를 계속했다. 항해가 길어지자 선원들의 불만이 고조되었다. 일부 선원들은 콜럼버스를 배 밖으로 던져 버리고 스페인으로 돌아가려 했다고 한다. 이러한 선원들의 불만에 대해서 콜럼버스는 "만일 그대들이 여왕이 준 임무를 포기하고 스페인으로 돌아간다면 최악의 형벌을 받게 될 것이다."라고 선원들을 꾸짖었다. 그러나 한편으로는 황금에 대한 기대를 한껏 고조시키면서 이들을 진정시켰다.

콜럼버스의 신대륙 도착

당근과 채찍을 적절히 사용하여 결국 콜럼버스는 쿠바 북동부에 있는 바하마 제도의 구아나아니(Guanahani)라는 섬에 도착했다. 그는 이곳을 신에 대한 감사의 표시로 '성스러운 구원자'란 의미의 '산살바도르(San Salvador)'라 명명했다. 이후 콜럼버스는 항해를 계속하여 지금의 쿠바, 도미니카 공화국, 아이티 등에 상륙했다. 모두 카리브해에 있는 섬들이다. 콜럼버스는 이곳을 신대륙이 아닌 인도로 인식해 원주민들을 '인도 사람'을 의미하는 '인디오'라 불렀다. 그는 죽을 때까지 이곳을 인도라고 생각했다.

콜럼버스는 이듬해인 1493년 3월에 왕에게 보여줄 원주민들을 데리고 스페인으로 귀국했다. 이사벨 여왕은 콜럼버스를 열렬히 환대하고 다음 항해에 대한 지원을 약속했다. 그러나 이후 세 차례의 항해에서 이렇다 할 소득을 얻지 못한 콜럼버스는 스페인 왕실의 무관심에 분노하면서 결국 1506년 바야돌리드에서 세상을 떠났다.

아즈텍 제국의 멸망

지금의 멕시코시티에 자리 잡고 있던 아즈텍 제국은 수백 명 남짓한 스페인 침입자들에 의해서 정복되었다. 정복의 선봉에는 에르난 코르테스가 있었다. 그는 1519년, 약 600명의 병력을 이끌고 쿠바를 떠나 유카탄반도 인근의 코수멜 섬에 상륙했다. 아즈텍어와 마야어에 능통한 노예 출신의 말린체(Malinche)를 자신의 통역자이자 조언자로,

또 정부(情婦)로 삼았다. 코르테스는 말린체를 통해 아즈텍 제국 주변의 부족들이 제국에 적대적이라는 사실을 알게 되었다. 코르테스는 이들과 동맹을 맺었다. 제국 내 부족들 간의 적개심을 이용하기 위함이었다.

코르테스는 또한 부하들의 결의를 굳건히 다지기 위해 타고 온 배를 침몰시켰다. 말 그대로 배수의 진을 친 것이다. 코르테스는 아즈텍 제국의 수도 테노치티틀란으로 진군했다. 이 소식을 전해 들은 테노치티틀란은 공포에 휩싸였다. 목테수마는 코르테스에게 후한 선물과 함께 사절을 보내 테노치티틀란으로 오지 말 것을 요청했다. 그러나 오랫동안 황금에 굶주려 있었던 스페인의 정복자들이 이 요청을 받아들일 리 없었다. 결국 목테수마는 자포자기의 심정으로 도시 입구까지 나가서 환영했다. 코르테스에게 백기 투항한 셈이었다.

이후, 코르테스는 자신을 체포하기 위해 쿠바 총독 벨라스케스가 보낸 원정대에 맞서 싸우고자 테노치티틀란을 잠시 비웠다. 그 사이 코르테스의 부하였던 페드로 데 알바라도가 종교 축제 기간 동안 아즈텍의 귀족들과 전사들을 무자비하게 학살했다. 이에 분노한 아즈텍인들은 스페인의 정복자들과 결사 항전의 자세로 싸웠다. 스페인 병사들은 놀라서 야반도주했지만 발각되어 많은 인명피해를 입고 테노치티틀란 밖으로 쫓겨났다. 스페인 역사는 이날 밤을 '슬픈 밤(Noche triste)'이라 부르지만 아즈텍인들의 입장에서는 '통쾌한 밤(Noche alegre)'이었다.

한편, 코르테스가 원정대를 격파하고 테노치티틀란 근방으로 다시 돌아왔지만 상황은 만만치 않았다. 목테수마에 이어 새로운 지도자가 된 쿠아우테목을 중심으로 한 아즈텍인들의 반격이 매우 거셌다. 결국 코르테스는 전열을 재정비해서 반격에 나섰다. 먼저 호수 주변에 사는 부족들을 제압하고 테노치티틀란 공격에 나섰다. 코르테스의 군대는 1521년 8월, 아즈텍의 마지막 왕인 쿠아우테목으로부터 항복을 받아냈다. 이로써 코르테스는 마침내 '아메리칸 드림'을 이루었다. 코르테스가 아즈텍 제국을 정복한 이래, 10년 동안 5,000개 이상의 사원과 20,000개 이상의 우상이 파괴되었다는 기록이 있을 정도로 아즈텍 제국은 스페인 정복자들에 의해서 철저하게 유린당했다.

잉카 제국의 멸망

잉카 제국을 멸망시킨 스페인의 정복자는 프란시스코 피사로다. 그는 코르테스가 아즈텍 제국을 멸망시켰다는 소식을 듣고 '아메리칸 드림'을 갖게 된 모방적 추종자였다. 많은 정복자들을 배출한 집안 출신답게 정복욕이 강했던 그는 특히 서자로 태어났기 때문에 스페인 땅에서는 자신의 신분에 대한 열등감을 느낄 수 밖에 없었다. 스페인 원정대를 따라 아메리카 대륙에 온 피사로는 파나마 남쪽 어딘가에 황금 제국이 있다는 얘기를 듣고 군대를 이끌고 파나마를 거쳐 남쪽으로 금을 찾아 나섰다. 2년 반이나 헤매고 다녔지만 황금 쪼가리 하

피사로를 묘사한 리마 대성당의 모자이크

나도 얻지 못했다. 당연히 병사들의 불만은 최고조에 달했다. 지금의 콜롬비아 남쪽 태평양 연안에 있는 이슬라 델 가요(Isla del Gallo)라는 섬에 도착한 피사로는 이곳에서 더 이상의 항해를 원치 않았던 병사들을 설득했다. 그러나 그의 설득은 먹히지 않았다. 이에 피사로는 바닥에 선을 긋고, "이쪽은 북쪽으로 가는 길, 즉 가난해지는 길이다. 저

쪽은 남쪽으로 가는 길, 즉 부자가 되는 길이다."라고 말하면서 병사들에게 양자택일을 요구했다. 그 결과, 백여 명의 병사들 중에서 단지 13명만이 남쪽으로의 항해를 원했다. 이들만 부자의 길을 선택한 것이다.

대다수의 병사들이 떠나고 난 뒤, 피사로와 남은 13명의 병사들은 1531년 12월에 새로 도착한 지원군과 함께 남쪽으로 향했다. 몇 달 후, 피사로는 페루 해안에 도착했다. 그곳에서 잉카 제국의 황제 아타우알파를 처음으로 만났다. 첫 만남은 탐색전으로 끝났다. 두 번째 만남에서 피사로는, 코르테스가 아즈텍 제국을 정복할 때 사용했던 전략을 모방했다. 잉카 황제를 포로로 잡아 신속하게 승리를 거두려는 전략이었다. 아타우알파 황제와 그 수행원들을 만난 피사로는 주변에 병사들을 매복시켰다. 피사로와 동행한 사제는 한 손으로 성호를 긋고, 다른 한 손으로 성서를 내밀면서 "나는 그대에게 신의 말씀을 가르치기 위해 왔노라."고 말했다. 이에 아타우알파는 성서를 귀에 대본 후에 땅바닥에 던져버렸다. 피사로는 잉카 황제의 이런 불경한 행동에 화가 났다. 매복해 있던 병사들에게 신호를 보내 황제를 사로잡고 거의 비무장 상태였던 잉카인들을 죽였다.

포로가 된 아타우알파 황제는 몸값으로 자신이 갇혀있는 커다란 방을 금으로 가득 채우겠다고 약속했다. 그러나 피사로는 이 약속을 지키지 않고 황제를 화형시켰다. 피사로는 평소에 "나는 이곳에 금을 찾으러 왔지, 농부처럼 땅을 파러 온 것이 아니다."라고 공언했던 인물이었기 때문에 이러한 행위는 그리 놀랄 일은 아니었다. 엄청난 양의 금을 얻은 피사로는 여세를 몰아 1533년 11월에 잉카 제국의 수도 쿠스코를 점령했다. 아타우알파의 몸값으로 받은 금과 쿠스코에서 약탈한 귀금속의 양은 엄청났다. 피사로는 이를 원정에 참여한 병사들에게 분배하고, 일부는 스페인 왕실로 보냈다. 신대륙에서 들어온 엄청난 양의 귀금속들은 스페인을 흥분의 도가니로 몰아넣었다. 이는 일확천금을 노리는 수많은 황금 사냥꾼들이 신세계로 몰려드는 계기가 되었다.

이후 잉카인들은 스페인의 정복자들에 대한 반란을 일으켰지만, 1572년에 마지막 잉카 제국의 황제인 투팍 아마루가 참수되면서 잉카 제국은 완전히 스페인 제국의 수중에 들어갔다.

콜럼버스의 유해를 둘러싼 논쟁

1506년 5월 20일에 세상을 떠난 콜럼버스는 스페인 바야돌리드의 성당에 묻혔다가 다시 세비야로 이장되었다. 1537년에 아들 디에고의 요청에 따라 콜럼버스의 유해는 카리브해에 있는 도미니카 공화국의 수도 산토도밍고로 옮겨졌다. 1795년에 산토도밍고가 프랑스의 손에 넘어가자 유해는 다시 스페인의 식민지였던 쿠바의 아바나로 이장되었다. 1898년에 쿠바가 독립하자, 유해는 다시 세비야 대성당에 묻혔다. 사망한 지 거의 400년 만이었다.
그런데 세비야 대성당에 있는 콜럼버스의 묘는 '묻혀 있는 게' 아니라 '들려져' 있다. 당시 스페인을 나눠서 통치하고 있던 네 왕국의 왕들이 우리네 상여처럼 그의 관을 메고 서 있다. 그래서 묘라고 하기보다는 관이라고 하는 게 더 맞을 듯하다. 콜럼버스의 묘가 이런 특이한 형태가 된 데에는 사연이 있다.

콜럼버스는 네 차례의 항해 중에서 첫 번째 항해를 제외하고는 왕실의 온갖 멸시와 냉대를 계속 받았다. 이 때문에 콜럼버스는 "죽어서도 스페인 땅은 절대 밟지 않겠다."는 유언을 남겼다. 실제로 콜럼버스의 장례식에 왕실 사람은커녕 단 한 명의 귀족도 조문하지 않았던 것으로 전해진다. 그래서 콜럼버스의 유언에 따라 관은 비록 스페인의 세비야에 있지만 '스페인 땅을 절대 밟지 않은 채 땅 위에 들려져' 있는 것이다.

스페인 세비야 대성당의 콜럼버스의 묘

그런데 콜럼버스 유해의 진위에 대한 논쟁에 불을 붙이는 일이 일어났다. 1877년, 산토도밍고의 한 성당에서 납으로 된 상자가 발견되었다. 표면에는 '저명한 위인 크리스토발 콜론(크리스토퍼 콜럼버스의 스페인식 이름)'이라고 쓰여 있었다. 도미니카 공화국에서는 이를 콜럼버스의 진짜 유골이라 주장하면서, 1992년에 거대한 기념관을 지어 그의 유해를 이곳에 안치했다. 이에 대해서 스페인은 세비야 대성당의 유해에 대한 DNA 검사를 실시했다. 유해의 '나이'가 너무 많아 검사에 어려움이 많았지만, 최종적으로 콜럼버스의 유해라는 결론을 내렸다. 반면에 도미니카 공화국은 DNA 검사를 위해서 자신들이 보유하고 있는 콜럼버스 유해 제공을 허락하지 않고 있다. 이렇듯 콜럼버스 유해의 진위 여부는 지금도 여전히 논란거리로 남아 있다.

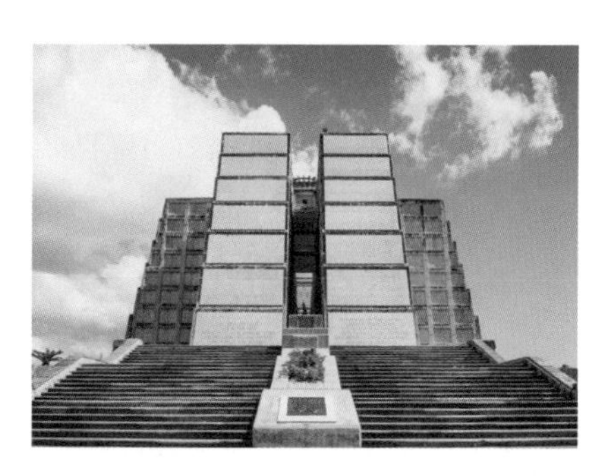

콜럼버스의 유해가 안치된 도미니카 공화국 산토도밍고의 콜럼버스 등대(Faro a Colón)

36

엘도라도

빛바랜 황금의 땅

● 스페인 사람들이 위험을 무릅쓰고 라틴아메리카로 건너간 이유는 세 가지 'G' 때문이었다. 바로 신(God), 금(Gold), 명예(Glory)다. 이들 중 가장 큰 비중을 차지한 것은 물론 금(Gold)이었다. 이는 잉카 제국을 정복한 프란시스코 피사로의 말에서도 여실히 증명된다. 어느 날 한 사제가 피사로에게 복음 전파의 중요성을 얘기했다. 이 말을 들은 피사로는 "나는 그런 이유 때문에 여기에 온 것이 아닙니다. 나는 이들의 금을 빼앗기 위해서 왔습니다."라고 답했다. 멕시코 정복에 코르테스와 함께 동행하기도 했던 연대기 작가 베르날 디아스 델 카스티요 역시 "신과 국왕 폐하께 봉사하고, 어둠 속에 빠져 있는 사람들에게 빛을 던져주고, 모든 이들이 갖고 싶어 하는 금을 얻기 위해 기꺼이 목숨을 바치려 한다."고 라틴아메리카에 온 목적을 솔직하게 말하기도 했다.

《스페인 은의 역사》에서 카를로 M. 치폴라는 "16세기 내내 스페인의 식민지는 스페인으로 16,000톤 이상의 은을, 다음 세기에도 26,000톤 이상, 18세기에도 39,000톤 이상의 은을 보냈다."고 말한다. 그는 이어서 "1536년과 1566년 사이에 스페인의 식민지에서 일어난 일련의 경이로운 사건들은 이류 혹은 삼류 국가였던 스페인을 세계에서 가장 부유하고 가장 강력한 나라로 바꾸어 놓았다."라고 기술하고 있다.

이처럼 신대륙은 스페인을 위한 황금 보급 창고였다. 프란체스코 수도회 소속의 한 수도사는 "누에바에스파냐(지금의 멕시코)와 페루는 두 개의 젖가슴이며, 전 세계는 그 젖가슴에서 금과 은이라는 우유를 마시면서 자양분을 취한다."고 말하기까지 했다. 그만큼 신대륙은 스페인의 정복자들이 언제나 가고 싶어 했던 이상향이 되었다.

신대륙 무역과 새로운 항로 개척

이렇게 신대륙 식민지에서 빼앗은 '우유'가 흘러간 곳은 스페인 남부 안달루시아 지방의 세비야였다. 이곳에는 1503년부터 스페인에서 신대륙으로 오가는 '모든 것'을 관장하는 통상원이 있었다. 이는 세비야가 신대륙 무역의 전진기지이자 독점지라는 의미였다. 스페인의 신학자 토마스 데 메르카도는 "세비야와 대서양 연안의 스페인은 예전에는 세상의 끝이었으나 이제는 세상의 중심이 되었다."라고 말했다.

그만큼 세비야는 신대륙과의 무역에서 독점적인 지위를 갖고 있었다. 이 독점적 지위는 1717년까지 계속되었다. 이후 통상원이 세비야 인근의 카디스로 옮겨 가면서 그동안 세비야가 맡았던 역할은 카디스로 넘어갔다.

스페인의 무역항이 세비야와 카디스였다면, 신대륙에서는 누에바에스파냐(멕시코)의 베라크루스, 누에바그라나다(콜롬비아)의 카르타헤나, 파나마 지협의 놈브레 데 디오스 등 세 항구였다. 이는 밀무역을 막고 세비야나 카디스의 독점적 지위를 유지하기 위함이었다. 식민 통치 초기에는 스페인과 신대륙을 오가는 배들이 거의 개별적으로 운항되었지만, 16세기가 되면서 선단제로 운영되었다. 이는 매년 각각 50척 이상의 선박으로 구성된 선단이 무장 선박들의 호위 하에 항

신대륙 무역의 중심지 카리브해

해하는 방식이었다. 해적의 습격으로부터 보물선을 보호하기 위함이었다.

1570년대 들어 신대륙에서 스페인을 오가는 대서양 항로 이외에 새로운 항로가 개척되었다. 바로 멕시코의 태평양 연안에 있는 항구 아카풀코와 필리핀의 마닐라를 오가는 항로였다. 이 항로로는 일 년에 한 차례씩 배가 오고 갔는데, 멕시코에서 채굴한 은을 중국으로 가져가서 팔고, 다시 중국의 비단, 도자기, 향신료 등을 신대륙으로 들여왔다. 이 항로 역시 엄청난 부를 창출하는 '노른자 항로'였다.

헛된 달콤함

스페인 제국은 1519~1533년 사이에 경제적으로 엄청나게 성장했다. 가장 큰 요인은 아즈텍 제국과 잉카 제국의 정복이었다. 이 두 제국의 정복으로 스페인은 엄청난 양의 금과 은을 획득했다. 잉카 제국을 정복한 피사로는 제국의 수도였던 쿠스코의 신전에서 700개의 금판을 약탈했다고 한다.

식민지에 대한 스페인의 착취는 조직적이었다. 농업은 기존의 소규모 농경 방식이 아닌 대규모의 생산 구조로 개편되었다. 그 핵심은 아시엔다(Hacienda)였다. 아시엔다는 정복자가 주변의 농지를 수용한 후, 대규모로 경작하여 생산성을 높이는 시스템이었다. 말이 수용이지 실제로는 강탈에 다름없었다. 여기에 원주민의 노동력이 동원되었다. 무상의 노동 착취였다. 원주민들은 대대로 소작인 신분으로 살아가야 했다. 당시 식민지에 살고 있던 거의 모든 원주민들이 농업에 종사하고 있었기 때문에 식민지 전체 원주민들이 착취 대상이었다고 해도 과언이 아니었다. 광업 역시 농업과 사정은 비슷했다. 채굴에 동원된 원주민은 보호장구는커녕 신발도 없이 망치로만 작업해야 했다. 매몰사고도 빈번히 발생했다. 이런 열악한 노동 환경은 수백 년 동안 지속되었다.

이러한 착취로 인해서 150년 동안 스페인으로 건너간 은의 양은 당시 유럽에 비축되어 있던 은 총량의 세 배에 달했다고 한다. 금고가 두둑해진 스페인은 프랑스의 레이스, 네덜란드의 직물, 베네치아의 유리 제품, 밀라노의 무기, 프랑스의 포도주 등 유럽 곳곳에서 수많은 고가품들을 구입했다. 신대륙 정복 사업이나 대규모 전쟁 수행, 건물 축조 등을 위해서 필요한 '실탄'은 제노바, 플랑드르, 독일 등지의 여러 은행가들과 부자들로부터 조달했다. 그러나 이 모든 게 다 빚이었다. 이 빚을 갚기 위해서 신대륙에서 가져온 은을 사용할 수밖에 없었다. 스페인에 들어온 은은 그대로 유럽의 다른 나라들로 빠져나갔다. "어느 나라가 스페인과 무역을 하면 할수록 점점 더 많은 은을 소유하게 된다." 이는 당시 유럽에서 하나의 상식처럼 굳어진 말이었다.

이처럼 스페인은 부가 축적되는 중심지가 아니라, 부가 스쳐 지나가는 정거장에 불과했다. "젖소는 스페인 사람들의 것이었지만, 우유를 마신 이들은 다른 나라 사람들이었다.", "스페인 빈곤의 원인은 바로 스페인의 부에 있다.", "스페인은 음식물을 받아들이는 입과 같아 그것을 깨물어 으깨지만, 헛된 달콤함과 잇새에 낀 찌꺼기 이외에는 자기 것으로 남겨두지 못했다." 이는 당시 스페인의 암울한 경제 상황을 풍자한 말들이다. 스페인은 신대륙이라는 커다란 젖소의 목줄을 붙잡고 "이 소는 나의 것이다."라고 소리 높여 외쳤지만, 네덜란드, 영국, 프랑스와 같은 나라는 스페인 소유의 젖소 밑에서 열심히 우유를 짜고 있었던 것이다. 스페인은 결국 1557~1647년 사이에 무려 6번씩이나 파산을 선언했다.

17세기 스페인을 대표하는 작가 케베도는 이러한 상황을 다음과 같이 풍자했다.

> 강력한 군주는 *돈 디네로(Don Dinero).
> 그는 세계가 경의를 표하는 서인도제도에서 탄생하여
> 스페인에 와서 숨을 거둔다.
> 그리고 그의 시신은 제노바에 묻힌다.
>
> (* Don Dinero : Don은 영어로 'Sir', Dinero는 'money'란 의미다.)

이런 상황을 예견이나 한 듯, '원주민들도 인간이다'라고 외쳤던 바르톨로메 데 라스 카사스 신부는 "범죄적이고 사악하고 수치스러운 신념을 가지고 압제적이고도 야만적인 만행을 저질렀던 스페인에게 신은 분노를 내리고 말 것이다. 스페인은 파괴와 학살로 거둬들인 피에 젖은 재산을 가졌기 때문이다."라 경고했는데 이는 바로 현실이 되었다.

유럽인들의 참을 수 없는 욕망, 엘도라도

'엘도라도'라는 말은 여러 곳에서 사용된다. 애니메이션 영화 〈엘도라도〉, 미국 아칸소 주(州)의 도시 '엘도라도', 콜롬비아의 수도 보고타의 '엘도라도 국제공항', 칠레 와인 '엘도라도' 등이 있다. '엘도라도'가 무엇이길래, 이렇게 많은 곳에서 사용되는 걸까?

'엘도라도(El Dorado)'는 스페인어 정관사 '엘(El)'과 '황금색의'란 의미의 '도라도(dorado)'로 이루어진 말로, 스페인의 침략자들이 '황금 인간' 또는 '황금 왕'을 지칭하고자 사용했다. 그 유래는 지금의 콜롬비아에 있는 구아타비타(Guatavita) 호숫가 원주민들에게서 시작되었다. 이들은 집에서부터 가구, 무기, 의상, 장식품, 지붕, 도로 포장석에 이르기까지 모두 황금을 사용했다는 전설 속의 부족이다. 이들은 호숫가의 사금으로 이것들을 만들었다고 한다.

황금의 땅 엘도라도로 알려진 구아타비타 호숫가

"황금으로 지은 집에 사

콜롬비아 투르메케의 중앙광장에 있는 원주민 무이스카를 기리는 동상

는 '태양의 아들'인 부족장은 1년에 한 번씩 호숫가에서 성대한 의식을 치른다. 부족장은 머리끝에서 발끝까지 황금 가루를 바르고, 황금으로 만든 반지, 팔찌, 발찌, 목걸이, 왕관으로 몸을 치장하고, 부족민들 앞에 나타난다. 그의 앞에는 부족민들이 바친 황금과 보석으로 가득하다. 부족장은 많은 시종을 거느리고 이 금은보석들을 뗏목에 싣고 호수 한가운데로 나아간다. 부족장은 호수 중간쯤에 이르러 이 물건들을 아무 미련 없이 호수 속에 던져 버린다. 이 물건들은 물속에 사는 악마에게 바치는 제물이다. 부족장은 의식을 마치고 부족민들의

환호 속에 다시 호숫가로 돌아온다." 이 엘도라도의 전설을 재현한 '무이스카의 황금 뗏목'은 콜롬비아 보고타의 황금박물관에 가면 볼 수 있다. 뗏목을 타고 신에게 보물을 바치기 위해 호수로 나아가는 모습을 금으로 형상화한 작품이다.

보고타 황금 박물관에 전시된 '무이스카의 황금 뗏목'

이 전설은, 신대륙에 가면 이런 부족을 만날 수 있다거나 신대륙에 가면 많은 황금을 얻을 수 있다는 이야기로 변했다. 황금에 미친 스페인 사람들의 탐욕을 더 부추겼다. '엘도라도'는 스페인 사람뿐만 아니라 다른 유럽인들도 포기할 수 없는 로망이 되었다. 그렇다면 유럽인들은 실제로 이 엘도라도를 찾았을까? 이후 300년 동안 수많은 탐험대가 엘도라도의 꿈을 좇아 신대륙 곳곳을 찾아 헤맸지만 이 전설 속의 엘도라도는 끝내 찾지 못했다.

베르너 헤어초크가 감독한 〈아기레, 신의 분노〉는 바로 이 황금의 땅 엘도라도를 찾으려는 스페인 탐험대원 아기레의 광기를 그린 영화다. 1560년, 피사로 장군은 정글에 가로막혀 움직일 수 없게 되자 선발대를 뽑는다. 대장으로 임명된 우르수아는 부대장 아기레 등 40여

명의 병사와 노예를 이끌고 아마존을 헤맨다. 우르수아는 원주민들의 공격과 거센 물살 등으로 더 이상의 탐험은 무리라고 판단, 후퇴를 명한다. 그러나 아기레는 이에 반항해서 우르수아를 제거하고 탐험을 강행한다. 병사들은 굶주림과 질병으로 모두 죽고 아기레만 남는다. '엘도라도'라는 이상을 좇던 아기레가 찾아간 곳에는 아무것도 없고, 오직 자기파멸만이 기다리고 있었을 뿐이다. 전설 속의 엘도라도는 이렇게 인간의 불가능한 욕망을 꿈꾸게 하는 그런 곳이었다.

특별한 재화, 은광의 명과 암

'발레 운 포토시(Vale un Potosí).'

이 말은 "포토시(Potosí)만큼 가치가 크다."라는 의미다. '포토시'는 볼리비아에 있는 도시 이름이다. 정확히 말하면 포토시 시(市)다. 포토시는 도시 이름뿐만 아니라 보통명사로 '특별한 재화'라는 의미도 있다. 이 도시가 얼마나 스페인 사람들에게 소중했으면 이런 뜻까지 생겼을까?

은광으로 유명한 볼리비아의 포토시

포토시는 해발 4,090미터에 있는 안데스 산맥의 작은 시골 마을에 불과했다. 15세기 중반, 한 목동이 잃어버린 양을 찾으러 산을 헤매다 은광을 발견했다. 목동이 은을 캐려 했을 때, 하늘로부터 "건드리지 말라. 이것은 너희 것이 아니라 뒤에 올 사람들의 것이다."라는 굉음을 들었다. 목동은 잉카의 황제에게 자신이 들었던 굉음을 전했다. 이 '굉음'이 잉카인의 언어로 '포토시'다. 도시의 이름이 여기서 유래되었다. 실제로 100년이 지나 스페인 침략자들이 이곳에 들이닥쳐 엄청난 은을 가져갔다. '포토시'의 유래와 절묘하게 맞아떨어진 전설이다.

은광 광부들 뒤편으로 우뚝 솟은 세로 리코

포토시에는 세로 리코(Cerro Rico)가 있다. '세로 리코'란 말은 '풍요로운 언덕'이란 의미다. 그러나 실제로는 언덕이 아닌 4,800미터나 되는 높은 산이다. 이 산으로 인해서 포토시는 구대륙에 화려하게 데뷔한 스타가 되었다. 이 산에서 엄청난 양의 은맥이 발견되었기 때문이다. 은맥이 발견된 지 30년도 채 되지 않은 1573년의 포토시는 더이상 작은 시골 마을이 아니었다. 인구 16만 명의 대도시가 되었다. 포토시에는 엄청난 재화가 흘러넘쳤다. 이후, 포토시는 200년 이상 전 세계에서 유통되는 은의 절반 이상을 생산하는 곳이 되었다. 포토시의 부자들은 페르시아에서 양탄자를, 베네치아에서 유리를, 중국에서

도자기를 수입했다. 말발굽마저 은으로 만들고 축제가 열릴 때면 거리가 온통 은으로 덮였다는 이야기가 있을 정도였다. 그러나 그 이면에는 원주민의 희생이 있었다. 이들은 고된 노동이나 갱내 폭발사고, 수은 중독 등으로 고통을 당하면서 은을 캐야 했다.

포토시처럼 은광으로 번성했던 곳으로는 멕시코의 타스코, 사카테카스, 과나후아토 등이 있다. 이들 지역 역시 사람이 거의 살지 않은 곳이었지만 은광이 발견되면서 번성한 도시들이다. 그러나 19세기 초반부터 은의 가치가 하락하면서 이 도시들은 쇠락의 길을 걷기 시작했다. 역사가들은 포토시를 '세계에서 가장 많은 것을 제공했지만, 가장 조금밖에 갖지 못한 도시'라고 말한다. 지금은 광산 투어를 통해서 이런 포토시의 영화와 슬픔을 조금이나마 느낄 수 있을 뿐이다.

37

혁명

꿈틀거리는 민중의 항거

● 독립운동가이자 시민사회운동가였던 바보새 함석헌 선생은 "혁명은 정치가 달라지는 것입니다. 달라지되 어느 한 부분만이 아니라 전체를 왼통 뜯어고치는 일입니다. 그리고 새 출발을 하는 일입니다."라고 말했다. 그러나 혁명이 전체를 송두리째 바꾸는 것이기도 하지만, 개인의 환경이나 습관의 축적에 의해 결정된 일상 속의 나를 통째로 뒤집어 변화시키는 일이라는 생각도 해본다. 나를 근본적으로 변혁시키지 않고선 이 세계는 변화하지 않기 때문이다.

라틴아메리카에서 '전체를 왼통 뜯어고치려' 했던 가장 대표적인 나라로는 멕시코와 쿠바가 있다. 이 나라들은 스페인으로부터 독립은 했지만 미국에게 또 다른 형태의 지배를 받았다. 국민들은 분노했다. 독립한 국가에 대한 기대가 컸지만 국가가 이들의 기대에 부응하지 못했기 때문이다. 분노한 국민들은 들고 있어났다. 이들은 '그 사회의 모든 닫힌 공간을 열어주고 잠긴 목소리를 틔워주는 개벽의 경험을 사회에 안겨준다'는 혁명을 통해 사회 구석구석의 닫힌 공간을 열어젖히고자 했다. 그래서 새로운 세상을 만들어 모두 함께 누리고자 했다.

라쿠카라차의 봉기, 멕시코 혁명

멕시코 혁명은 한때 유능한 군인이었던 포르피리오 디아스의 35년 장기 독재로 인해서 일어났다. 이는 잔혹하게 '밟는 존재'에 대항해서 '꿈틀거린 민중'의 항거였다.

멕시코는 1821년에 스페인으로부터 독립했다. 그러나 독립 이후에 미국과의 전쟁에서 패하여 텍사스, 캘리포니아, 뉴멕시코, 애리조나 등을 미국에 넘겨주었다. 당시 멕시코 영토의 절반 이상에 해당하는 지역이었다. 이는 보수주의 정부하에서 멕시코가 당한 치욕이었다. 이들에 대한 불만으로 자유주의자들이 집권했지만 정치는 안정을 되찾지 못했다. 이후 보수주의자와 자유주의자 간의 갈등이 폭발하여 내전이 일어났다. 영국, 프랑스, 스페인 세 나라는 이 내전 기간 동안에 멕시코에 거주하는 자국민이 입은 손실 보상과 부채 상환을 요구했지만 자유주의자들의 정부인 후아레스 정부는 이를 거절했다. 이에 1862년, 이 나라들은 베라크루스를 점령했다.

이에 발맞춰 보수주의자들은 프랑스의 나폴레옹 3세에게 '멕시코 국민이 프랑스 해방군과 왕정 수립을 환영할 것'이라며 맞장구를 쳤다. 나폴레옹 3세는 이러한 제안이 자신에게 정치적, 경제적인 이득을 가져다줄 것이라 생각해서 프랑스군의 적극적인 개입을 수락했다. '프랑스의 보호를 받는 멕시코 제국'은 그야말로 자신에게 '폼 나는' 명분이었다. 결국 나폴레옹 3세의 후원을 받은 멕시코 보수주의자들은 합스부르크가의 페르디난드 막시밀리안 대공을 멕시코 황제로 추대했다. 막시밀리안 대공은 오스트리아 황제 프란츠 요셉의 동생으로 우유부단한 인물이었다. 막시밀리안 대공을 앞세워 빠른 속도로 발전하고 있는 미국에 대항해서 세계 곳곳에 자신의 영향력을 행사하려 했던 나폴레옹 3세는 미국의 입김으로 멕시코에서 손을 뗐다. 더욱이 멕시코 내 보수주의자들도 지지를 거두었다. 결국 막시밀리안은 황제에 즉위한 지 3년만인 1867년에 처형되었다.

이후 1867년에 원주민 출신의 대통령인 베니토 후아레스(Benito Pablo Juárez)가 재집권하여 공화국 정권을 수립했다. 그러나 1876년 포르피리오 디아스의 반란으로 붕괴되었다. 디아스는 자유보다는 질서와 발전을 내세워서 1876년부터 1911년까지 멕시코를 철권통치했다. 그는 소수의 권력층과 결탁해서 외국 자본에 특혜를 주었다. "멕시코는 외국인에게는 친모(親母)요, 멕시코인에게는 계모다."라는 말이 있을 정도였다. 또한 노동조합을 탄압하고 파업을 봉쇄했다. 군대를 출동시켜 노동자들을 죽이고 그 시신들을 화물차에 실어서 바다에 던져버리기까지 했다. 그리고 국가보안군을 창설하여 국민을 감시했다.

그는, 국민이란 무지한 존재여서 '빵과 곤봉'으로 다스려야 한다는 생각으로 민주주의를 철저히 짓밟았다. 특히 토지 문제는 뜨거운 감자였다. 스페인 정복 시대 이전에는 토지를 여러 구역으로 나누고 각 구역마다 일정한 면적을 농민에게 분배했다. 토지는 가족이나 부족 단위로 분배되었기 때문에 그 누구도 개인적으로 땅을 소유할 수 없었다. 그러나 19세기 중반 들어 이러한 시스템은 붕괴되었다. 지주는

판초 비야(좌)와 에밀리아노 사파타(우)

더 넓은 토지를 소유하게 되었다. 일부 대농장주의 땅은 벨기에와 네덜란드를 합친 것보다 더 커서 그 땅을 지나가는 데 기차로 꼬박 하루가 걸릴 정도였다고 한다. 이런 상황에서 농민들이 가만히 있을 리 없었다. 불만이 극에 달한 농민들은 들고 일어났다. 마르크스의 말대로, '고립된 한 자루의 감자들' 밖에 안 되는 농민들이 꿈틀거린 것이다.

혁명은 1910년에 시작되었다. 당시만 해도 멕시코의 전체 토지 중 97%가 소수의 대농장주 소유였고 국민의 90%가 소작인이었다. 온종일 일해도 먹을 것을 해결하기 어려웠고 일을 하면 할수록 빚만 늘어갔다. 이런 상황에서 농민들이 기댈 수 있는 것은 '왼통 뜯어고치는' 혁명뿐이었다. 그들은 혁명을 통해서 삶의 여건이 나아지기를 기대했다. 농민들의 이러한 염원에 부응하고자 북부 지방에서는 판초 비야(Pancho Villa), 남부 지방에서는 에밀리아노 사파타(Emiliano Zapata)와 같은 농민 지도자가 혁명의 선봉에 섰다. 여기에 외국 기업의 횡포로 위협을 느끼고 있던 중산층과 지방 엘리트들도 가세했다.

1911년, 결국 포르피리오 디아스는 파리로 망명을 떠났다. 35년 동안 철권통치를 폈던 독재자의 망명으로 혁명은 일단락되었다. 그러나 진정한 혁명의 완수는 멀고도 험난했다. 혁명이 하나의 구심점을 갖지 못한 채 멕시코 전역에서 산발적으로 추진되었기 때문이다. 1920년대 초반이 되면서 정국은 점차 안정을 되찾아 갔다. 혁명 정부는 토지를 분배하고 반혁명의 중심이라 할 수 있는 교회 세력을 약화시켰다. 또한 석유 산업을 국유화시켰다. 민족혁명당을 창당하고 대통령

임기를 6년의 단임제로 확립하는 등 정치적 안정을 꾀함으로써 멕시코 혁명은 결실을 맺기 시작했다.

쿠바, 미국과 가장 가까운 사회주의 국가가 되다

쿠바 혁명은 라틴아메리카 현대사에서 중요한 의미를 가지고 있다. 페루 출신의 작가 바르가스 요사의 말을 한 번 들어보자.

"쿠바 혁명으로 라틴아메리카 국가에서 혁명이 가능하다는 생각을 처음으로 하게 되었다. 그 당시까지만 하더라도 혁명은 우리의 사고에서 낭만적이고 먼 얘기였다. 우리는 혁명을 우리와 같은 나라에서는 결코 현실화될 수 없는 아카데믹한 개념으로 취급하고 있었다."

그의 말처럼 혁명은 라틴아메리카의 대부분의 나라에서는 '먼 나라'의 이야기일 뿐이었다. 그러나 쿠바 민중은 이 먼 나라의 이야기를 '우리와 같은 나라'의 이야기로 바꾸었다.

1898년에 독립한 쿠바는 1810~1820년 사이에 독립한 대부분의 라틴아메리카 국가들과 달리 라틴아메리카에서 가장 늦게 독립했다. 쿠바인들은 독립하기 전까지 두 차례에 걸쳐 스페인에 대항해서 독립전쟁을 벌였지만 실패했다. 그런데 독립의 계기는 다소 예상치 못한 곳에서 나타났다. 1898년, 쿠바 아바나 항에 정박 중이던 해군 함정 메인호가 폭발해서 침몰했다. 폭발의 원인은 알려지지 않았지만 미국 신문들은 이 사건을 스페인의 음모로 몰아갔고 미국 정부는 메인호

폭발을 구실로 스페인과 전쟁을 벌였다. 이미 망가질 대로 망가져 종이호랑이로 전락한 스페인과의 전쟁은 어른과 아이의 전쟁이었다. 손쉽게 전쟁에서 승리한 미국은 여세를 몰아 스페인을 압박했다. 그 결과, 쿠바뿐만 아니라 푸에르토리코, 필리핀, 괌 등도 자신의 영향권 아래 두게 되었다.

미국은 쿠바 내 미국인의 생명과 재산을 보호한다는 명분으로 쿠바에 대한 내정간섭을 시작했다. 이후 미국은 1933년 풀헨시오 바티스타(Fulgencio Batista y Zaldívar)의 군사 쿠데타 성공 이후부터 쿠바를 실질적으로 지배하기 시작했다. 하사관 출신인 바티스타는 미국의 지원을 받아 독재 정치를 폈다. 쿠바 주재 미국대사를 지낸 아서 가드너는 "우리는 바티스타보다 더 좋은 친구를 가진 적이 없다."라고 말했다. 그만큼 바티스타는 미국의 입맛에 딱 맞는 반공 독재자였다. 쿠바는 정치뿐만 아니라 경제에서도 미국의 절대적인 영향 아래 있었다. 쿠바는 미국에 설탕을 수출하고 식량이나 석유 등 생필품들을 수입했다. 쿠바의 경제는 이처럼 미국에 의존하는 사탕수수의 경제였다.

미국의 뒷마당이자 놀이터가 된 쿠바에 미국인들이 대거 몰려들었다. 미국인 기업가들은 쿠바에서 농장과 제당소를 사들였다. 미국인 관광객들은 쿠바의 수도 아바나로 '태양과 섹스'를 위해 몰려들었다. 아바나 곳곳에 카지노와 클럽, 매춘업소들이 등장했다. 당시 바티스타 독재정권은 미국 마피아들에게 카지노 운영권을 주는 등 아바나가 미국의 환락가가 되는 데 일조했다. 가장 대표적인 클럽으로 트로

피카나(Tropicana) 나이트클럽이 있다. 1939년 첫 공연을 시작한 이래, 많은 관광객들이 라틴아메리카 최대의 카바레 쇼를 보기 위해 아바나로 왔다. 혁명 이전에는 미국의 유명인들과 부호들이 이 쇼를 보기 위해 아바나로 전세기를 타고 올 정도였다고 한다. 도시는 타락하기 시작했다. 반면에 쿠바 국민들은 빈곤한 생활을 면치 못했다. 실업자가 증가했고, 그에 따라 사회적인 불안이 팽배했다. 이런 상황에서 '전체를 왼통 뜯어 고치는' 혁명의 필요성이 대두된 것은 자연스러운 일이었다. 영화 〈대부 2〉에는 주인공 마이클 꼴레오네가 쿠바에서 일어난 '일련의 사태'로 사업을 포기하고 가까스로 미국으로 되돌아오는 장면이 나온다. 이 '일련의 사태'가 바로 쿠바 혁명이다.

쿠바 혁명은 피델 카스트로의 주도하에 이루어졌다. 카스트로는 1953년 7월 26일, 몬카다 병영을 습격했다. 정부에 대한 무력 투쟁의 시작이었다. 그러나 이 시도는 실패로 돌아가 카스트로는 수감되었다. 이후 사면되어 풀려난 카스트로는 멕시코로 건너가 혁명군을 조직했다. 이때 체 게바라를 만났다. 82명의 혁명군이 그란마(할머니) 호를 타고 쿠바로 잠입하려다 발각되었다. 피델 카스트로, 라울 카스트로, 체 게바라 등 소수를 제외하고는 모두 사살되거나 체포되었다. 가까스로 살아남은 사람들은 시에라 마에스트라 산악지대로 피신했다. 이후 카스트로를 중심으로 한 혁명군이 이 산악지대를 거점으로 게릴라 투쟁을 벌였다. 전국적인 정치 조직을 갖추는 등 혁명에 유리한 환경 조성에도 힘썼다. 이들은 독재정권에 대한 불만이 매우 컸던 쿠

피델 카스트로와 체 게바라를 위시한 쿠바 혁명의 주역들

바 민중의 절대적인 지지를 받았다. 미국은 이러한 쿠바 내 여론을 의식해서 독재자 바티스타에 대한 무기 지원을 중단했다. 결국 바티스타는 미국 마이애미로 도주했다. 1958년 12월 31일의 일이었다. 하루 뒤인 1959년 1월 1일, 카스트로의 혁명군은 아바나에 입성했다. 쿠바 혁명이 성공한 것이다.

혁명 이후의 쿠바

카스트로는 혁명이 성공한 후 토지 개혁을 단행했다. 미국인 소유의 기업들도 몰수했다. 이에 따라 미국과의 관계가 악화되었다. 카스트로는 대신 소련을 동맹자로 삼았다. 1961년 1월, 미국의 아이젠하워 대통령은 쿠바와의 외교 관계를 단절했다. 이후 미국의 CIA는 쿠바에서 미국으로 망명한 사람들에게 훈련자금과 무기를 지원하면서 쿠바 침공을 준비했다. 1961년 4월, 망명자들로 구성된 침공군이 피그만에 상륙했지만 즉시 괴멸되었다. 이로써 미국은 국제적으로 망신만 당했다. 이와 반대로 카스트로의 위상은 높아졌다.

미국의 피그만 침공 후, 카스트로는 쿠바 혁명이 사회주의 혁명임을 대내외에 천명했다. 이에 소련은 쿠바를 미국의 공격으로부터 보호하겠다고 선언했다. 쿠바에 대한 무기 공급도 늘렸다. 여기에는 남북아메리카 전역이 사정권 안에 들어오는 미사일 발사 기지와 폭격기도 포함되었다. 미국은 이를 공격용 무기라 주장하고 철수를 요구했다. 이 두 초강대국의 힘겨루기로 세계는 핵전쟁의 위기까지 갔다. 결국 소련이 쿠바의 미사일 기지를 철수하는 대신, 미국은 쿠바를 침공하지 않으며 터키에서 미사일 기지를 철수하는 선에서 합의했다. 이로써 전 세계가 3차 세계대전의 위험에서 벗어났다.

이렇게 정치적으로 소련과 밀접한 관계를 유지했던 카스트로는 경제정책에서도 소련과 보조를 맞추었다. 사탕수수를 집중적으로 생산하여 소련에 비싸게 팔았다. 대신 석유나 공산품을 싼 값에 들여왔다. 모두 쿠바와 소련의 밀접한 우호 관계를 바탕으로 한 경제정책이었다. 사탕수수 생산의 증대와 소련의 지원으로 사회복지 혜택이 확대되고, 빈민들의 삶이 개선되었다. 교육의 수준이 향상되고 이에 따라 문맹률도 낮아졌다. 뿐만 아니라 무상 의료제도를 시행하여 쿠바 국민의 삶의 질이 향상되었다.

이후의 경제정책에서 많은 시행착오를 겪었지만, 1960년부터 1985년 사이에 쿠바의 경제성장률은 다른 라틴아메리카 국가들에 비해서 월등히 높았다. 게다가 이러한 성장으로 만들어진 부는 전 국민에게 골고루 돌아갔다. 그래서 쿠바를 '세계에서 가장 불평등한 대륙에 있는 가장 평등한 나라'로 부르기도 했다.

낙타 모양의 대형버스인 카메요

그러나 1990년대 초 소

련이 붕괴되면서 경제적으로 어려움에 처하게 되었다. 사탕수수를 비싸게 매입하고 석유를 값싸게 판매하던 소련이 갑자기 사라진 것이다. 그 결과 쿠바는 식료품, 석유, 공산품 등이 부족하게 되었다. 트랙터는 소나 말로, 자동차는 자전거로 대체되었다. 지금도 아바나 시내를 돌아다니는 낙타 모양의 대형버스인 카메요(Camello) 역시 극심한 에너지 부족에 대처하기 위한 고육지책의 교통수단이었다. 정전은 하루 12시간씩 지속되었고, 하루에 두 끼 먹는 것이 사치일 정도였다.

급기야 1994년에 소요가 일어났다. 혁명 후 처음 있는 일이었다. 피델 카스트로는 미국으로 가려는 사람들에게 "원하는 사람은 떠나도 좋다."라고 엄포를 놓았다. 이에 떠나려는 사람들은 뗏목, 고무보트, 드럼통 등으로 미국의 플로리다로 건너갔다. 도중에 많은 사람이 죽기도 했지만 수천 명이 넘는 사람들이 미국에 안착했다. 그 결과 국내의 소요는 진정되었다.

이후 쿠바는 경제적인 어려움을 타개하기 위해서 관광산업을 활성화했다. 외국인도 기업을 소유할 수 있게 했다. 민간인들도 '카사 파르티쿨라르(Casa particular)'라는 제도를 통해서 관광객을 대상으로 숙박업을 할 수 있게 했다. 소규모 식당 영업도 가능하게 했다. 이러한 경제 개방화 정책을 점진적으로 시행한 결과, 경제는 되살아나기 시작했다. 한동안 비료가 부족해 시작한 생태 농업은 아바나 시민들에게 싱싱한 유기농 채소를 공급했다. 아이러니하게도 비료가 부족해서 어쩔 수 없이 시작한 유기농업이 쿠바를 유기농업의 선두주자로 만든 것이다.

피델 카스트로는 1959년에 정권을 잡은 이후, 2008년까지 쿠바를 통치했다. 이후 동생이자 혁명 동지인 라울 카스트로에게 권력을 이양했다. 2014년 12월, 미국은 53년간의 적대관계를 청산하고 쿠바와 국교를 정상화했다. 2016년 3월 20일에 오바마 미국 대통령이 쿠바를 방문하여 1959년 혁명 이래 쿠바를 처음 방문한 미국 대통령이 되었다. 2016년 11월, 피델 카스트로는 90세의 나이로 사망했다. 2008년 이후 형의 뒤를 이어 쿠바를 이끌었던 라울 카스트로 역시 2018년 4월, 미겔 디아스-카넬에게 국가평의회 의장 자리를 넘겨주었다.

혁명의 아이콘, 체 게바라

"우리 모두 리얼리스트가 되자. 그러나 가슴속에는 불가능한 꿈을 간직하자."

20세기 혁명의 아이돌, 체 게바라를 말할 때 즐겨 인용하는 말이다. 체 게바라는 아르헨티나 출신으로 원래 의사 지망생이었다. 그는 낡은 오토바이 포데로소(Poderoso, '힘이 좋은 녀석'이라는 뜻)를 타고 라틴아메리카 전역을 여행하면서 민중의 비참한 현실을 보았다. 체 게바라는 이 여행을 통해서 혁명가가 되기로 결심했다. 이를 영화화한 것이 바로 〈모터사이클 다이어리〉다. 임호준 교수는 "제작진 전체가 실제 여행루트를 따라가며 도중에 만난 사람들을 배우로 고용해 영화를 찍었다는 것은 영화 촬영 자체를 의식(儀式)화하는 것이다. 브라질 출신의 감독(바우테르 살리스)이 멕시코 출신 배우(가엘 가르시아 베르날)를 주연으로 기용해서 아르헨티나인들의 여행을 소재로 삼아 남미 일대를 여행하며 현지인들을 엑스트라로 고용했다. 그래서 이 영화는 제작 과정 자체가 라틴아메리카 대륙 연대의 실천이다."라고 말했다. 혁명과 연대를 상징하는 체 게바라의 진정한 의미를 담은 영화라는 얘기다.

여행이 끝난 후 체 게바라는 의대를 졸업했지만 의사의 길을 접고 볼리비아, 과테말라를 거쳐

체 게바라와 함께 라틴아메리카 전역을 누빈 오토바이 포데로소

멕시코로 갔다. 그곳에서 마르크스-레닌 사상을 접하고 본격적인 혁명가의 길을 준비했다. 멕시코에서 쿠바 혁명의 주역 피델 카스트로를 만났다. 1956년, 쿠바에 상륙하여 게릴라 활동을 전개한 끝에 1959년 1월에 혁명을 완수했다.

혁명 완수 후에는 피델 카스트로와 함께 혁명의 완성을 위해 노력했다. 중앙은행 총재, 산업상 등을 맡아 경제 문제를 근본적으로 해결하려고 힘썼다. 체 게바라는 혁명이 완수된 뒤에도 '자신의 혁명'을 멈추지 않았다. "모든 진실한 인간은 다른 사람의 뺨이 자신의 뺨에 닿는 것을 느껴야 한다."는 그의 말처럼 혁명에 대한 체 게바라의 열정과 진정성은 사그라들지 않았다. 이후 체 게바라는 모든 직위에서 물러난 후 아프리카의 콩고로 갔다. 또 다른 혁명을 꿈꾼 것이다. 1965년의 일이다. 9개월 동안 콩고에 체류하면서 혁명의 완수를 위해서 노력했으나 실패했다. 이듬해 볼리비아로 잠입하여 또 다른 혁명을 위해서 게릴라 활동을 펼쳤지만 이마저도 물거품이 되었다. 그는 결국 1967년 11월, 볼리비아 정부군에 의해서 사살되었다. 39세의 나이였다.

30년이 지나서야 발견된 그의 시신은 쿠바로 옮겨져서 산타클라라에 묻혔다. 사르트르는 그를 가리켜 '우리 시대의 가장 완전한 인간'이라고 했다. 혁명은 끝났지만 그는 지금도 사람들의 마음속에 살아남아 있다.

38

국경을 바꾼 전쟁

영토와 자원을 둘러싼 욕망

● 스페인을 비롯한 유럽의 정복자들이 라틴아메리카를 식민지로 삼은 지 약 300년이 지난 19세기 초, 라틴아메리카 각 지역에서는 독립의 움직임이 거세게 일어났다. 이후 라틴아메리카 대륙의 거의 모든 나라가 1820년을 전후로 실질적인 독립을 이루었다. 여기에는 다양한 원인이 있었다.

스페인 본토의 부르봉 왕가는 다양한 개혁정책을 통해서 식민지 통제를 강화했다. 그러나 이는 식민지 태생의 스페인 사람인 크리오요들의 불만을 초래했다. 그들이 종사했던 중소 규모의 무역업이나 중하위 관직에서의 이익이 침해당했기 때문이다. 미국의 독립(1776)과 프랑스혁명(1789)과 같은 대외 정세 역시 크리오요들의 독립에 대한 열망에 불을 지폈다. 이 사건들을 통해서 크리오요들은 세계사의 변화를 이해하고 독립운동에 대한 사상적 배경을 갖추게 되었다. 또한

1807년 나폴레옹의 스페인 침입으로 스페인의 왕권이 약화되자 식민지에서는 본국의 지배에서 벗어나려는 움직임이 더 강하게 나타났다. 물론 이러한 외부적인 요인과 함께 크리오요 계급의 성장이라는 내부적인 요인도 라틴아메리카 독립에 중요한 역할을 했다.

라틴아메리카에서는 1820년부터 20세기 초반까지의 기간을 대략 두 시기로 나눈다. 독립 후 약 50~60년 동안의 시기를 '카우디요(caudillo) 시기'라 부른다. '카우디요'는 라틴아메리카에서 사적인 군사력과 가부장적인 권위를 가지고 특정 지역을 지배하는 사람을 말한다. 이들이 지배했던 시기는 정치적인 혼란기였다. 이후 1870년부터 20세기 초까지는 자유주의 시기다. 유럽의 산업혁명으로 인해서 원자재와 식량을 유럽에 수출하게 된 라틴아메리카는 경제 구조에서 큰 변화를 겪었다. 이는 자연스럽게 정치적인 변화로 이어져서 이전의 50여 년 동안 한 지역, 또는 한 나라를 좌지우지했던 카우디요 체제의 몰락을 가져왔다.

이렇듯 다이나믹한 정치 · 경제적인 상황 속에서도 각국은 영토 확장이나 자원 확보를 위해서 이웃 나라와 전쟁을 벌였다. 라틴아메리카에서의 가장 대표적인 전쟁으로는 미국과 멕시코 간의 전쟁, 칠레와 페루 · 볼리비아 동맹 간의 전쟁(태평양 전쟁), 그리고 파라과이와 브라질 · 아르헨티나 · 우루과이 동맹 간의 전쟁 등이 있다.

미국에 스페인어로 된 지명이 많은 이유

미국의 서남부 지역에는 샌디에이고(San Diego), 라스베이거스(Las Vegas) 샌프란시스코(San Francisco), 로스앤젤레스(Los Ángeles), 엘패소(El Paso)처럼 영어가 아닌 스페인어로 된 지명들이 많이 있다. 이 지역들이 원래 스페인어를 사용했던 멕시코 땅이었기 때문이다.

미국의 남서부 지역은 일찍부터 스페인 정복자들이 꾸준히 관심을 가진 곳이었다. 1513년, 스페인 출신의 탐험가 폰세 데 레온이 지금의 미국 플로리다에 상륙했다. '플로리다(Florida)'라는 이름은 그가 상륙했을 때가 '꽃이 만발한(florida)' 부활절이었기 때문에 붙여졌다. 플로리다는 1821년 스페인이 미국에 양도하면서 미국 영토가 되었다. 같은 해, 오스틴(Austin)이라는 미국인은 당시 멕시코 영토였던 텍사스에 식민지를 건설했다. 멕시코 정부는 이 지역을 어차피 버려진 땅이라 여겼기 때문에 모른 체했다. 이후 많은 미국인들이 땅값이 싼 텍사스로 몰려들었다. 이들은 대부분 남부 테네시나 미시시피, 루이지애나 지역 출신이었다. 1830년에는 텍사스의 미국인들이 25,000명으로 늘었다. 멕시코인들보다 그 수가 더 많아진 것이다. 텍사스로 이주한 미국인들은 독자적인 정부를 구성해서 멕시코로부터 분리 독립하기를 원했다. 그러나 이번에는 멕시코 정부가 이를 허용하지 않았다. 멕시코는 산타 안나(Santa Anna) 장군을 텍사스로 보냈다. 1836년 3월 6일, 186명의 미국인들이 알라모(Alamo) 요새에서 13일 동안 멕시코군에 저항했지만 전멸했다. 이른바 '알라모의 비극'이다.

알라모의 비극이 일어난 미국 텍사스의 샌안토니오 요새

그러나 이후 텍사스 거주 미국인들은 이 비극을 극복하고 멕시코와의 전쟁에서 승리했다. 텍사스 공화국을 세우고 독립국의 지위를 갖게 되었지만, 1845년에 미국에 합병되어 28번째 주가 되었다. 당시 서쪽으로 영토를 확장해가고 있던 미국은 더 나아가 캘리포니아를 포함한 서부지역 매각을 멕시코에게 요구했다. 멕시코는 이 요구를 거부했다. 양국 간의 충돌은 시간문제였다. 국경선 획정에서도 양국 간의 차이가 컸다. 미국은 국경선으로 지금의 리오그란데(Río Grande) 강을 주장했다. 반면에 멕시코는 여전히 텍사스의 독립을 인정하지 않았기 때문에 리오그란데 강보다 훨씬 북쪽에 있는 누에세스(Nueces) 강을 국경선으로 주장했다.

그러나 미국은 1846년 멕시코의 주장을 무시하고 누에세스 강을 넘어 리오그란데 강으로 남하해서 리오그란데 강 북쪽 지역을 점령했다. 이에 멕시코도 선전포고로 맞섰지만, 당시 멕시코의 군사력은 미국의 그것에 비해 형편없었다. 그뿐만 아니라 멕시코 내부의 정쟁으로 힘을 모을 수도 없었다. 미국은 내친김에 1847년 9월 14일에 멕시코시티를 점령했다. 이후 양국은 협상에 나서 1848년 2월에 과달루페-이달고 조약을 체결했다. 이 조약으로 미국은 캘리포니아, 네바다, 유타, 애리조나, 콜로라도, 뉴멕시코 등 무려 300만 평방킬로미터에 달하는 땅을 차지하게 되었다.

이로써 멕시코는 국토의 반 이상을 잃었다. 이는 한반도 면적의 약 13.5배에 해당한다. 멕시코는 그 대가로 미국에게서 1,825만 달러에 불과한 '푼돈'만 받았을 뿐이다. 이 '푼돈'은 미국에게는 꿈과 희망을, 멕시코에게는 한과 절망을 안겨 주었다. 1849년에 캘리포니아에서 금광이 발견되었다. 미국은 서부 개척의 절정기를 맞이했다. 반면 멕시코는 영토 상실뿐만 아니라 광산업과 목축업의 터전까지 빼앗겼다. 이 지역에 살던 멕시코 대농장주들을 비롯한 대부분의 멕시코인들은 경제적으로 완전히 몰락하면서 저임금 하층 노동자로 전락했다.

"불쌍한 멕시코여! 너는 하느님과는 너무나 멀고, 미국과는 너무나 가깝구나." 멕시코 대통령 로페스 포르티요가 1976년에 했던 멕시코의 '신세 한탄'이었지만 이미 19세기 중반에 이 한탄은 이미 '효력'을 발휘하고 있었다.

호수 위에 떠 있는 볼리비아의 해군 함정

칠레와 페루 · 볼리비아 동맹 간의 전쟁을 '태평양 전쟁'이라고 한다. 이 전쟁은 구리와 초석, 구아노의 소유권을 둘러싼 전쟁이었다. 구아노는 새의 배설물이 돌처럼 굳어진 것으로 주로 비료로 사용되었다. 특히 초석과 구아노는 수요가 항상 공급을 초과하는 품목이었다. 그래서 이곳으로 영국과 칠레 회사들이 대거 몰려들었다. 그런데 이 초석 매장지는 칠레가 아닌 볼리비아와 페루에 속해 있었다. 페루 정부는 이 외국인 회사들을 강제 수용하고 초석의 생산과 판매를 직접 관장하겠다고 선언했다. 외국인 회사들이 자기 나라 땅에서 부를 축적하는 것을 눈 뜨고 볼 수 없었기 때문이다.

페루에서 쫓겨난 영국과 칠레 회사들은 볼리비아의 초석 광산 개발에 뛰어들었다. 볼리비아 역시 이 외국인 회사들에게 고율의 세금을 부과했다. 그러나 소유주가 대부분 영국인이었던 회사들은 이를 거부했다. 이에 볼리비아 정부는 1879년에 외국인 소유의 광산시설을 아예 몰수해 버렸다. 이에 칠레는 자국민의 안전과 재산을 보호한다는 명분으로 당시에는 볼리비아에 속해 있던 안토파가스타 항을 점령했다. 이어 1879년에 볼리비아에 선전 포고했다. 이 전쟁에서 페루는 볼리비아 편에 섰다. 페루와 볼리비아는 이미 1873년에 두 나라 가운데 하나가 칠레와 전쟁을 하게 될 경우, 군사원조를 제공한다는 비밀조약을 체결해 두고 있었기 때문이다. 페루와 볼리비아 동맹 대 칠레가 맞붙은 '태평양 전쟁'이 일어난 것이다.

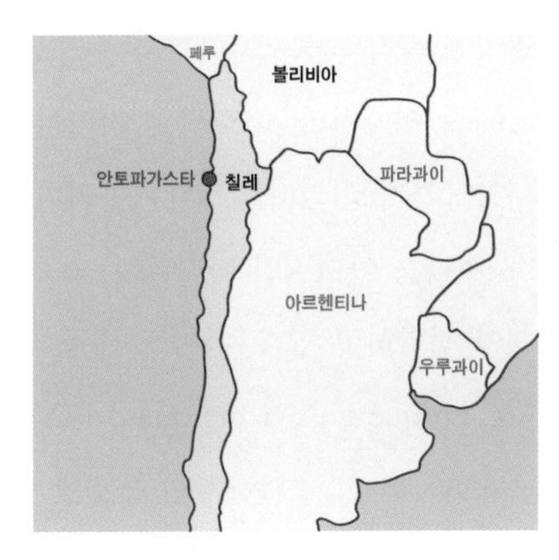

볼리비아는 칠레에게 안토파가스타 항구를 빼앗긴 뒤 내륙국으로 전락했다.

칠레는 자국 인구의 두 배가 넘는 두 나라를 상대로 싸워야 했다. 특히 페루는 강력한 해군을 보유한 위협적인 존재였다. 그러나 두 나라의 군대에게는 큰 장애물이 앞에 놓여 있었다. 바로 아타카마 사막과 안데스산맥이었다. 페루의 육군은 뜨거운 아타카마 사막을 건너야 했고, 볼리비아의 군대는 험준한 안데스산맥을 넘어야 했다. 정치적 혼란도 두 나라의 약점이었다. 반면 칠레는 정치적으로 안정되어 있었고 전장과 가까이 있다는 이점이 있었다. 또한 영국 자본가의 지지 역시 든든한 지원군이었다.

1883년, 칠레는 영국의 지원을 등에 업고 전쟁에서 승리했다. 패전국인 페루는 칠레에게 타라파카 주를 영구히 넘겨주었다. 이곳은 현재 칠레 북부에 있으며 페루와 국경을 이루고 있는 지역이다. 역시 패전국인 볼리비아는 타라파카 주의 남쪽 지역인 안토파가스타 주를 칠레에게 빼앗겼다. 이로써 볼리비아는 태평양으로 나오는 길이 막힌 내륙국가가 되었다. 그러나 볼리비아는 지금도 해군을 보유하고 있다. 바다는 아니지만 바다 같은 티티카카 호수에는 볼리비아 해군 함정이 정박하고 있다. 아마도 내륙국이라는 한을 풀기 위해서일 것이다. "Lo que un día fue nuestro. Nuestro otra vez será.(과거에는 우리 땅이었다. 언젠가 또다시 우리 땅이 될 것이다.)" 언젠가 페루 푸노에서 볼리비아 라파스로 가는 길에 들렀던 티티카카 호숫가 마을의 광장에서 본 글귀다. 볼리비아인들의 바다로 진출하려는 굳은 의지를 엿볼 수 있다.

페루와 볼리비아가 입었던 경제적인 타격과 달리, 칠레는 현재 영토의 3분의 1에 해당하는 면적을 확보하게 되면서 엄청난 이득을 얻었다. 이 지역은 방대한 양의 초석과 구리가 매장된, 매우 영양가 있는 지역이었다. 특히 전 세계 구리의 3분의 1이 생산되는 곳이었다. 태평양 전쟁은 이래저래 칠레에게는 둘도 없는 효자였다.

군사 대국 파라과이의 자존심 싸움

파라과이 전쟁은 파라과이 대 브라질 · 아르헨티나 · 우루과이 동맹간의 전쟁이다. 파라과이는 아르헨티나와 브라질 같은 강대국들 사이에 끼어 있어서 항상 주변 국가들의 침략 위협을 느꼈다. 이런 상황에서 파라과이는 일사불란하게 나라를 이끌 수 있는 강력한 독재 정치가 필요했다. 이때 호세 가스파르 로드리게스 데 프란시아(José Gaspar Rodríguez de Francia y Velasco)라는 인물이 등장했다. 그는 초대 국가수반으로 국민을 억압하는 한편 대외적으로는 철저한 쇄국정책을 취하는 등 강력한 1인 독재 정치를 시행하였다. 이는 민주주의의 후퇴를 초래했지만 민족의 주권 확립과 나라의 경제 발전에 큰 역할을 했다.

그의 뒤를 이어 1841년에 카를로스 안토니오 로페스(Carlos Antonio López)가 정권을 잡았다. 그는 삼권분립을 위한 신헌법 제정, 공업 발전, 경제 개방 정책 등에 힘을 쏟았다. 영국, 프랑스, 미국 등과의 외교 관계도 수립하여 국제적인 고립에서 탈피하려 노력했다. 교육 분야에

파라과이의 수도 아순시온

도 집중적으로 투자해서 다른 나라에 비해서 문자 해독률을 높였다. 그 결과 19세기 중반, 파라과이는 라틴아메리카에서 가장 발전된 나라 중 하나가 되었다.

카를로스 안토니오 로페스의 뒤를 이어 그의 아들 프란시스코 솔라노 로페스(Francisco Solano López)가 대통령이 되었다. 그는 군사력을 강화해서 파라과이를 군사 대국으로 만들었다. 그러던 중 1864년에 우루과이에서 내란이 일어났다. 브라질은 함대를 파견하여 우루과이 사태에 개입했다. 이에 파라과이는 브라질과의 외교 관계를 단절했을 뿐만 아니라, 브라질 선박이 자국의 강을 통과하는 것을 금지시켰다. 더 나아가 브라질 선박을 나포하고 브라질 영토를 침공하기까지 했다. 이렇게 파라과이가 과민 반응을 보인 이유는 브라질이 우루과이에 대해 영향력을 갖게 되면 자국 선박들이 대서양으로 나가는 관문인 우루과이의 몬테비데오 항을 자유롭게 이용할 수 없기 때문이었다. 1865년에 파라과이는 브라질을 침공하기 위해 아르헨티나에게 영토 통과를 허용할 것을 요청했다. 그러나 아르헨티나는 이 요청을 거절했다. 이에 파라과이는 즉각 아르헨티나에게도 선전포고를 했다. 군사 대국의 자부심을 가졌던 파라과이의 지나친 자신감의 소산이었다. 파라과이의 강력한 군사력에 위협을 느꼈던 브라질, 아르헨티나, 우루과이 삼국이 동맹을 맺는 것은 어쩌면 당연한 일이었다.

전쟁 초기에는 파라과이가 인적, 물적 자원에서 삼국 동맹보다 훨씬 우세했다. 그러나 시간이 지나면서 전세는 급격히 삼국 동맹 쪽으로 기울었다. 결국 1869년에 프란시스코 솔라노 로페스가 전사하면서 전쟁이 끝났다. 전쟁은 끝났지만 5년간의 전쟁으로 인한 생채기는 너무나 컸다. 파라과이 인구의 절반이 목숨을 잃었다. 종전 후 남녀 성비가 1대4가 될 정도였다. 영토의 40%를 브라질과 아르헨티나에게 빼앗겼다. 전쟁 전 파라과이 영토였던 이구아수 폭포 일대가 브라질과 아르헨티나로 넘어갔다. 점령국 브라질은 파라과이에 허수아비 정부를 세웠다. 파라과이는 전쟁배상금도 물어야 했다. 이를 위해서는 소작인들이 경작해온 땅을 몰수하고 국유지를 헐값에 매각해야 했다. 국가 경제 전체도 외국 자본에의 종속이 심화되었다.

1932년에 파라과이는 볼리비아와도 전쟁을 벌였다. 차코 전쟁(Guerra del Chaco)이었다. 태평양 전쟁으로 내륙국이 된 볼리비아가 파라과이강을 통해서 대서양으로의 진출로를 확보하고자 일으킨 전쟁이었다. 그 진출로에는 한반도 면적을 상회하는 26만 평방킬로미터의 그란 차코(Gran Chaco) 지방이 버티고 있었다. 이 지역에는 막대한 석유가 매장되어 있을 가능성까지 제기되고 있었던 터라 두 나라의 충돌은 어쩌면 당연했다. 양국은 독립 이후에 이 지역의 영유권을 끊임없이 주장해왔다. 이러한 양국 간의 갈등은 결국 전면전으로 확대되었다. 초기에는 병력이나 무기 규모 등에서 볼리비아가 우세했지만 사기 면에서는 정반대였다. 볼리비아군은 원주민을 강제로 징집하여 편성된 오합지졸이었다. 이에 반해 파라과이군은 앞선 삼국 동맹과의 전쟁에서 패하여 더 이상 물러설 곳이 없다는 절박감과 국토를 반드

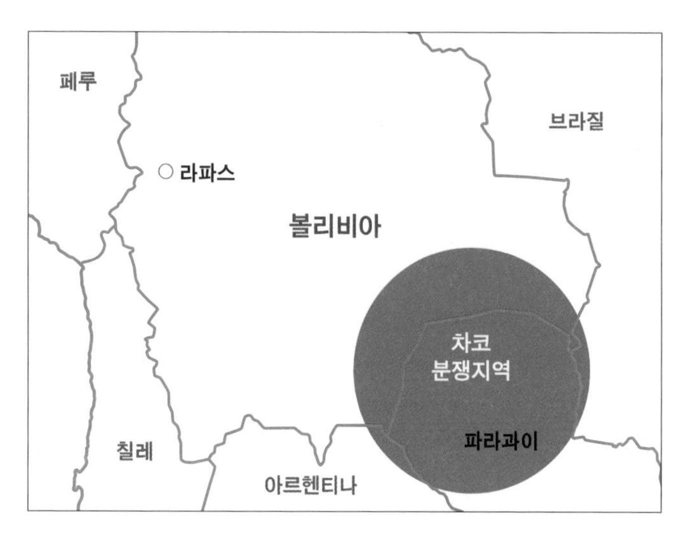

차코 전쟁의 배경이 된 그란 차코 지방

시 지키겠다는 사명감으로 똘똘 뭉쳐 있었다. 3년이나 계속된 전쟁은 파라과이가 우세한 가운데 교착상태에 빠졌다. 이 전쟁으로 양국에서 10만 명 이상의 사상자가 발생했다. 특히 볼리비아군의 희생이 더 컸다. 평화조약의 필요성이 대두되었고, 주변 국가들의 중재로 평화조약이 체결되었다. 이 전쟁으로 파라과이는 18만 평방킬로미터에 달하는 차코 지방을 차지했을 뿐만 아니라 60년 전의 전쟁 패배의 충격에서 벗어날 수 있었다.

39

에비타
"나를 위해 울지 말아요, 아르헨티나여!"

● "Don't cry for me, Argentina!"

에비타(Eva Perón)를 상징하는 노래다. 에비타는 1946년부터 1952년까지 7년 동안 아르헨티나의 퍼스트레이디였다. 시골에서 혼외자식으로 태어난 그녀는 빈곤에서 벗어나기 위해서 수도 부에노스아이레스로 무작정 상경했다. 연극배우, 라디오 성우, 잡지 표지 모델 등을 하다가 당시의 유력 정치가였던 후안 페론(Juan Domingo Perón)을 만나 결혼했다. 이후 후안 페론이 대통령이 되자 영부인이 된 입지전적인 인물이다.

레콜레타 공동묘지 내 에비타의 묘역은 지금도 많은 사람들이 찾는 명소이다.

부유한 자들에겐 창녀, 가난한 자들에겐 성녀

그녀는 특히 서민을 위한 정책을 적극적으로 폈다. 이에 대한 에피소드 한 가지. 빈민촌을 방문한 에비타는 그곳의 비참한 모습에 분노와 충격을 감추지 못했다. "지금 즉시 짐을 꾸리세요. 꼭 필요한 짐만 챙겨서 당장 이 마을을 떠나세요." 에비타는 주민들이 떠난 자리에 집과 병원을 지어 주었다. 에비타는 또한 '여성 노동자의 집'을 지어 가난한 여성 노동자들이 집 걱정을 하지 않고 일할 수 있게 했다. 여성들에게 참정권을 주는 법안 통과에도 힘을 쏟아, 결국 1947년에 여성들도 투표권을 갖게 되었다. 어린이들을 위한 '어린이 도시'를 건설하여 어린이들이 행복하게 배우고 즐겁게 놀 수 있는 환경을 제공했다. 에비타는 이처럼 빈곤층, 여성, 어린이 등 사회적 약자의 편에 섰다.

'아오라 오 눈까!(¡Ahora o Nunca!)'는 '지금 아니면 결코 못 해!'라는 뜻이다. 에비타는 "가진 사람들은 언제나 분배를 약속하지만 자신들의 욕심을 채우는 데 급급할 뿐, 그 약속을 결코(Nunca) 지키지 않는다."는 사실을 잘 알고 있었다. 에비타는 비록 포퓰리즘이란 비판을 받았지만 가난한 사람을 위한 분배를 '지금(Ahora) 당장' 시행하는 추진력을 보였다. 그래서 에비타는 '부유한 자들에겐 창녀, 가난한 자들에겐 성녀'라 불리기도 한다.

"내가 추구했던 게 아니었어요.
비록 세상 사람들은 내가 그것들만 원했다고 생각하지만
그것들은 환상에 불과하죠.
그렇게 보일지 모르지만 진정한 해결책이 못 된답니다.
대답은 항상 이곳에 있었어요.
난 여러분을 사랑하고, 여러분도 날 사랑해주길 바라요.
날 위해 울지 말아요, 아르헨티나여!"

'Don't cry for me, Argentina!' 노래의 가사 중 일부분이다. 이 노래는 작곡가 앤드루 로이드 웨버와 작사가인 팀 라이스가 브로드웨이

뮤지컬 〈에비타〉를 위해 만들었다. 이 노래에는 에비타가 아르헨티나 민중들에게 보냈던 사랑이 고스란히 담겨 있다.

에비타의 남편이자 대통령이었던 후안 페론 역시 에비타의 든든한 지원자였다. 그는 민족주의적 성향이 강한 군인이었다. 페론은 “저들은 정치가 뭔지도 모른 채 평생 정치해온 사람들이다. 반면 우리는 정치를 해본 적은 없지만 정치가 무엇인지 잘 안다.”라고 일갈하며 기득권 세력을 거침없이 공격했다. 그는 대선 출마 연설에서 “소는 살찌고, 노동자는 영양실조에 걸린 나라가 바로 아르헨티나다.”라고 말하면서 아르헨티나의 비참한 현실을 개선하고자 했다. 그때까지만 해도 아르헨티나의 부는 소수의 귀족 가문의 수중에 있었다. 이들은 나라의 부는 말할 것도 없고 행정부, 의회, 사법부, 군대 등 국가 권력 기관을 장악했다. 교회 역시 이들에 의해 좌지우지되었다. 이에 반해 농민, 노동자 등의 하류계층은 철저히 소외되어 하루하루를 힘겹게 살아갔다. 상류층과 언론들은 이들을 ‘셔츠를 입지 않은 사람들’이란 의미의 ‘데스카미사도스(Descamisados)’라 비하해서 부르기도 했다.

후안 페론은 하층 계급, 특히 노동 계급의 강력한 지지를 바탕으로 집권한 대통령이었다. 집권 후 외국 자본을 몰아내고 기간산업을 국유화했다. 그동안 소수에게 집중되었던 부와 권력을 노동자에게 돌려주었다. 당연히 노동자들의 생활 수준이 높아졌다. 이것이 페론과 에비타를 라틴아메리카 포퓰리즘의 대명사로 부르는 이유다. 21세기 초반의 경제 위기조차도 이들이 남긴 부정적인 유산이라고 주장하는 사람들이 있을 정도다. 그러나 이들은 소수의 지배계급에 권력이 집중되고 빈부 격차가 극심한 현실을 타개하기 위해서 집권했기 때문에 이들에 대한 비판보다는 아르헨티나의 구조적인 문제에 대한 근본적인 성찰이 필요하다는 의견도 있다.

건물 벽에 그려진 에비타

부에노스아이레스를 가로지르는 7월 9일 대로의 끝자락, 사회개발보건부 건물에는 에비타를 형상화한 두 개의 철골 초상화가 걸려있다. 2011년, 에비타의 사망 59주기를 맞아 정부가 제작한 것이다. 건물의 북쪽 면에서는 대중들에게 연설하는 에비타의 전투적인 모습을, 남쪽 면에서는 에비타의 미소 짓는 모습을 볼 수 있다. 아르헨티나인들의 끝없는 '에비타 사랑'을 알 수 있는 상징물이다.

‘추악한 전쟁’과 오월광장 어머니회

“라틴아메리카를 여행하면서 가장 마음에 든 나라는?”이란 질문을 받으면, 나는 약간 주저하긴 하지만 ‘아르헨티나’라고 대답한다. 그만큼 아르헨티나는 여행자로서 볼 것, 먹을 것, 체험할 것들이 차고 넘치는 나라이기 때문이다. 드넓은 팜파스에서 자라는 소, 안데스 산자락에서 자라는 포도, 그리고 와인, 북쪽의 사막에서부터 이구아수 폭포, 팜파스, 서쪽의 안데스산맥, 그리고 남쪽의 파타고니아까지, 아르헨티나는 정말 복 받은 나라임에 틀림없다.

그러나 아르헨티나는 1970년대 중반부터 1980년 초까지 슬프고도 비극적인 역사를 겪은 나라이기도 하다. 아르헨티나에서 맛있는 소고기와 달콤한 와인으로 근사한 저녁 식사를 하기 전에 ‘민주주의가 무엇인지’, ‘독재 정치의 끝은 어디까지인지’, ‘사람이 어디까지 잔인할 수 있는지’를 한 번쯤 생각해 볼 필요가 있다.

1974년, 후안 페론이 실각하고 아르헨티나는 혼란에 빠졌다. 기존의 보수 세력, 페론 추종자들, 페론에 실망하여 혁명을 논하는 세력 등 여러 세력이 서로 극단적으로 대립했다. 이러한 혼란기에는 언제나처럼 국가의 안위를 걱정하는 군인들이 등장해왔다. 아르헨티나도 예외는 아니어서 ‘호르헤 라파엘 비델라(Jorge Rafael Videla Redondo)’라는 군인이 등장해서 정권을 잡았다. 1976년의 일이다. 이후 1983년까지 그가 통치했던 8년은 아르헨티나 역사상 가장 엄혹한 시기였다.

그는 의회를 해산하고, 정당을 불법으로 간주했다. 노동조합도 와

해시켰다. 또한 외국 자본과 손잡고 국영 기업을 민영화했다. 독재정권이 들어서면 으레 따라오는 정석 아닌 정석이 아르헨티나에서도 예외 없이 나타난 것이다. 이 시기는 국민을 학살했던 시대이기도 했다. 반정부 야당 정치인과 학자, 학생, 노조원 등을 비밀리에 납치하고 고문하고 살해했다. 소위 '추악한 전쟁(Guerra Sucia)'의 시대였다. 3만 명 이상이 죽거나 실종되었다. 늘어나는 정치범 수용에 골머리를 앓던 군부는 매주 정치범들의 발목에 벽돌을 매달아 비행기에 태워 아르헨티나와 우루과이 사이를 흐르는 라플라타강에 던져버리기도 했다. 이른바 '야간비행' 작전이었다. 또한 반정부 인사가 아이를 낳으면, 반

독재 시절 사라진 자식들을 위해 시위를 벌이고 있는 오월광장 어머니회

정부 성향의 싹을 아예 자른다는 명분으로 이 신생아들을 친정부 인사에 입양시키는 등 반인륜적인 범죄를 자행했다. 영화 〈실종〉은 이를 소재로 다룬 영화다.

군사독재정권이 들어선 지 1년이 조금 지났을 때인 1977년 4월 30일, 대통령 관저인 카사 로사다(Casa Rosada)가 바라보이는 오월광장(스페인으로부터의 독립을 위한 5월 혁명의 무대가 된 곳)에 14명의 어머니가 모였다. 비델라 대통령에게 실종된 자식의 행방을 묻는 서신을 전하기 위함이었다. 자식들의 행방을 알 수 없었던 이들은 지푸라기라도 잡고 싶은 심정이었다. 서슬 퍼런 군사독재하에서 감히 벌일 수 없는 행동이었지만 '자식'이란 이름 앞에서는 못할 것이 없었다. 이들은 목에 실종된 아이의 사진과 이름을 걸고, 머리에는 흰 손수건을 두르고 모였다. 그러자 또 다른 어머니들이 광장에 모여들기 시작했다. '오월광장 어머니회'의 시작이었다. 군사정부는 이 어머니들을 '오월광장의 미친년들'이라 부르기까지 했지만, 어머니들의 목숨 건 연대와 투쟁은 독재정권도 어찌할 수 없을 정도로 공고했다.

군사정부는 그동안 저질렀던 자신들의 만행을 축구로 은폐하고자 1978년에 월드컵을 개최했다. 이 대회에서 주최국인 아르헨티나는 우승을 차지했다. 그러나 네덜란드의 축구 스타인 요한 크루이프가 인권탄압을 이유로 출전을 포기하는 등 아르헨티나는 국제무대에서 오히려 망신만 당했다. 더욱이 미국의 카터 행정부는 아르헨티나에 대한 군사 원조를 끊고, 제공할 예정이었던 차관도 동결시켰다.

군사정부는 이런 불리한 상황을 만회하고자 전쟁을 일으켰다. 1983년에 영국령 포클랜드(스페인어 명칭은 '말비나스'다.) 섬을 되찾기 위한 영국과의 전쟁이었다. 그러나 아르헨티나는 영국에 패했고, 비델라는 결국 권좌에서 쫓겨났다. 이후 민선 정부가 들어섰다. 그 바탕에는 군부의 살인 협박에 굴복하지 않고 실종된 자신의 아이들을 되돌려 줄 것과 가정을 파괴한 독재정권의 종식을 요구했던 '오월광장 어머니회'가 있었다.

아르헨티나, 부에노스아이레스, 오월광장에 간다면 여행자로서 한껏 들뜬 기분을 잠시 가라앉히고, 이렇게 슬프고도 아픈 과거의 상흔을 생각하며 잠시 옷깃 여미는 시간을 가질 필요가 있다.

칠레의 피노체트

아르헨티나와 함께 또 다른 남미의 대국 칠레는 무척 긴 나라이다. 길이가 약 4천 킬로미터로 한반도의 4배에 달한다. 그만큼 다양한 자원과 다채로운 자연환경을 갖고 있다. 그래서 칠레를 꽃(flower), 과일(fruit), 생선(fish)의 3F의 나라, 혹은 여자(woman), 와인(wine), 기후(weather)의 3W의 나라로 부르기도 한다.

칠레는 세계 최초로 선거를 통해 사회주의 정권을 수립한 나라다. 그 중심에는 살바도르 아옌데(Salvador Allende) 대통령이 있었다. 아옌데 대통령은 3년의 재임 기간 동안 노동자와 농민, 빈민과 여성을 위한 정책을 폈다. 이러한 개혁정책을 못마땅하게 여긴 보수 세력과 미국은 아우구스토 피노체트(Augusto José Ramón Pinochet Ugarte)를 앞세워 1973년 9월 11일, 쿠데타를 일으켰다. 쿠데타군은 탱크와 전투기를 앞세워 대통령 관저인 모네다 궁을 공격했다. 아옌데 대통령은 대통령 관저에서 장렬하게 사망했다.

칠레의 대통령관저 모네다 궁

이후 피노체트는 1973년에서 1990년까지 18년 동안 칠레를 벌벌 떨게 만들었다. "내가 모르고서는 이 땅의 어떤 나뭇잎도 못 움직인다."라고 할 정도였다. 그는 여러모로 우리나라의 박정희 대통령과 비교되는 인물이기도 하다.

피노체트는 집권 초기에 정국이 안정되면 물러나겠다고 여러 차례 공언했다. 그러나 권력의 맛을 보면 마음이 바뀌는 법. 어느 정도 자신의 권력 기반을 다졌다고 생각한 피노체트는 의회를 해산하고 모든 정치 행위를 금지했다. '콘도르 작전'이라는 이름으로 좌파 세력을 대대적으로 탄압했다. 비밀경찰들은 반정부 인사들을 체포하여 고문했다. 피노체트가 대통령 권좌에 있는 동안에 수천 명이 정치적인 이유로 살해되거나 실종되었다. 그리고 수만 명이 외국으로 망명의 길을 떠났다.

영원할 것만 같았던 피노체트의 집권은, 1988년 집권 연장 여부를 묻는 국민투표가 부결되고, 이듬해인 1989년 12월에 치러진 대통령선거에서 파트리시오 아일윈(Patricio Aylwin Azócar) 후보가 당선되면서 끝났다. 비록 피노체트는 권좌에서 물러났지만, 1980년 실시한 개헌에서 자신이 1998년까지 군 총사령관직에 머물고 그 이후에는 종신 상원의원직을 보유하도록 한 규정에 따라 면책특권을 누렸다.

그러나 피노체트는 1998년 10월, 영국 런던에서 전격 체포되었다. 피노체트의 재임 기간에 스페인인이 살해된 것과 관련해 스페인 사법 당국이 발부한 체포영장의 효력이 발휘되었기 때문이다. 영국에서 가택 연금된 피노체트는 2000년 3월에 풀려났다. 2002년에는 종신 상원의원직에서 물러났다. 수많은 단체로부터 인권유린 혐의로 기소된 피노체트는 재판을 피하기 위해 치매나 골절, 기관지염 등 다양한 질병을 내세웠다. 그럼에도 불구하고 2004년에 칠레 법원은 피노체트를 인권유린 혐의로 전격 기소했다. 이후 가택 연금과 석방이 반복되다가, 그는 결국 2006년에 91세의 일기로 세상을 떠났다.

역사는 반복되는가? 2020년 대한민국에서도 이와 똑같은 일이 벌어지고 있다. 광주 학살과 인권 유린, 구속과 사면, 기소, 재판 출석 거부. 전두환 전 대통령 얘기다. 국민의 생명을 짓밟고도 반성의 기미를 보이지 않는 독재자의 최후가 어떻게 될지 재판의 결과를 지켜볼 일이다.

40

경제

라틴아메리카는 도대체 왜 가난할까?

● 흔히들 라틴아메리카는 무한한 잠재력을 지닌 대륙이라고 하는데 정말 그런가? 이 잠재력의 근거는 과연 무엇인가? 라틴아메리카하면 사람들은 위험, 마약, 외채, 인플레이션, 빈곤, 불평등, 양극화 등을 먼저 떠올리는데, 이 잠재력과 가능성은 과연 그곳에서 살고 있는 사람들의 삶을 더 윤택하게 하는 '보약'이 될 수 있는 걸까?

나 또한 라틴아메리카를 여행하면서 이 대륙의 무한한 잠재력에는 고개를 끄덕이지 않을 수 없었다. 거대한 땅덩어리와 그 안에 묻혀 있는 천연자원, 많은 인구, 공통된 언어 등이 그 잠재력의 근거일 것이다. 그러나 이런 긍정적인 시각은 여행이 막바지에 접어들수록 부정적인 시각으로 바뀌곤 했다. 특히 일부 국가에서는 '도대체 이 나라는 언제 정상으로 돌아올 것인가?'라는 의구심을 가진 적도 있다.

라틴아메리카 경제는 왜 길을 잃고 헤매고 있는 걸까?

라틴아메리카는 1492년 콜럼버스가 신대륙에 도착한 후 약 300년 동안 스페인의 식민 통치를 받았다. 식민 통치 기간 동안에 라틴아메리카는 오로지 스페인 제국이 필요로 하는 금과 은의 공급처였다. 스페인으로부터 독립한 후에도 라틴아메리카는 항상 유럽에 1차 산품과 노동력을 값싸게 제공하고, 대신 공산품을 비싸게 수입했다. 라틴아메리카 사람들의 피와 땀은 유럽의 산업혁명과 미국의 풍요에 기여했을 뿐이었다. 그들은 엄청난 지하자원을 보유했지만 가난에서 벗어나지 못했다.

그런데 이 가난의 원인은 외부에만 있는 것이 아니라 내부에도 있었다. 지배 세력은 부패하고 부도덕했다. 이들은 외국 자본의 하수인 역할에만 충실했다. 이 부정부패의 근원은 식민지 시대로 거슬러 올라간다. 그 시대에는 이론과 현실 간에 엄청난 괴리가 있었다. 스페인의 식민 통치 기간에 본국의 왕이 모든 것을 통제하는 것이 이론이었다면, 본국에서 멀리 떨어진 식민지에서 왕의 대리인인 식민지 관리들이 전권을 행사하며 자신의 주머니를 채우는 것이 현실이었다. 식민지 관리들은 '복종은

의약품 부족에 항의하는 베네수엘라 시민들

하되 실천하지 않는다.'라는 말을 애용했다. 공적인 업무는 가급적 자신의 이익과 연결시켰다. 그리고 공적인 업무가 자신의 이익과 배치될 때는 모른 척했다. 이것이 바로 라틴아메리카 부정부패의 시발점이었다. 이후 관료제의 시대가 되었어도 식민지 관료들은 전문화되지 못하고 여전히 봉건적인 타성에 젖어 있었다. 독립 후에도 라틴아메리카는 변한 것이 거의 없었다. 가진 자들은 여전히 변함없이 자기 자리를 굳건히 지키면서 막대한 이익을 챙겼던 반면에 하층 계급은 점점 더 가난해졌다.

경제의 주도권이 유럽과 미국에 있던 상황 역시 라틴아메리카의 빈곤이 심화되는 데 결정적인 역할을 했다, 독립 직후에는 영국이, 19세기 후반에는 미국이 라틴아메리카 무역의 주된 상대국이었다. 이 두 나라는 광물이나 농산물 등의 교역에 있어서도 자신들에게 유리한 정책을 폈다. 이 1차 산품들은 국제 원자재 시장의 영향을 크게 받을 수밖에 없어서 가격이 요동칠 때마다 라틴아메리카는 호황과 불황을 번갈아 겪을 수밖에 없었다. 그만큼 경제 구조가 취약했다는 말이다.

이러한 상황은 21세기 들어서도 크게 변하지 않았다. 유럽과 미국, 그리고 소수의 라틴아메리카 특권층은 농산물 등의 1차 산품 수출뿐만 아니라 유럽과 북아메리카에서 만든 공업제품의 수입 등에서도 여전히 자신들만의 잔치를 벌여왔다.

라틴아메리카의 좌파 정권

"라틴아메리카의 부자는 미국의 부자를 부러워하지 않는다. 라틴아메리카의 가난한 사람은 미국의 가난한 사람을 부러워한다."

"예수님은 십자가에 단 한 번 못 박혀 돌아가셨고 다음에 하늘로 올라가셨다. 그러나 라틴아메리카 사람들은 매년 십자가에 못 박히고도 계속해서 살아난다. 아픈 몸이지만 어떻게든 살아나서 이자를 갚아야 하기 때문이다."

"라틴아메리카는 황금 산의 꼭대기에 앉아 있는 거지다."

"하느님이 세상을 창조할 때, 콜롬비아에 정말 많은 것을 주었다. 강, 산, 자원, 토양, 에메랄드, 코카까지 아낌없이 주었다. 그러자 베드로가 불평했다. '하느님, 너무 콜롬비아만 차별하는 것은 아닌가요?' 그러자 하느님이 이렇게 말했다. '기다려 봐라, 베드로야. 내가 그곳에 어떤 인간을 창조하는지.'"

이 말들은 부의 편중, 외채 문제, 자원의 저주 등 라틴아메리카의 다양한 경제 상황을 빗댄 서글픈 농담들이다. 이 농담 속에 나오는 라틴아메리카나 콜롬비아를 자기 나라 이름으로 바꾸어 말하기도 한다.

라틴아메리카는 20세기 초에 들어서 1차 산품 수출로 호황을 누렸다. 1929년에 발생한 대공황으로 큰 타격을 받았지만, '고맙게도' 2차 세계대전이 일어나 위기에서 다시 벗어날 수 있었다. 구리, 주석, 고무, 육류, 양모, 에네켄(선박용 로프 등을 만드는 선인장의 일종) 등 원자재의 수요가 늘어나고, 그에 따라 가격이 상승했기 때문이다. 대다수의 원주민들은 성당에 가서 이 전쟁이 영구히 지속되기를 무릎 꿇고 기도할 정도였다고 한다.

2차 세계대전이 끝나고 1950년대 들어 라틴아메리카는 수입을 줄이는 대신 산업기반을 구축해서 국내 산업을 육성하고자 했다. 이를 '수입대체산업화(ISI)' 정책이라 부르는데, 1차 산품 수출은 계속하되 유럽과 미국에서 수입해오는 공산품은 국내에서 생산해서 쓰자는 정책이었다. 보호무역을 주축으로 하는 이 정책은 주로 브라질, 멕시코, 아르헨티나 등 덩치 큰 나라들을 중심으로 1980년대까지 시행되었다.

김기현 교수와 권기수 교수는《라틴아메리카 경제의 이해》에서 이 '수입대체산업화'의 명과 암을 다음과 같이 진단했다. 긍정적인 부분으로는 산업구조의 1차 산업에서 2차 산업으로의 변화, 소비재 수입의 감소, 사회복지의 확대 등을, 부정적인 측면으로는 보호무역주의로 인한 소비재 상품의 경쟁력 저하, 농촌의 황폐화, 예산 적자의 확대, 낮은 저축률과 자본의 해외 도피 등을 들었다. 긍정적인 면보다는 부정적인 면이 더 컸다는 평가다.

이러한 보호무역주의적인 정책 기조는 1980년대 들어 남미를 강타한 외환위기를 거치면서 신자유주의적 경제 기조로 바뀌었다. 이 신자유주의적 경제 기조는 수입대체산업화 정책과는 '상극'이어서 제조업은 급속도로 위축되었다. 그 결과 21세기 초 라틴아메리카 제조업의 규모는 고작 16%에 불과할 정도로 쪼그라들었다. 이는 대다수의 나라들이 건실한 산업국가로 성장하지 못했다는 반증이었다.

이런 상황에서 1999년에 베네수엘라에서 차베스(Hugo Rafael Chávez Frías)가 집권했다. 이는 라틴아메리카에서의 좌파 세력 등장의 신호탄이었다. 이후 2002년 브라질의 룰라(Luiz Inácio Lula da Silva), 2003년 아르헨티나의 키르츠네르(Nestor Carlos Kirchner), 2005년 우루과이의 바스케스(Tabaré Ramón Vázquez Rosas), 2005년 볼리비아의 모랄레스(Evo Morales), 2006년 칠레의 바첼레트(Michelle Bachelet)와 페루의 가르시아(Alan Gabriel Ludwig García Pérez) 등 주로 남미 지역에서 좌파 정권이 탄생했다. 이들 좌파 정권이 등장한 가장 큰 원인은 사회적 불평등의 심화였다.

21세기 초에 들어서도 라틴아메리카는 여전히 경제가 불안정하고 분배도 세계 최악인, 세계에서 가장 불평등한 대륙이었다. 토지와 부의 집중도는 상상을 초월했다. 사회 밑바닥에는 일자리가 없어 굶주림에 허덕이는 빈민들이 넘쳐났다. 사회 꼭대기에는 넓은 땅을 소유한 대지주들과 민영화로 부를 축적한 세계적인 갑부들이 즐비했다. 이들은 정부 정책이 마음에 들지 않으면 자본을 해외로 빼돌렸다. 국가의 정책이 이들에게 제대로 먹힐 리가 없었다. 불평등에 지친 국민이 좌파 정권을 선택한 것은 어쩌면 당연한 결과였다.

그러나 2009년 말에서 2010년 사이에 칠레, 코스타리카, 콜롬비아에서 우파 정권이 들어서면서 좌파 세력의 기세는 주춤해졌다. 경기 불황이 찾아왔기 때문이었다, 중국의 경제성장 둔화로 원자재 수요가

라틴아메리카 좌파 정권의 신호탄이 된 베네수엘라의 차베스 전 대통령

감소되었고, 그에 따라 원자재의 가격이 하락하면서 라틴아메리카의 경제성장률은 급격히 떨어졌다. 이를 타개하기 위해서 우파 정부가 다시 등장한 것이다. 이들 우파 정권은 외국 자본 투입을 통해 경제를 활성화하려 했다. 그러나 이는 외채 위기를 다시 불러왔다.

2010년 브라질의 호세프(Dilma Vana Rousseff)와 2011년 페루의 우말라(Ollanta Moisés Humala Tasso) 등 일부 국가에서 좌파 정권이 다시 들어섰다. 그러나 원자재 가격의 하락으로 인해서 교역조건이 악화되었고, 불안정한 정치 상황 역시 좌파 정부의 발목을 잡았다. 김기현 ·

권기수 교수는 이러한 현상에 대해서 "원자재 가격의 호황을 기대하기 어려운 상황에서 외국 자본을 지속적으로 들여오기 위해서는 신용등급의 상승이 필요하고 이를 위해서는 정치적 안정이 무엇보다 중요하다. 좌파 정부의 후퇴는 이런 경제 상황을 반영하는 것이다."라고 진단했다.

'자원의 저주'에 걸린 베네수엘라

'자원의 저주'는 풍부한 자원이 한 나라의 정치 · 경제에 미치는 부정적 현상을 말한다. 즉 자원이 너무 많아서 나라의 경제가 왜곡되고 그에 따라 국민이 고통받는다는 뜻이다. '풍요의 역설'이다. 이 말은, 자원은 많지만, 우리나라처럼 자원이 없는 나라보다 경제성장이 크게 뒤지는 아프리카나 라틴아메리카의 일부 국가들에 해당한다.

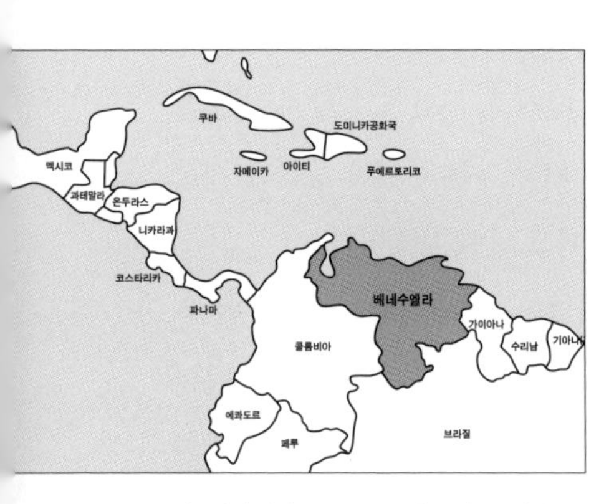

대표적인 자원 부국으로 꼽히는 베네수엘라

자원의 저주는 경제뿐만 아니라 정치에도 큰 영향을 끼친다. 자원이 풍부한 나라의 정치인들은 국민의 환심을 사기 위해 세금을 잘 걷지 않는다. 수출로 벌어들인 돈을 국민을 위해서 펑펑 써댄다. 한편으로는 국민을 감시하기 위해서 경찰과 보안 및 정보

부문에 과다 투자하기도 한다. 교육을 게을리해서 국가가 성장할 수 있는 동력을 키우지 못한다. 이처럼 자원의 저주는 경제성장을 저해할 뿐만 아니라 민주주의의 발전을 지연시키기도 한다. 이 '자원의 저주'를 말할 때 라틴아메리카에서 가장 많이 언급되는 나라가 바로 베네수엘라다.

베네수엘라는 '작은 베네치아'라는 뜻이다. 1499년 아메리고 베스푸치가 탐험대의 일원으로 남미 대륙의 북쪽에 위치한 베네수엘라의 마라카이보 호(湖)를 지날 때, 이곳 원주민들의 수상 가옥을 보고 이탈리아의 수상도시인 베네치아를 연상해서 붙인 이름이다. 이 지역은 유럽인들이 섬이 아닌 육지를 처음으로 탐험한 곳이어서 '단단한 땅'이란 의미의 '티에라 피르메(Tierra Firme)'라고도 불린다.

베네수엘라는 세계적으로 인정받는 미인의 나라다. 2018년 기준으로 1951년 1회 세계 미스월드 대회가 시작된 이래 1등을 가장 많이 차지한 나라는 단 두 나라에 불과했다. 베네수엘라와 인도다. 특히 베네수엘라에서는 한때 1년에 2만여 개의 미인대회가 열렸다고 한다. 이를 위한 미인 양성학원과 모델 학원이 성행했다. 미인대회에 입상만 하면 수상자들은 가난에서 벗어나 한순간에 부와 인기를 얻을 수 있었다. 미인 산업이 국가 경제의 한 부문을 담당한 것이다.

사실 베네수엘라는 대표적인 자원 부국이기도 하다. 석유 매장량이 세계 1위다. 사우디아라비아가 베네수엘라의 뒤를 잇고 있다. 그러나 석유매장량에 비해 생산량은 2016년 기준으로 11위에 랭크되어 있다. 투자 부족으로 석유 생산 기술이 뒤떨어져 있기 때문이다.

그런데 2019년 가을, 베네수엘라와 관련된 외신을 보면 그야말로 '자원의 저주'의 결정판이다. 베네수엘라는 그동안 석유 판 돈으로 외국에서 식료품이나 생필품을 수입해왔다. 그런데 유가 하락으로 오일 머니가 줄어들면서 생필품을 제대로 수입하지 못했다. 물가는 치솟고 초인플레이션으로 국민들의 실질 소득이 급락했다. 국민 10명 중 7명이 식료품 부족으로 체중이 급격히 줄어들어 현직 대통령인 니콜라스 마두로(Nicolas Maduro)의 이름에 빗대어 부르는 '마두로 다이어트'라는 말이 생길 정도였다.

베네수엘라, 하면 빠질 수 없는 인물이 있다. 바로 우고 차베스다. 그는 라틴아메리카의 현대 정치가들 중에서 가장 문제적 인물로 평가받는다. 그는 15년 동안(1999~2013년) 베네수엘라 대통령을 역임했다. 차베스는 중상류층보다 빈민과 노동자와 같은 하류층의 절대적인 지지를 받았다. 그는 1990년대 신자유주의적 정책이 베네수엘라 경제를 악화시켰다고 주장하면서 쿠데타를 일으켰다. 나라의 경제를 회복시키고 하층민이 더 잘 사는 나라를 만든다는 명분이었다. 그러나 쿠데타가 실패로 돌아간 후 2년간 투옥되었다. 이후 대통령에 당선되었고, 2000년 신헌법에 의해 치러진 선거에서 60%의 득표율로 재선되었다. 2002년에는 우익 반대파의 군사 쿠데타 세력에 의해 체포되어 섬으로 압송되기도 했다. 그러나 친차베스 세력과 국민들은 이에 맞서 쿠데타를 일으켰고, 결국 이 쿠데타가 성공을 거두면서 차베스는 다시 대통령으로 복귀했다.

차베스는 재임 중에 노동조합에도 속하지 못한 노동자들, 즉 진짜 빈민들을 대상으로 복지 혜택을 베풀었다. 이로 인하여 빈곤율과 영아 사망률이 감소했으며 대학진학률이 높아졌다, 불평등이 개선된 것이다. 그러나 부정적인 면도 있었다. 부패지수가 170~180개국에서 뒤에서 10번째일 정도로 관료 사회가 부패해졌다. 오일 머니를 석유 산업을 위한 인프라 구축이나 도로, 철도, 항만, 전력 산업 등에 투자하지도 않았다. 허약한 경제 구조의 근본적인 개선을 등한시했다는

초인플레이션으로 인한 물가 상승으로 베네수엘라는 걷잡을 수 없는 혼란 속으로 빠져들고 있다.

얘기다.

차베스는 2013년 2년 동안의 암 투병 끝에 사망했다. 이후 마두로 대통령이 그의 뒤를 이어 베네수엘라를 통치하고 있지만 2014년부터 원유가격이 급락한 이래 2020년 초까지 대다수의 베네수엘라 국민들은 경제 붕괴와 만성적인 생필품 부족으로 외국으로 탈출 중이다. 정치 · 경제적인 상황은 전쟁을 방불케 할 정도로 대혼란이다. 여기에 2020년 4월 현재 대통령이 한 명이 아닌 두 명이라는 초유의 사태를 겪고 있는 중이다. 기존의 대통령인 니콜라스 마두로 이외에 후안 과이도 국민의회 의장이 2019년 1월에 자신을 대통령이라고 선언했다. 미국은 이 '셀프 대통령' 후안 과이도 국회의장을 지지하고, 마두로 대통령의 독재 정권을 비판하며 경제적 제재를 통해 마두로 대통령의 퇴진을 촉구하고 있다. 대통령에 이어 국회의장도 마두로 정권 측 루이스 파라 의원과 '셀프 대통령'인 후안 과이도 의장 등 두 명이다. '한 나라 두 대통령'과 '한 나라 두 국회의장' 사태로 베네수엘라의 국내 상황은 더 깊은 혼란 속으로 빠져들고 있다.

41

라틴아메리카와 우리나라의 관계

애니깽에서 신공항 건설까지

● 우리나라와 라틴아메리카와의 관계를 다룬 영화로 1996년에 개봉된 〈애니깽〉이 있다. 애니깽(스페인어로 '에네켄(Henequén)'이다)은 선박용 밧줄을 만드는 데 쓰이는 선인장이다. 주연은 장미희와 임성민. 젊은 층에게는 생소한 배우들이겠지만, 당대 최고의 스타였다. 영화의 시대적 배경은 1905년, 일제 강점기로 거슬러 올라간다. 영화는 약 1,000여 명의 조선인들이 일본인에게 속아 멕시코의 애니깽 농장으로 팔려가면서 시작된다. 이는 실제 있었던 이야기를 소재로 한 영화다.

멕시코 한인 이민 1세대, 애니깽

1905년 4월에 1,033명의 조선인들이 인천항을 떠나 멕시코의 유카탄반도로 떠났다. 유카탄반도는 요즘 신혼여행지로 뜨고 있는 칸쿤이 있는 곳이다. 이들은 멕시코 애니깽 농장의 계약노동자 신분이었다. 그러나 말이 계약노동자이지 실제로는 노예와 다를 바 없었다. 계약 기간이 끝났을 때, 많은 사람들은 이미 사망했고 살아남은 일부는 먹고살기 위해서 다른 나라로 가야만 했다. 1921년 3월, 약 300여 명의 한인들이 쿠바로 갔다.

멕시코의 애니깽

당시 쿠바에는 많은 외국인 노동자들이 미국인 소유의 사탕수수 농장에서 일하고 있었다. 중국인을 비롯한 외국인 노동자의 수가 100만 명에 이르렀다는 통계도 있다. 멕시코에서 쿠바로 갔던 한인들도 이런 외국인 노동자의 일부였다. 그러나 이들이 쿠바에 도착했을 때는 예전보다 그리 많은 노동자가 필요하지 않았다. 국제적으로 설탕 가격이 폭락했기 때문이다. 한인들은 어쩔 수 없이 농장이 아닌 인근 지역에서 잡역부로 생계를 꾸려야만 했다. 조선을 떠날 때 상상하지도 못했던 일이었다. 이들 이민 1세대에 대한 이야기는 조정래의 대하소설《아리랑》에도 잘 묘사되어 있다.

그러나 이들은 한국인 특유의 근면성으로 낯선 환경에 잘 적응해 나갔다. 이후 쿠바의 헌법 개정으로 쿠바 국적을 취득할 수 있었다. 이들은 현지 문화에 빠르게 동화되고, 쿠바 여성과 결혼하여 후손을 얻었다. 이들의 혈통은 지금도 이어져서 지금도 쿠바에는 한인 3, 4세가 남아있다. 애초의 이민지였던 멕시코 유카탄 지역에도 역시 한인의 후손들이 살고 있다.

농업에서 의류산업으로

애니깽 이민자에 이어 1960년대에는 한국의 농업이민자들이 대거 남미로 갔다. 정부에 의한 최초의 집단 이민이었다. 늘어나는 인구를 외국으로 보내려 했던 한국 정부의 생각과 드넓은 농토를 개발할 노동력이 필요했던 브라질, 아르헨티나, 파라과이 정부의 이해관계가 맞아떨어진 것이다. 1962년 12월, 제1차 브라질 이민단이 부산항을 출발했다. 거의 두 달간의 항해 끝에 브라질 산토스 항에 도착했다. 이후 브라질 이민은 네 차례 더 이루어졌다. 1965년에는 아르헨티나와 파라과이에도 영농이민단이 도착했다.

그러나 이 세 나라에 도착한 농업이민자들의 앞에 놓인 것은 '라틴아메리카 드림'과는 멀어도 한참 멀었다. 농지 개간은커녕 하루하루 먹고살기도 어려웠다. 농기구도 없었을 뿐만 아니라 독충이나 풍토병 등 주변 환경도 열악했다. 게다가 이들은 농업 기술이나 경험도 없었다. 결국 대부분의 농업이민자들은 브라질의 상파울루, 아르헨티나의 부에노스아이레스, 파라과이의 아순시온과 같은 대도시로 이주했다.

그런데 농업이민자들이 먹고살기 위해서 물설고 낯선 대도시로 이주했지만, 마땅한 일자리를 찾을 수 없었다. 할 수 있는 일이라고는 고작 한국에서 가져간 물건들을 팔거나 현지에서 물건을 사서 집집마다 방문 판매를 하는 것이었다. 그러다가 한국인 특유의 손재주를 발휘할 수 있는 봉제업에서 생존의 가능성을 찾았다. 처음에는 하청받아 운영하는 소규모 봉제업으로 시작하다가, 이후 규모를 점차 늘려가면서 자체 생산과 판매 구조를 갖추었다. 1980년대에 들어온 이민자들은 자본과 기술력을 앞세워 의류업에 본격적으로 뛰어들었다. 원단 제조, 봉제, 도소매업 등 전문 의류 사업으로 발전시키면서 자체 경쟁력을 키워나갔다. 그 결과 당시 브라질 의류 생산의 40%를 한인 이민자들이 차지할 정도였다.

1980년대 후반부터 1990년대 전반기까지 이민 사회의 핫 플레이스는 멕시코였다. 1987년에 멕시코 정부는 무역 자유화를 실시했고, 미국은 라틴아메리카 국가들에게 관세 혜택을 주었기 때문이다. '먹을거리'가 넘쳐났다. 당연히 한인 이민 사회의 규모가 커지기 시작했

브라질 의류 산업의 중심지인 봉헤치로

다. 대기업 지사에서 독립한 직원들이 섬유 사업에 뛰어들어 '판'을 더 키웠다. 1990년대 전반기는 멕시코 한인 사회의 경제가 최고조에 달한 시기였다. 2000년대에 아르헨티나, 브라질, 파라과이의 경제 위기가 고조되면서 더 많은 한인들이 멕시코로 이주했다. 이들은 섬유업뿐만 아니라 식당과 식품점과 같은 서비스 업종에도 종사했다. 그러나 2003년부터는 브라질과 아르헨티나의 경제가 되살아나면서 멕시코로 유입되는 한인들의 수가 줄어들었다. 이처럼 한국 이민자들은 라틴아메리카의 경제 상황에 따라 부침을 거듭했다.

라틴아메리카에서 가장 큰 한인 의류상가라 하면 브라질의 봉헤치로(Bom Retiro)와 아르헨티나의 아베자네다(Avellaneda)가 있다. 봉헤치로는 이민 1세대들이 근면함을 무기로 가족 노동력을 동원하여 값싼 의류를 만들어 팔면서 조성된 곳이다. 그러나 지금은 영어와 포르투갈어를 유창하게 구사하고 대학교에서 디자인과 경영을 전공한 이민 2, 3세대들이 사업을 이어받아 확장시키고 있다. 한국인 특유의 부지런함과 우수한 두뇌, 그리고 라틴아메리카 현지의 미적 감각을 체득한 '새로운 피'들이 맹활약하고 있다. 아베자네다는 봉헤치로와 달리 1980년 후반에 한국 이민자들이 본격적으로 뛰어들어 발전시킨 곳이다. 직조에서부터 직물 수입, 디자인, 의류 생산 및 의류 도소매까지 의류 산업 전반에 관여하면서 안정적인 사업 환경을 만들었다. 이민 1세대들이 만든 사업 기반을 토대로 2세대들이 이를 확장시키면서 사업의 입지를 강화해 나가고 있다.

FTA 협정 체결 이후 현재

FTA(Free Trade Agreement)는 자유무역협정이다. 말 그대로 양국 간의 무역이 자유롭게 이루어지도록 체결한 협정이다. 우리나라는 칠레(2004)를 시작으로 페루(2011), 콜롬비아(2016), 중미 5개국(2018)과 FTA를 체결했다.

칠레의 경우를 살펴보자. 칠레와의 FTA 체결로 인해서 우리는 칠레산 포도와 와인을 저렴하게 맛볼 수 있게 되었다. 우리나라는 칠레의 풍요로운 농산물을 수입하는 대신, 우위에 있는 가전제품, 자동차, 기계류 등을 수출한다. FTA는 이처럼 상호 윈-윈을 위한 협정이다. 다양한 제품에 대한 관세 인하 및 철폐로 한 · 칠레 양국의 교역량은 FTA 발효 전 2003년 대비 2013년에 무려 4.5배 증가했다(KOTRA, 2013). 우리나라는 자동차, 폴리에틸렌, 일반 화물차, 휴대폰 뿐만 아니라 규모가 큰 건설 및 에너지 플랜트 사업에서도 높은 경쟁력을 보이고 있다.

2018년 2월에 우리나라는 중미 5개국(온두라스, 엘살바도르, 니카라과, 파나마, 코스타리카)과 FTA를 체결했다. 또한 브라질, 아르헨티나, 우루과이, 파라과이 4개국으로 구성된 남미공동시장(Mercosur)과는 2018년 5월 무역협정(TA) 협상 개시를 공식 선언하고, 2020년 타결을 목표로 협상을 진행 중이다.

라틴아메리카는 2018년 기준으로 인구는 6억 4천만 명, GDP는 5조 3천억 달러의 거대한 시장이자 전 세계 에너지, 광물, 식량 자원의 보고다. 그러나 사회의 전반적인 인프라가 턱없이 부족한 곳이기도 하다. 그만큼 무한한 투자 가능성이 있는 곳이라는 의미다.

2019년 11월 3일 자 국내의 한 신문에 '한국 컨소시엄, 마추픽추의 관문 친체로 신공항 건설 관리 본격 착수'라는 제목의 기사가 실렸다. "(중략) 이번 계약으로 한국공항공사 등으로 구성된 한국 컨소시엄은 발주처인 페루 정부를 대신해 계약, 건설, 시운전 등 사업 전반을 총괄 관리하게 된다. 사업 기간은 올해부터 2024년까지 5년이며, 사업 규모는 3천만 달러(약 350억 원)이다. (중략) 쿠스코에서 북서쪽으로 약 15km 떨어진 친체로에 위치한 신공항은 오는 2024년 개항을 목표로 내년 4월 착공하게 되며, 활주로 1본(4km)을 갖추고 연간 약 500만 명의 여객을 처리할 예정이다."

이처럼 라틴아메리카는 기존의 물건을 수출하는 형태를 넘어서 도로, 철도, 공항, 항만 등 교통, 물류 분야나 석유화학, 에너지 발전, 제철 등 기반 시설 분야에도 무한한 기회를 제공하는 '엘도라도'이다. 정치가 불안정하고 경제가 어렵지만 라틴아메리카가 지니고 있는 잠재력과 가능성을 생각하면 라틴아메리카는 우리에게 새로운 '블루오션'임에 틀림없는 곳이다.

경이로운 자연과 찬란한 문명을 간직한 매혹의 대륙

참고 문헌

김기현, 권기수, 《라틴아메리카 경제의 이해》, 한울, 2017.

김남희, 《라틴아메리카 춤추듯 걷다 1》, 문학동네, 2015.

김남희, 《라틴아메리카 춤추듯 걷다 2》, 문학동네, 2014.

김병종, 《화첩기행 4》, 문학동네, 2018.

김성준, 《유럽의 대항해시대》, 신서원, 2001.

김영철, 《브라질문화와 흑인》, 세종출판사, 2003.

김우성, 《라틴아메리카의 언어적 다양성과 언어정책》, 산지니, 2014.

김희순, 《라틴아메리카 지역의 이해》, 고려대학교 출판문화원, 2019.

가브리엘 가르시아 마르케스, 조구호 옮김, 《칠레의 모든 기록》, 간디서원, 2011.

남기현, 《음식에 담아낸 인문학》, 매일경제신문사, 2015.

노용석, 《라틴아메리카의 과거청산과 민주주의》, 산지니, 2014.

림수진 역음, 《21세기 중앙아메리카의 단면들》, 한울 아카데미, 2015.

마크 펜더그라스트, 정미나 옮김, 《매혹과 잔혹의 커피사》, 을유문화사, 2017.

박길룡, 《남회귀선》, 한길사, 2010.

박병규 외, 《리듬으로 사유하기》, 동명사, 2018.

박재영, 《남미의 101가지 매력》, 슬로래빗, 2014.

박정훈, 《역설과 반전의 대륙》, 개마고원, 2017.

박정훈, 김선아, 《라틴아메리카는 처음인가요?》, 사계절, 2018.

박종욱, 《라틴아메리카 종교와 문화》, 이담, 2013.

벤자민 킨, 키스 헤인즈, 김원중, 이성훈 옮김, 《라틴아메리카의 역사 상》, 그린비, 2014.

벤자민 킨, 키스 헤인즈, 김원중, 이성훈 옮김, 《라틴아메리카의 역사 하》, 그린비, 2014.

송동훈, 《대항해 시대의 탄생》, 시공사, 2019.

서울대학교 서어서문학과, 《차이를 넘어 공존으로》, 서울대학교출판부, 2007.

서울대학교 라틴아메리카연구소 엮음, 《라틴아메리카의 형성(상)》, 한울 아카데미, 2014.

서울대학교 라틴아메리카연구소, 《디코딩 라틴아메리카》, 지식의 날개, 2018.

슈테판 츠바이크, 김창민 옮김, 《미래의 나라, 브라질》, 후마니타스, 2016.

신현준, 《World Music 속으로》, 웅진닷컴, 2003.

옥타비오 파스, 황의승, 조명원 옮김, 《멕시코의 세 얼굴》, 세창미디어, 2011.

에두아르도 갈레아노, 유왕무 옮김, 《축구, 그 빛과 그림자》, 예림기획, 2006.

에드워드 루시-스미스, 남궁문 옮김, 《20세기 라틴아메리카 미술》, 시공사, 1999.

월터 D. 미뇰로, 김은중 옮김, 《라틴아메리카, 만들어진 대륙; 식민적 상처와 탈식민적 전환》, 그린비, 2010.

유왕무 외, 《라틴아메리카 문화의 즐거움》, 스토리하우스, 2014.

이성형,《라틴아메리카의 역사와 사상》, 까치, 1999.

이성형,《배를 타고 아바나를 떠날 때》, 창작과 비평사, 2001.

21세기 연구회, 김향 옮김,《지명으로 보는 세계사》, 시공사, 2001.

이승용,《브라질 광고와 문화》, 산지니, 2014.

임상래 외,《라틴아메리카의 어제와 오늘》, 이담, 2011.

임현진,《비교시각에서 본 박정희 발전모델》, 진인진, 2017.

임호준,《즐거운 식인》, 민음사, 2017.

장혜영,《우리들 꿈꾸는 아메리카》, 미래를 소유한 사람들, 2009.

장혜영,《라틴아메리카 음악 기행》, 천의무봉, 2016.

전용갑 외,《라틴아메리카 역사 산책》, HUEBOOKS, 2018.

정수일,《문명의 보고, 라틴아메리카를 가다 1》, 창비, 2016.

정수일,《문명의 보고, 라틴아메리카를 가다 2》, 창비, 2016.

존 H. 엘리엇 편집, 김원중 옮김,《히스패닉 세계》, 새물결, 2003.

존 H. 엘리엇, 김원중 옮김,《대서양의 두 제국》, 그린비, 2017.

차경미,《라틴아메리카 흑인 만들기》, 산지니, 2017.

채경석,《천만 시간의 라틴, 백만 시간의 남미》, 북클라우드, 2016.

채경석,《중미, 라틴을 꽃피운 땅》, 북클라우드, 2018.

최명호,《멕시코를 맛보다》, 산지니, 2014.

최연충,《다시 떠오르는 엘도라도 라틴아메리카》, 이지출판, 2017.

추종연,《신의 선물 사람의 땅 중남미》, 한국외국어대학교 지식출판연구원, 2018.

카를로 M. 치폴라, 장문석 옮김, 《스페인 은의 세계사》, 미지북스, 2016.

카를로스 푸엔테스, 서성철 옮김, 《라틴아메리카의 역사》, 까치, 2015.

파블로 네루다, 김현균 옮김, 《네루다 시선》, 지식을 만드는 지식, 2010.

Andrés Ordóñez 외, 《América Latina: historia, sociedad y geografía》, México D.F.: Universidad Nacional Autónoma de México, 1987.

Benjamin Keen, Keith Haynes, 《A History of Latin America: Independence to the Present》, Boston: Houghton Mifflin Company, 2000.

Gonzalo Zaragoza, 《Améria Latina: época colonial》, Madrid: Anaya, 1987.

John Lynch, 《The Spanish American Revolutions, 1808-1826》, New York: W.W. Norton & Company, 1986.

Juan Kattán-Ibarra, 《Perspectivas culturales de Hispanoamérica》, Lincolnwood, Ill. : National Textbook Co., 1995.

Leslie Bethell, 《Colonial Spanish America》, Cambridge: Cambridge Univ. Press, 1987.

Sebastián Quesada Marco, 《Imágnes de Améria Latina》, Madrid: Edelsa, 2001.

Skidmore, Thomas E. 외, 《Modern Latin America》, 7th Edition, London: Oxford University Press, 2009.

Tulio Halperin Donghi, 《Historia contemporánea de Améria Latina》, Madrid: Alianza Editorial, 2005.

22p (왼쪽부터 순서대로) Anton_Ivanov/Shutterstock.com, Sourabh/Shutterstock.com , jejim/Shutterstock.com 32p Michal Knitl/Shutterstock.com 35p FELIPE TAVARES/Shutterstock.com 38p worldclassphoto/Shutterstock.com 40p Marcos Amend/Shutterstock.com 43p Andre Luiz Moreira/Shutterstock.com 46p Toniflap/Shutterstock.com 50p Romolo Tavani/Shutterstock.com 51p M. Unal Ozmen/Shutterstock.com 55p Amy Nichole Harris/Shutterstock.com 58p Guadalupe Polito/Shutterstock.com 60p Mark Anthony Ray/Shutterstock.com 61p FOTOGRIN/Shutterstock.com 64p kavram/Shutterstock.com 67p Nido Huebl/Shutterstock.com 71p Angelo DAmico/Shutterstock.com 74p Erlantz P.R/Shutterstock.com 79p Foto 4440/Shutterstock.com 86p Vadim Petrakov/Shutterstock.com 91p Christian Vinces/Shutterstock.com 93p MartaKwiatkowska/Shutterstock.com 98p Ladanifer/Shutterstock.com 101p sharptoyou/Shutterstock.com 103p Atosan/Shutterstock.com 105p sunsinger/Shutterstock.com 110p javier gonzalez leyva/Shutterstock.com 112p Kamira/Shutterstock.com 122p Caio Pederneiras/Shutterstock.com 124p Paulo Nabas/Shutterstock.com 129p saiko3p/Shutterstock.com 131p Shanti Hesse/Shutterstock.com 144p (왼쪽부터 순서대로) Peek Creative Collective/Shutterstock.com, Bernd Zillich/Shutterstock.com 146p (왼쪽부터 순서대로) Gerardo C.Lerner/Shutterstock.com, Goran Bogicevic/Shutterstock.com 155p SteAck/Shutterstock.com 156p studio presence/Shutterstock.com 159p (왼쪽부터 순서대로) Vinicius Bacarin/

Shutterstock.com, Nado82 Photos/Shutterstock.com 165p Lano Lan/Shutterstock.com 166p Odessa25/Shutterstock.com 167p Christian Vinces/Shutterstock.com 168p DeAntes/Shutterstock.com 173p (왼쪽부터 순서대로) Free Wind 2014/Shutterstock.com. Olga Popova/Shutterstock.com 175p Leon Rafael/Shutterstock.com 176p pilipphoto/Shutterstock.com 178p Christian Vinces/Shutterstock.com 184p Sergey Kohl/Shutterstock.com 189p Vladimir Zhoga/Shutterstock.com 192p tateyama/Shutterstock.com 201p Bill Perry/Shutterstock.com 204p Jorge Glez/Shutterstock.com 205p clicksdemexico/Shutterstock.com 207p BW Press/Shutterstock.com 210p Laiglesant/Shutterstock.com 212p HMEDIA/Shutterstock.com 215p stockcreations/Shutterstock.com 216p Hans Geel/Shutterstock.com 220p Andre Luiz Moreira/Shutterstock.com 222p Mark Green/Shutterstock.com 225p sunsinger/Shutterstock.com 227p Loes Kieboom/Shutterstock.com 234p Sherry V Smith/Shutterstock.com 235p Kamira/Shutterstock.com 244p Vadim Petrakov/Shutterstock.com 245p WitR/Shutterstock.com 247p Jose Ignacio Soto/Shutterstock.com 248p Subbotina Anna/Shutterstock.com 251p Fotos593/Shutterstock.com 254p Ecuadorpostales/Shutterstock.com 256p sunsinger/Shutterstock.com 258p emperorcosar/Shutterstock.com 261p Lukas Uher/Shutterstock.com 272p Galina Savina/Shutterstock.com 274p Andreea Dragomir/Shutterstock.com276p Atosan/Shutterstock.com 279p Altrendo Images/Shutterstock.com 282p Kamira/Shutterstock.com 287p (왼쪽) jejim/Shutterstock.com 289p Free Wind 2014/Shutterstock.com 291p VG Foto/Shutterstock.com 294p Lesinka372/Shutterstock.com 296p Scharfsinn/Shutterstock.com 297p Luis War/Shutterstock.com 301p Ivo Antonie de Rooij/Shutterstock.com 308p Alfaguarilla/Shutterstock.com 313p Florian Augustin/Shutterstock.com 316p Anton_Ivanov/Shutterstock.com 318p Diego Grandi/Shutterstock.com 323p Natata/Shutterstock.com 326p Mandy2110/Shutterstock.com 334p Magi Bagi/Shutterstock.com 337p Elodie50a/Shutterstock.com 340p BLACK-

DAY/Shutterstock.com 343p Peter Hermes Furian/Shutterstock.com 345p javarman/Shutterstock.com 350p Brester Irina/Shutterstock.com 352p Vadim Petrakov/Shutterstock.com 355p Everett Collection/Shutterstock.com 359p SL-Photography/Shutterstock.com 362p (위쪽부터) agsaz/Shutterstock.com, Maciej Czekajewski/Shutterstock.com 370p Anamaria Mejia/Shutterstock.com 371p Andreas Wolochow/Shutterstock.com 373p SL-Photography/Shutterstock.com 378p Sleepy Joe/Shutterstock.com 383p Toniflap/Shutterstock.com 385p Matyas Rehak/Shutterstock.com 388p Ale Grutta foto/Shutterstock.com 392p Sean Pavone/Shutterstock.com 397p gg-foto/Shutterstock.com 402p elbud/Shutterstock.com 405p Giovanni Zacchini/Shutterstock.com 407p NiarKrad/Shutterstock.com 410p byvalet/Shutterstock.com 412p Edgloris Marys/Shutterstock.com 417p Harold Escalona/Shutterstock.com 421p sunsinger/Shutterstock.com 424p Leon Rafael/Shutterstock.com 427p Alf Ribeiro/Shutterstock.com

경이로운 자연과 찬란한 문명을 간직한 매혹의 대륙

「이 도서의 국립중앙도서관 출판예정도서목록(CIP)은
서지정보유통지원시스템 홈페이지(http://seoji.nl.go.kr)와
국가자료공동목록시스템(http://www.nl.go.kr/kolisnet)에서 이용하실 수 있습니다.
(CIP제어번호:CIP2020030801)」

처음 만나는 라틴아메리카 이야기 41

1쇄 발행 2020년 8월 27일

지은이 이강혁
발행인 윤을식

책임편집 박민진
펴낸곳 도서출판 지식프레임
출판등록 2008년 1월 4일 제2016-000017호
주소 서울시 서초구 효령로26길 9-12, B1
전화 (02)521-3172 | **팩스** (02)6007-1835

이메일 editor@jisikframe.com
홈페이지 http://www.jisikframe.com

ISBN 978-89-94655-86-4 03950